迈向高质量发展

陕西的探索

姜万军 ◎ 主编

Transforming to Sustainable Development

Exploration from Shaanxi China

图书在版编目(CIP)数据

迈向高质量发展：陕西的探索/姜万军主编.—北京：北京大学出版社，2022.8
（光华思想力书系）
ISBN 978-7-301-33156-9

Ⅰ.①迈… Ⅱ.①姜… Ⅲ.①区域经济发展—研究—陕西 Ⅳ.①F127.41

中国版本图书馆 CIP 数据核字(2022)第 120693 号

书　　　名	迈向高质量发展——陕西的探索 MAIXIANG GAOZHILIANG FAZHAN：SHANXI DE TANSUO
著作责任者	姜万军　主编
责 任 编 辑	贾米娜
标 准 书 号	ISBN 978-7-301-33156-9
出 版 发 行	北京大学出版社
地　　　址	北京市海淀区成府路 205 号　100871
网　　　址	http://www.pup.cn
微信公众号	北京大学经管书苑(pupembook)
电 子 信 箱	em@pup.cn
电　　　话	邮购部 010-62752015　发行部 010-62750672 编辑部 010-62752926
印 刷 者	北京宏伟双华印刷有限公司
经 销 者	新华书店 720 毫米×1020 毫米　16 开本　17.25 印张　251 千字 2022 年 8 月第 1 版　2022 年 8 月第 1 次印刷
定　　　价	68.00 元

未经许可，不得以任何方式复制或抄袭本书之部分或全部内容。
版权所有，侵权必究
举报电话：010-62752024　电子信箱：fd@pup.pku.edu.cn
图书如有印装质量问题，请与出版部联系，电话：010-62756370

丛书编委会

顾　问

厉以宁

主　编

刘　俏

编委（以姓氏笔画排列）

王　辉　王汉生　刘晓蕾　李　其　李怡宗
吴联生　张圣平　张志学　张　影　金　李
周黎安　徐　菁　黄　涛　龚六堂　路江涌
滕　飞

丛书序言一

很高兴看到"光华思想力书系"的出版问世,这将成为外界更加全面了解北京大学光华管理学院的一个重要窗口。北京大学光华管理学院从1985年北京大学经济管理系成立,以"创造管理知识,培养商界领袖,推动社会进步"为使命,到现在已经有三十余年了。这三十余年来,光华文化、光华精神一直体现在学院的方方面面,而这套"光华思想力书系"则是学院各方面工作的集中展示,同时也是北京大学光华管理学院的智库平台,旨在立足新时代,贡献中国方案。

作为经济管理学科的研究机构,北京大学光华管理学院的科研实力一直在国内处于领先位置。光华管理学院有一支优秀的教师队伍,这支队伍的学术影响在国内首屈一指,在国际上也发挥着越来越重要的作用,它推动着中国经济管理学科在国际前沿的研究和探索。与此同时,学院一直都在积极努力地将科研力量转变为推动社会进步的动力。从当年股份制的探索、证券市场的设计、《中华人民共和国证券法》的起草,到现在贵州毕节试验区的扶贫开发和生态建设、教育经费在国民收入中的合理比例、自然资源定价体系、国家高新技术开发区的规划,等等,都体现着光华管理学院的教师团队对中国经济改革与发展的贡献。

多年来,北京大学光华管理学院始终处于中国经济改革研究与企业管

理研究的前沿,致力于促进中国乃至全球管理研究的发展,培养与国际接轨的优秀学生和研究人员,帮助国有企业实现管理国际化,帮助民营企业实现管理现代化,同时,为跨国公司管理本地化提供咨询服务,从而做到"创造管理知识,培养商界领袖,推动社会进步"。北京大学光华管理学院的几届领导人都把这看作自己的使命。

作为人才培养的重地,多年来,北京大学光华管理学院培养了相当多的优秀学生,他们在各自的岗位上做出贡献,是光华管理学院最宝贵的财富。光华管理学院这个平台的最大优势,也正是能够吸引一届又一届优秀的人才的到来。世界一流商学院的发展很重要的一点就是靠它们强大的校友资源,这一点,也与北京大学光华管理学院的努力目标完全一致。

今天,"光华思想力书系"的出版正是北京大学光华管理学院全体师生和全体校友共同努力的成果。希望这套丛书能够向社会展示光华文化和精神的全貌,并为中国管理学教育的发展提供宝贵的经验。

北京大学光华管理学院名誉院长

丛书序言二

"因思想而光华。"正如改革开放走过的四十余年,得益于思想解放所释放出的动人心魄的力量,我们经历了波澜壮阔的伟大变迁。中国经济的崛起深刻地影响着世界经济重心与产业格局的改变;作为重要的新兴经济体之一,中国也越来越多地承担起国际责任,在重塑开放型世界经济、推动全球治理改革等方面发挥着重要作用。作为北京大学商学教育的主体,光华管理学院过去三十余年的发展几乎与中国改革开放同步,积极为国家政策制定与社会经济研究源源不断地贡献着思想与智慧,并以此反哺商学教育,培养出一大批在各自领域取得卓越成就的杰出人才,引领时代不断向上前行。

以打造中国的世界级商学院为目标,光华管理学院历来倡导以科学的理性精神治学,锐意创新,去解构时代赋予我们的新问题;我们胸怀使命,顽强地去拓展知识的边界,探索推动人类进化的动力。2017年,学院推出"光华思想力"研究平台,旨在立足新时代的中国,遵循规范的学术标准与前沿的科学方法,做世界水平的中国学问。"光华思想力"扎根中国大地,紧紧围绕中国经济和商业实践开展研究;凭借学科与人才优势,提供具有指导性、战略性、针对性和可操作性的战略思路、政策建议,服务经济社会发展;研究市场规律和趋势,服务企业前沿实践;讲好中国故事,提升商学教育,支撑中

国实践,贡献中国方案。

为了有效传播这些高质量的学术成果,使更多人因阅读而受益,2018年年初,在和北京大学出版社的同志讨论后,我们决定推出"光华思想力书系"。通过整合原有"光华书系"所涵盖的理论研究、教学实践、学术交流等内容,融合光华未来的研究与教学成果,以类别多样的出版物形式,打造更具品质与更为多元的学术传播平台。我们希望通过此平台将"光华学派"所创造的一系列具有国际水准的立足中国、辐射世界的学术成果分享到更广的范围,以理性、科学的研究去开启智慧,启迪读者对事物本质更为深刻的理解,从而构建对世界的认知。正如光华管理学院所倡导的"因学术而思想,因思想而光华",在中国经济迈向高质量发展的新阶段,在中华民族实现伟大复兴的道路上,"光华思想力"将充分发挥其智库作用,利用独创的思想与知识产品在人才培养、学术传播与政策建言等方面做出贡献,并以此致敬这个不凡的时代与时代中的每一份变革力量。

北京大学光华管理学院院长

人品：高品质发展的基础（代序）

姜万军教授主编的这本案例集所载的八个经营体中，有一半我实地接触过。陕文投、陕汽集团、曲江新区我去过不止一次，实景舞剧《长恨歌》我在现场观赏过。我没有去过陕鼓集团、银桥乳业、石羊集团、榆林市榆阳区，待有时间再去实地探访。现在的八篇案例，展现了高质量发展的不同场景，很具典型性，我看过后感触良多，其中体会较深的是：产品是经营体高品质发展的着眼点，而人品是经营体高品质发展的基础。

产品是经营体高品质发展的着眼点

经营体高品质发展看什么？主要看产品。因为产品是高品质的结晶，是高品质评测的对象，是高品质发展的着眼点。所以，要看产品是否为高品质、是否处于高品质发展之中。产品的高品质怎么评测？一是专业的基准评测。例如，企业标准、行业标准、国家标准、国际标准等，不达基准者不准生产和销售。二是消费者、使用者接受度的评测。例如，销售额、收视率、行业占有率等。三是品质优势持续程度的评测。例如，产品使用过程中精度的波动幅度、保质期、革新迭代、优势维持等。有的产品静态基准达标，一旦投入使用，质量值就保持不住，或没有更新，动态中的基准优势保持不住。上述三条，第一条是高基准的坚守程度，第二条是消费

者接受的广泛程度，第三条是品质优势的持续程度。产品满足上述三条要求，其母体（经营体）才可谓迈向高品质发展。接下来我们来具体看看八个经营体产出的是什么，其高品质发展的着眼点在哪里。

陕鼓集团产出的是什么？目前看来，其主要产出的是轴流压缩机等设备、工程承包、系统服务、能源设施运营、智能化业务等。陕汽集团产出的是什么？目前看来，其主要产出的是重型卡车、中轻型卡车、客车、专用车、新能源汽车、微型车、动力系统及关键零部件等。这两个经营体的产品大体同属于制造类，其高品质发展的着眼点，关键在于其产品能否坚守高基准、能否为用户越来越普遍地使用、能否持续保持品质优势。至于如何坚守、如何满足用户需要、如何持续保持品质优势，那是高品质发展的着力点问题。这里强调的是要看准高品质发展的着眼点，也就是产品的品质问题。

银桥乳业产出的是什么？目前看来，其主要产出的是牛奶粉、羊奶粉、常温产品、低温产品、瓶装奶等。石羊集团产出的是什么？目前看来，其主要产出的是油菜籽、种猪、食用油、饲料、肉制品等。两个经营体的产品大体属于食品业，其高品质发展的着眼点，同样要看它们的产品能否坚守高基准、能否为消费者越来越广泛地使用、能否持续保持品质优势。如果奶粉、食用油等产品出了品质问题，经营体的高品质发展就无从谈起。所以，这两个经营体在产品品质上尤为用力。

陕文投集团与上述四个经营体不同，其主要从事的是文化类的投资与经营。陕文投集团产出的是什么？总体上看，其主要产出的是投资项目和对投资项目的经营，以及其中的投资效益。陕文投集团目前的投资领域包括影视生产、文化旅游、文化金融、艺术文创、文化传媒、文化商业等。就产出来看，陕文投集团高品质发展的着眼点主要在于投资对象的高品质和投资项目经营的高品质，以及回报的高收益。这仍然可归结为项目投资能否坚守高基准、项目经营能否为消费者所普遍认可、项目投资品质能否保持长期优势。陕文投集团影视产品的高品质源于其多年来对高品质产出的重视和投入。

曲江新区，更准确地说是曲江文旅开发区，其高品质发展与上述五个经营体又有所不同。文旅开发区既不是机械制造者，也不是主要投资商，而是一个区域开发运营体，运营主体是管委会。市政府划出一块区域，交给开发区管委会进行开发运营。问题在于：曲江文旅开发区产出的是什么？其产出的不是产值收入（产值收入是副产品），而是招商引资的政策和规则、运营资源的能力，以及通过政策与能力招引进来的会展、演艺、影视、动漫、出版传媒、文化商业、电子竞技、文化金融、文化项目建设、城市区域运营等多类别的企业与机构。将这些政策和规则、企业、机构置于一个区域平台上运行，是开发的结果，应算作开发区的产出。当然，最终的区域产出还要看土地增值、区域产值和区域繁荣，但直接产出不是这些。就此看来，曲江新区产出的高品质，主要在于其招引对象的高品质、运营的高品质，以及导引出的区域高增值。其高品质发展的着眼点，同样在于项目招引能否坚守高基准、项目服务能否为平台上的经营者所认可、区域经营品质能否保持长期优势。

将实景舞剧《长恨歌》作为一个典型列入案例集，来探讨一个具体产品的高品质发展问题，这是个新角度。因为《长恨歌》的经营体是陕西华清宫文化旅游有限公司，该公司的产出，除实景舞剧以外，还有舞台剧、华清宫景区、华清御汤酒店、研学项目等，《长恨歌》只是其中之一。从具体项目看，《长恨歌》直接产出的不是门票收入，而是歌舞艺术的美、内容的善、背景的实等综合起来产生的吸引力。《长恨歌》高品质发展的着眼点，不在于收入，而在于这部实景舞剧的内容和艺术形式能否坚守高基准、演出能否感动更多的观众以及品质能否保持长期优势。由此再去看其能带来多少观众、对景区有多大的连带效应、能获得多少收入等。没有前面的高品质演出，就不会有后面的高品质发展。

案例集中还有一个更为特殊的经营体，是个基层政府机构——陕西省榆林市的榆阳区。榆阳区的经营主体是榆阳区政府。行政机构、地域环境、常住人口构成榆阳区发展的基本要素。在榆阳区7 053平方公里的地域面积上，生活着96.76万常住人口（2020年数据）。榆阳区面对的主要问题是如何利用其地域资源，使民众生活下去并且生活得更好。基于这个问题去思考榆阳区产出的究竟是什么比较合理。榆阳区产出的是什么？实质上应该是"民众的安居乐业"。这个说法似乎与通常的说法不一样。我们看看，榆阳区着力推动现代农业、特色农业、综合农业、生态农业、文化农业是为了什么？几个村、区的改革是为了什么？都是为了榆阳区民众的安居乐业，为了榆阳区民众更好地生存和生活。榆阳区2020年地区生产总值1 001.02亿元、城区居民人均可支配收入38 115元、乡村居民人均可支配收入16 628元等，都是其民众安居乐业的年度标志。所以，榆阳区产出追求的就是"民众的安居乐业"的高品质，其中包括就业、收入、安全、环境等方面的高品质。榆阳区高品质发展的着眼点在于，区域内"民众的安居乐业"能否坚守高基准、政府服务能否让大多数民众满意、区域发展的品质能否保持长期优势。

上述八个经营体的产出，实体产品比较好界定，其高品质发展的着眼点也比较好理解，但非实体产品不大好界定，大家对于其高品质发展的着眼点也有不同的看法。无论哪种情况，这里主要想强调的是，上述产品都是经营体经营活动的结晶、经营效益的基础、高品质发展的着眼点。至于高品质发展的着力点，因为涉及的因素比较多，限于篇幅这里就不再阐述了。下面我提及的情况和看法，主要是说明人品与产品的关联，主要看法是希望将人的素养作为高品质发展的基础，将培养人的素质作为高品质发展的着力点。

人品：高品质发展的基础
（代序）

人品是经营体高品质发展的基础

我一直认为，产品的核心，不在"产"而在"品"上。怎么认识产品中的这个"品"？查阅资料发现，品为众人，众人众口集聚谓品。集众人干什么？干事情。事情干得有什么能效，谓"品性"；在哪个等级，谓"品格"；坚守什么规则，谓"基准"。物品的关键是物质中人的品性、品格、基准，产品的关键是产出中人的品性、品格、基准。我们上面提及的八个经营体的产出，其关键是蕴含于其中的人的品性、品格、基准。

品性、品格、基准是蕴含于物质、产出中的人的品性、品格、基准。人是品的主宰，品是产的灵魂。产品因此就成了人的品性、人的品格、人的基准的结晶。怎么能把个人或众人的品性、品格、基准集聚到产出上成为产品？例如，轴流压缩机、德龙汽车、银桥奶粉、石羊食用油、陕文投文化、《长恨歌》舞剧、曲江文旅开发、榆阳民众富裕等，都是各自平台上的个人、众人将自己的品性、品格、基准渗透到自己劳作的对象中产出的高效能、高等级、高基准的产品。那么，你能从产品中看出人的品性、品格、基准吗？或者，你能把人的品性、品格、基准渗透到产品当中吗？八个经营体的当事人可以各自去体味，下面我要说的是我自己经历或体会到的人的品质与产品品质的关联。

2010年，我在德国柏林自由大学做学术访问。有一天，我看到一个工人在修补一栋大楼边角处脱落的墙面。只见他戴着手套，单膝跪地（膝盖处有护膝，跪地的地方有垫片，工具袋和材料袋就在旁边），调好水泥，开始一点点工作，直到墙面残破处被修补得完好如初。整个过程规范有序。另外，他是一个人在那里干活儿，没有人监督。我看过不少一个人干活儿的场景。例如，环卫工人清扫小区路面，有的认真，有的马虎。马虎者将败落的树叶扫进路边的水道里，而不是集中起来运走。水道上面有铸铁栅栏，落叶被扫进去后外面根本看不到。路面看起来整洁了，但败叶却

在水道里。同样是一个人干活儿,也没有人监督。

我们来看看两个人干活儿的情形。驾车的人或许都有"井盖苦恼"。城市过车道路上的井盖,有的平整,没有凹陷;有的凹陷,车辆经过一个就颠簸一下,遇到井盖多的道路,就一路颠簸。德国很少有井盖凹陷的情况,因为井盖装置的品质较高;即使有凹陷,也会及时修整。我没有现场看过德国工人如何装置井盖,但看过德国的一个视频:两个工人共同装置一个方形井盖,从开始砌底座到塑形、放盖、整理等有十多道工序。做成后,底座、井盖、路面严丝合缝、耐碾压、抗冲击、无颠簸。反过来,如果让虽没有受过严格训练但垒过鸡窝的两个人来装置井盖,那就没谱了。井盖刚装起来时或许还算平整,一过车,没多长时间就会出现凹陷。不但车辆颠簸,井盖发出的噪声也很大。

我们再来看看多人集体产出的产品。我在德国沃尔夫斯堡参观过大众汽车生产线。一部整车究竟有多少个零部件,没有人能说出准确的数字。有人说若细分到每个螺丝、螺母、垫圈、导线,则其零件、器件、部件等会多达2万个。如此说来,将这么多零件、器件、部件等组装成整车,就是个典型的"众人"产品。其中的环节,有的由机器人操作,有的由人工操作。机器人操作的规则和程序,完全内置在机器人系统中。人工操作,需要工人严格执行操作规则和程序。机器人可以做到一丝不苟,但工人很难做到同一。人与人不同,总体品质很难完全一样。德国工人惯于按规程严格办事,其一丝不苟的程度总体上优于其他国家。

德国经理告诉我,移植到其他国家的生产线,有的工人可能会在自认为不必要的情况下私自放弃、忽视或遗漏一些操作环节。他说这很不好,将影响整车质量。我把德国经理说的这种情形称为马虎随便。在细节上的马虎随便,例如:螺丝紧度不够、导线装置不到位、少装一个垫圈、该清洁的部位没有清洁等,静态的整车或许看不出来,但车辆行驶起来,尤其是行驶一段时间以后,零部件匹配度、环境适应性等动态问题就凸显出来了。整体架构中，只要有一个细节的品质不到位，迟早都会影响整体品质。

生产线的技术体系都一样，同样高品质生产线产出的产品，为什么不同的国家有不同的质量？主要原因还是在于生产线上人的品质问题。在基准上，一个是一丝不苟，一个是马虎随便，这就会产生品格等级不同，进而品性能效不同的问题。产生这些问题背后的原因实际上在于是否对众人进行了严格要求和系统训练，以及众人是否经过训练而形成了良好的习惯。

在德国，即便是泥瓦匠，也要经过严格的职业操守和专业培训。没有经过认证，不准上岗操作。我在德国的一家制造防腐蚀材料的企业考察，其中有个空间是专门供技术学院学生实习时用的操作间。德国法规规定，相关企业必须接受学生实习，政府给予企业补贴。政府和企业都极为重视对青年人的系统培训。这家企业每年有三四个实习生名额。操作间有专门的设备、工具、器具、工作服、操作手册、工作流程、移动路线、看板、工作台等，并配有专业技术人员对实习生进行培训。实习生全都按基准进行训练。在操作间合格了，才能到现场操作。实习结束，颁发评定证书。在德国，企业招聘，一方面看求职者在什么学校接受过什么样的专业教育，另一方面看其在哪些企业实习、工作过。两方面结合在一起，就能知道这个人的能效程度（品性）、等级水平（品格）、规则自律（基准）的情况。工人一上岗操作，马上就能看出其是否经过规范性的训练。

好的品性、品格、基准，在人身上要达到自悟自觉，并成为习惯，会比较难。而一旦成为习惯，便如同融化在血液里、浸透于筋骨中，那就可能成了须臾不离的本性，无论有没有人监督都是一个样。这里我要说到日本。2015年我到日本考察，住在一个山庄里。晚上9点多，我们一行人要从山脚开会的地方回到半山腰的住处，有三四公里的距离。平时有区间车来回接送，当时有些晚，区间车已经停运了。于是我们几个人便顺着山坡往上走。忽然一辆中巴车从后面驶过来，停在我们的旁边。车上的一位日本姑娘问明情况后，便招呼我们上车，表示愿意送大家到住地。我们中的一位

男士赶紧掐灭了烟,把它丢在路边的草丛里,便上了车。谁知那位姑娘立即下车将烟头捡了起来,用纸包住,放在自己的包里,说是到酒店后放入垃圾箱中。那位男士无地自容,连声说着对不起,其他人也都愧疚地看着那位姑娘。

按说车已经过了营运时间,可以不接送任何人;车上不准吸烟,将烟头丢在路边,对外国来的人而言,似乎很正常;晚上丢的烟头,没有管理人员看到,可以不去捡。但完全出乎意料,那位日本姑娘不但例外地送人,还下车捡起了烟头。这就可以看出,姑娘的品性、品格、基准无时无刻不体现在她的服务之中,对她来说,这很自然,就如同日本民众对待垃圾分类的态度一样。这些在有的场景中被看作特别高品质的表现,在另一些场合却是很自然平常的行为。人的这种很自然平常的高素质、经营体员工的这种很自然平常的高素质,就筑成了高品质发展的长远基础。相反,人的一些不好的行为、习惯,主要是因为缺乏以规则为基础的系统训练。如果经营体做事过于功利,不及长远,终会遗憾。

高质量发展的声音已经响彻我国各个领域,问题在于如何扎扎实实地做起来,如何将经营体的高品质发展转向以人的高素质为基础的轨道上来。陕鼓集团、陕汽集团、银桥乳业、石羊集团、陕文投集团、《长恨歌》舞剧、曲江新区、榆林市榆阳区等迈向高质量发展的经历,展现了一个个高质量做事的典型。其中的事实不但揭示了发展方向的导引作用,更揭示了人员素质、团队素质的基础性影响,揭示了人品、产品和高品质发展之间的关联。

相信大家在看完这本案例集后,定会有更多、更深刻的体会。

张国有

北京大学光华管理学院教授

北京大学前副校长

2022 年 8 月

前言
Preface

习近平总书记强调:"立足新发展阶段、贯彻新发展理念、构建新发展格局,推动高质量发展,是当前和今后一个时期全党全国必须抓紧抓好的工作。"高质量发展是"十四五"乃至更长时期我国经济社会发展的主题,关系到我国社会主义现代化建设全局。高质量发展并非只是一个经济要求,而是对经济社会发展方方面面的总要求;并非只是对经济发达地区的要求,而是所有地区的发展都必须贯彻落实的要求;并非只是一时一事的要求,而是必须长期坚持的要求。各地区要结合自身的实际情况,因地制宜、扬长补短,走出适合本地区实际的高质量发展之路。2021年9月,习近平总书记在陕西省榆林市考察时强调,要解放思想、改革创新、再接再厉,谱写陕西高质量发展新篇章。

为了了解中国西部地区企业或组织高质量转型发展状况,配合中国管理研究国际学会(IACMR)第九届学术年会在西安的召开,北京大学光华管理学院多位教授组成团队,深入陕西调研,剖析了陕鼓集团、陕汽集团、陕文投集团、曲江新区、实景舞剧《长恨歌》项目、银桥乳业、石羊集团、榆林市榆阳区农村治理等八个高质量发展转型的典型案例。这些企业或组织都坚守初心,勇于创新,与时俱进,不断提升自身能力,探索供给侧改革,取得了不少值得借鉴的经验。

其中,作为三线建设企业,陕鼓始建于1968年,1975年建成投产,

1996年由陕西鼓风机厂改制为陕西鼓风机（集团）有限公司。其核心板块西安陕鼓动力股份有限公司成立于1999年，2010年在上海证券交易所A股上市。多年来，陕鼓持续主动坚持供给侧结构改革，秉承"为人类文明创造智慧绿色能源"的使命，调动员工积极性，努力为客户创造价值，从"卖产品"到"卖服务"，再到"提供能源解决方案"，构建了以分布式能源系统解决方案为圆心的"1+7"业务模式，为客户提供设备、工程总承包、服务、运营、供应链、智能化、金融七大增值服务。

陕汽也是始建于1968年的三线建设企业，1970年建成并成功试制出第一辆延安SX250型重型军用越野车，结束了我军"有炮无车"的历史。在五十多年的发展历程中，陕汽经历过建厂初期的艰苦奋斗，也曾面对市场经济大潮和国有企业改革等重大挑战，最终克服重重困难，走出了一条具有自身特色的发展之路。五十多年来，陕汽孕育并不断丰富和发展了独具个性的企业文化——德文化：以立德、尊德、行德为行动指南，形成了"以人为本、创优报国、追求卓越、迈向高端"的核心价值观，"德赢天下、服务领先、品质成就未来"的经营理念，"敬业、笃学、诚信、创新"的企业精神，"以客户为中心"的企业宗旨，以及"因为工作，所以快乐"的工作理念。

作为改革开放大潮下的民营企业，银桥乳业自1978年创立以来，四十余年如一日，坚守社会责任，视质量为生命，通过自身组织能力建设，为员工赋能、为奶农赋能，持续提升自身能力，不断突破自我，从一家只有"五口铁锅、六亩土地、十间瓦房"的炼乳手工作坊，成长为中国西北乳业龙头、农业产业化国家重点龙头企业、学生饮用奶定点生产企业、中国奶业20强（D20）企业联盟和国际乳品联合会（IDF）成员。银桥乳业旗下多个品牌和产品先后获得中国名牌产品、中国驰名商标和绿色食品等认证。2014年，银桥乳业入选国家重点扶持的12家婴幼儿奶粉生产企业名单。2020年1月和6月，银桥乳业顺利通过BRC（英国零售商协会）和IFS（国际食品标准）双认证。

作为邓小平南方谈话后创立的民营企业，石羊集团历时三十载，坚守安全食品领域，带动两万多家农户养殖脱贫。石羊集团经过第一个十年的规模化扩展、第二个十年的产业链全面拓展，再到最近十年的由大农业向大食品转型、智能化转型，已经成为农业产业化国家重点龙头企业。多年来，石羊集团依靠团队和员工，始终把"一壶油、一块肉"的品质作为其永续发展的基石，以"提供绿色产品，共创美好生活"为使命，将"用一辈子来做好绿色、生态食品"作为长远目标，不断追求和完善"保证食品从源头到餐桌安全可靠"的体系。

作为省属国有大型文化企业，陕文投集团成立于2009年6月，是陕西实施"文化强省"战略的重要市场平台。陕文投集团以"让陕西文化走向全国、让中华文明走向世界"为企业使命，以"挖掘历史文化的当代价值、探索传统文化的现代表达、打造陕西文化的市场平台、推动中华文化的国际传播"为发展定位，历经十余年的发展，构建起以影视生产、文化旅游、文化金融为核心主业，以文创艺术、文化传媒、文化商业等为支撑的产业布局，成为全国最具集群优势和发展活力的国有文化企业之一。陕文投平台的溢出效应，也为影视生产、文化旅游、文化金融等行业的发展打下了良好的基础。

秉承"斯山为大幕，斯水做舞台，斯地真历史，借我入戏来"的大胆创意，经过艺术家们的精心设计，"旅游资源+文化创意+科技演绎"的旅游文化创意精品《长恨歌》舞剧被打造了出来。《长恨歌》自2007年正式公演以来，演出4 000余场，接待观众600万人次，达到了"一票难求"的盛况。《长恨歌》的成功源于其出品方陕西华清宫文化旅游有限公司所属的陕旅集团始终坚持"百年精品"理念，逐步形成"旅游+文化+标准"融合发展模式，持续投入打造陕西文化旅游产业的金字招牌和陕西文化符

号。陕旅集团将旅游资源和文化创意相融合,每年投入千万元不断改版升级,持续深挖和精炼《长恨歌》模式——"旅游为体、文化为魂、标准为矛、专利为盾",坚持以标准化引领高质量发展。

曲江新区是陕西省、西安市确立的以文化、旅游为主导产业的开发区,是全国首批国家级文化产业示范园区之一,先后被评定为国家级生态区、国家级文化和科技融合示范基地等,并荣获中国人居环境范例奖。特别是自2002年以来,曲江新区探索形成了"文化+旅游+城市"的发展新模式,成为全国文旅深度融合发展的先行军和示范者。回顾二十余年的发展,曲江新区探索的关键在于,坚持"同心圆"双重价值:社会价值+商业价值,"让文化活起来,让历史文化变得可触摸"。

近年来,随着工业化、城镇化和农业现代化进程的加快,小农经济长期形成的土地细碎化和分散经营的状况不仅制约着农业的高质量发展,而且引发了村庄空心化、集体经济空壳化等一系列问题。对于怎样破解农地矛盾,建立新的机制,解放农村生产力,给广大农民带来更多的实惠,促进脱贫攻坚,促进农村现代化和城镇化,促进乡村振兴,陕西省榆林市榆阳区进行了有益的探索。从2013年的赵家峁村试点,到2017年的逐步整区推进,榆阳区通过制度创新调动各方积极性,有效地调整了农村生产关系,解放了农业生产力,打通了城乡协调发展、要素高效流动、产业融合发展、农民增收致富的渠道。

上述陕西企业或组织高质量转型探索的共同点在于:决策者勇于担当,持续创新,充分尊重利益相关者的权益,调动各方积极性,共同创造价值,主动推进供给侧改革,不断突破自我,努力追求可持续发展。

我们知道,中国作为最大的发展中国家,地区差异和区域发展多样性明显。北京大学光华管理学院秉承"创造管理知识,培养商界领袖,推动社会进步"的使命,为了不断加强服务国家建设的针对性,从1999年开始先后建立了深圳、上海、西安、成都四所分院。2014年5月,总建筑面积达 27 243 平方米的现代化商学院——北京大学光华管理学院西安分院投入使用。回顾近十年历程，我们积极履行学院使命，定位于平台建设：依托北京大学光华管理学院的优秀师资和服务团队、国际合作网络、校友资源、当地各级政府和企业的支持，逐步建立健全一个集创新人才培养、"一带一路"发展智库和创新产业培育示范基地三位于一体的，西部可持续发展所需要的各种资源聚集和融通的大平台。第一，通过学位和非学位教育提升当地人才素养：培养了超过 200 名工商管理硕士、400 名企业高管，特别是与陕西省委组织部合作培训了 200 名优秀青年干部；此外，还为曲江新区、陕汽集团、长安银行、陕国投等多家机构提供定制化培训。第二，从 2015 年开始，连续 7 年，通过每年一期的公益扶持项目——"北大光华创业训练营"，累计培养创业者 400 余人。第三，设立"北大光华西部大讲堂"和专门的论坛，向当地企业家、政府官员、校友等群体传播新理念、新知识以及党和国家的政策导向等，促进当地决策者转变思维方式。第四，为北京大学教授实地调研中国中西部企业、政府、乡村提供一站式服务，足迹遍布陕西西安、延安、榆林、渭南、商洛、安康、宝鸡、汉中、咸阳，河南郑州、洛阳、三门峡，甘肃兰州、张掖、嘉峪关，宁夏银川，青海西宁等地。本书精选的八个案例，就是教授们深度调研西部高质量发展转型状况的成果，也是北京大学光华管理学院服务中国西部发展平台建设成果的一次集中展示，希望能够帮助读者更深入地了解中国西部的真实状态。

中国地大物博、历史悠久，社会经济发展状况、文化、习俗等维度的区域差异巨大。深入一线、纵深了解中国真实状况，是"赢在中国"的前提。

西部地区作为中华文明的摇篮之一，孕育了周、秦、汉、隋、唐等王朝，也是中国共产党转折和壮大的红色圣地，更是中华人民共和国现代工

业体系和新型创业者成长的沃土。

北京大学光华管理学院西安分院未来将持续为北京大学的师生、校友以及广大读者深度了解中国西部历史、文化、产业生态等提供一个入门导引和深入交流的平台。

姜万军

2022 年 8 月

目 录
Contents

第一章　新时期的西部企业家精神　　　　　　　张志学　汤明月　/ 1

第二章　陕鼓集团：真心为客户　　　　　　　　　　　　　　　/ 15
 第一节　居安思危，依靠员工，切实为客户创造价值　姜万军　/ 15
 第二节　趋势是朋友——我对陕鼓战略转型的一些思考和认识
　　　　　　　　　　　　　　　　　　　　　　　　印建安　/ 28
 第三节　成就他人，成就企业　　　　　　　　　　胡爱军　/ 37
 第四节　领导力——陕鼓战略转型成功的基石　　　景群平　/ 41

第三章　陕汽集团：德文化，促创新　　　　　　　　　　　　　/ 47
 第一节　陕汽"四新"引领，迈向高质量发展
　　　　　　　　　　　　　　　　　　　　　任　润　翟　耀　/ 47
 第二节　陕汽案例点评　　　　　　　　　　　　　张建君　/ 69
 第三节　我看陕汽案例　　　　　　　　　　　　　陈庆峰　/ 70

第四章　银桥乳业：直面挑战，与时俱进　　　　　　　　　　　/ 72
 第一节　打造西部乳业品质的典范　姜万军　金　李　薛岩龙　/ 72
 第二节　守正创新，推动乳业高质量发展　　　　　刘华国　/ 92
 第三节　与时俱进，勇于创新，不断直面新挑战
　　　　　　　　　　　　　　　　　　　　　姜万军　金　李　/ 96

第五章 石羊集团：秦商精神的坚守者 /99

第一节 扎根黄土地，"石羊"重塑新时代秦商精神

武亚军 葛明磊 /99

第二节 以战略创新弘扬新时代的秦商精神 魏存成 /126

第三节 弘扬新时代秦商精神的"石羊样板" 赵守国 /128

第四节 大道至拙，笃行致远 武亚军 /130

第六章 曲江新区：文化产业的探路人 /134

第一节 "曲江模式"：二十余载的探索与持续创新

张国有 姜万军 张闫龙 王娜 /134

第二节 对曲江新区高质量发展的感悟 姚立军 /151

第三节 "曲江模式"：一种文化新经济模式 邓丽丽 /151

第七章 陕文投集团：搭平台，促发展 /156

第一节 高质量发展：陕文投的成长与思考

张国有 姜万军 赵锦勇 /156

第二节 我对陕文投案例的一点补充 王勇 /176

第三节 国有文化企业的担当：传播中华文明，增值国民经济

邓丽丽 /180

第八章 实景舞剧《长恨歌》：持续改进，追求至善 /184

第一节 《长恨歌》文化品牌的崛起

肖婷 姚新垣 游博 /184

第二节 我看《长恨歌》项目 张宏 /220

第九章 榆阳区的"三变"探索 /222

第一节 农村产权制度的再造："榆阳模式"

张闫龙 姜万军 周黎安 王路 /222

第二节 主动调整生产关系，持续解放和发展农业生产力

苗丰 /246

第一章
新时期的西部企业家精神[①]

张志学　汤明月[*]

企业家是经济活动的重要主体，企业家精神是经济发展的重要源泉。近年来，习近平总书记在多次讲话中提到"企业家精神"，反映出他对企业家群体的高度重视。在当前的疫情防控挑战下，经济结构转型、反全球化趋势持续等多重因素叠加，对我国经济社会发展提出了更高的要求。在新形势下，激发和保护企业家精神，提高企业家创新创业活力，是紧扣供给侧结构性改革主线、加强预期引导、落实稳中求进的重要举措。

"企业家"（entrepreneur），指具有冒险精神的组织经营者或管理者；在西方，"企业家精神"（entrepreneurship）一词着重强调承担经营风险的精神。而从企业运营视角看，企业如何对待外部环境和怎样处理内部组织，则是企业家精神的基本体现。由此，企业家运营企业需要完成对内和对外两大任务。对内任务即内部整合，就是对企业的关键任务、组织结构、控制系统、企业文化等进行协调和搭配，支持战略的落地和目标的达成。对外任务即外部适应，就是关注外部的环境，分析市场、技术、政策的变化，从而进行战略调整。[②] 而中国的经济环境、政治制度、社会结构等都

[①] 与本章相关的研究得到国家自然科学基金重点项目"转型升级背景下组织创新的多层因素及动态机制研究"（71632002）的资助。

[*] 张志学，北京大学博雅特聘教授；汤明月，北京大学光华管理学院博士生。

[②] 张志学，《新时代企业家群像及企业家精神》，人民论坛网，2021年9月22日。

有别于西方,中国企业在经历了改革开放后也探索出了许多具有自身特色的发展模式,培育出了一批杰出的企业家。他们因地制宜,盘活内外资源,以自身企业的发展拉动一方经济和就业。

在东部发达地区,技术更新和产品迭代因为瞬息变化的市场环境而加速;而在地理位置相对偏僻、资源条件更为有限的西部,如何借助和利用有限的环境要素,激活企业长远发展的活力,对企业优化内部资源、塑造企业综合能力提出了更高的要求。将内外部力量相适配、实现内外协调互动的过程离不开企业家精神的调动和激活,甚至越是在外部资源匮乏的情况下,越能激发出一批具有顽强意志的企业家。中国传统观念讲究"遵从天命",但是,在外部环境不利的情况下如果完全"认命",个人和企业肯定难以发展。基于此,我们调研了一些西部企业,并对企业的几位高管和政府部门的相关人士进行了访谈,总结这些组织在自身发展中所遇到的关键问题、所做出的重要抉择,分析这批领导者身上所共同体现出的企业家精神。我们看到一批西部企业在认识到外部困难以及条件限制的同时,始终坚定地克服困难、改变现状,努力"改变所有可以改变的",以坚韧的领导力和企业家精神带领企业前行。这种"认命变运"的信念让企业更注重创新、前瞻和冒险①,构筑了西部企业家精神的内核,表现出政治智慧、成长型思维、创新精神和社会责任感四个关键维度。

政治智慧

新时代的中国企业家要想站稳脚跟、谋得长远发展就需要有政治智慧。在企业运营的环境要素中,一个重要组成部分就是政治环境。对西部企业来讲,敏锐识别政治环境、站稳政治立场对企业发展尤其重要。西部

---

① 区颖敏、秦昕、张志学,《高管的命运观如何影响企业命运?》,《管理视野》,2018年第13期,第18—21页。

开发是实现中国现代化建设战略目标的必然要求,但相比东部和中部,自然资源匮乏、地理位置偏僻、交通发展有限等不利因素使西部企业的发展产生了许多瓶颈。① 而在经济因素相对受限的环境下,紧跟国家西部开发的战略布局,敏锐洞察政治环境中的有利因素,借助政策支持弥补经济要素不足,是西部企业家在自身探索与发展中体现出的经营智慧。

其一,西部企业家的政治智慧,体现为能够准确识别和把握政治方向,懂得借助外力,塑造环境优势,促进自身升级和发展。许多成长于改革开放时期的中国企业,便是抓住了特定时代的制度机遇。而在新时期,国内疫情防控和反全球化的挑战更加凸显出紧跟政治方向的重要性。以陕西步长制药有限公司(以下简称步长制药)的转型为例,疫情暴发以来,中医药在全面参与防控救治的过程中做出了重要贡献,但仍存在高质量供给不够、人才总量不足、创新体系不完善、发展特色不突出等问题。2021年,国家发布了《关于加快中医药特色发展的若干政策措施》,明确表示将积极支持中医药企业的发展。步长制药作为我国中药行业的龙头企业,积极抓住这一轮政策优势进行新的舆论造势,预判大健康领域将成为国家在医药产业布局的主体方向。步长制药明确表示坚持未来中医药的战略优势,实现"中国的强生,世界的步长"的发展目标。国家政策发布后的第一季度,步长制药迅速响应,研发费用同比增长 62.58%,销售费用同比下降 18.78%。如此巨大的企业转型行动如果离开了国家对中医药的政策支持,恐怕将引起投资人的担忧。然而,借助国家大健康战略布局的形势和机会,步长制药的"一增一降"不仅成功地实现了从销售型企业向科研型企业的转变,市场表现也持续向好。从步长制药的发展来看,企业对政治因素的借势为自身长远的发展注入了新的活力。

---

① 张三保、康壁成、张志学,《中国省份营商环境评价:指标体系与量化分析》,《经济管理》,2020 年第 4 期,第 5—19 页。

其二，西部企业家的政治智慧，体现为能够迅速调整内部资源与布局，使之与政治要求和国家战略发展方向相匹配。以西安城市交通技师学院的师资革新为例，近年来，中央明确提出要进一步提升职业教育地位，同等重视职业教育和学历教育。这一千载难逢的政策机遇指明了职业院校的发展方向。国家要兴办职业教育，根本上是为了解决广泛就业和促进教育公平。为了促进学院的发展，西安城市交通技师学院创始人从改革内部培养模式入手，明确办学的就业导向。一方面，学院积极拓展就业实习平台，寻找校企合作单位，先后与多个国内知名企业集团签订校企合作协议，积极建立实习、实训点。另一方面，国家对职业教育的重视让学院感受到上层领导者对提升职业教育水平的期待。围绕提高教学质量，学院创始人积极从外部知名院校聘请专家教授来院任教，提升师资队伍的质量，更注重借鉴国际职业教育先进办学经验，利用一切机会完成师资上的更新；与国外教育集团签订合作办学协议，在教学内容、教学方式上为学生提供了一条国际化的成才和发展道路，从而使学院能够充分支撑和释放职业教育的发展潜力。洞察国家战略、借助政策支持、协调内部资源以释放政治环境的优势，这些西部企业家的政治智慧给自身企业的发展带来了更多的机会和平台，也使企业主动参与和融入国家的宏观发展战略布局当中。

成长型思维

一家企业的发展模式高度折射出其领导者的思维模式。坚持成长型思维是西部企业家在多年经营和探索中涌现出的管理智慧。成长型思维，即相信和预设事物的可变性，是响应外部变化和发挥主观能动性的结合。与之相对的固定型思维，则是预设不可变、故步自封的思维表现。

具备成长型思维的企业家，首先表现出对不确定性的高度容忍，始终对变化保持开放的心态。他们对外部环境的基本假设是：变化是常态。这一基本假设决定了一家企业及其管理者的基本世界观。从相信可变开始，企业家才有可能充分捕捉和响应外部变化。从西安旅游集团的发展历程来看，作为一家文化旅游行业的传统国有企业，面对当今时代数字化和互联网的变革，以及疫情对行业发展的冲击，集团意识到在这个变化的时代，固守于老字号的传统意味着只能被淘汰。集团通过创新旅游模式和路径，在完善传统旅游要素的同时，布局构建全要素的文化旅游新体系，探索新产业和新模式，推动研学旅行的发展。再者，在消费者群体多元化和需求多变的时代，集团聚焦新消费、新业态，对传统产业进行转型升级，培植文旅 IP（具有长期生命力和商业价值的跨媒介内容运营），不断丰富文化旅游产品新供给，让"老字号"有了"新活力"。同样，"互联网+"和"大数据"万物互联也给食品行业带来了冲击和挑战。基于行业新变化，银桥乳业重塑原料、生产、物流、销售全产业链，完成"智慧银桥"的商业模式升级改造；以研发中心为基础，以产品升级为主线，加快产品营养功能开发和生产工艺技术革新，每项举措都对准消费者对美好生活的需求和渴望。这些企业坚持优化内部的各类要素，打破传统的管理和营销模式，积极拥抱新时期、新变化。

其次，成长型思维意味着企业家要提早长期布局，要目光长远，做出前瞻性抉择。这种长期主义的精神，要求企业推行面向未来的变革，并着力打造组织能力。变革往往是艰难的，变革者既要克服各种外在的困难和障碍，又要坚毅地朝自己认为正确的目标迈进，而不能让外界的评论和躁动影响了自己坚定的变革信念及决心。卓越的企业家善于审时度势，将天时地利人和所造就的优势综合起来，从而开展长期性的变革。陕文投集团作为省属国有文化企业，在新时期瞄准了文化产业发展的巨大空间和潜在消费需求，通过打造新的产业生态将金融、文化创意等时代要素纳入集团

的未来版图。在"一带一路"倡议和国家经济结构调整的背景下,陕文投集团抓住历史机遇,充分发挥陕西文化资源的本土优势,优化产业布局,在影视投资、文化旅游、文化金融三个方面构建未来发展的"三驾马车"。在影视投资上,陕文投集团建立了从影视剧生产、电影发行放映到版权交易服务的全影视产业链;在文化旅游上,陕文投集团挖掘陕西当地的红色文化资源,打造红色旅游小镇和创意文化综合体;在文化金融方面,陕文投集团从资金配置模式上开创了全国领先的文化金融生态,积极推动与银行的深入合作,将文化艺术资本与金融工具相结合,打破了融资方和投资方之间的壁垒,为集团的长远发展奠定了资金基础。在寻求长期转型与布局的过程中,类似陕文投集团原董事长印建安这样的企业家所展现出的敏锐、果敢、执着、勇于探索等特质,使得他们从一般的领导者中脱颖而出,也正是这些特质使得企业家的成功具有必然性,让企业发展能够经久不衰。

最后,成长型思维不仅是一种高屋建瓴的认知模式,还体现为实际操作中的灵活调整,不被现有思路和行为所框定及局限。战略的制定往往需要长时间的调查研究,而在调研的过程中新的实践问题会不断涌现,因此,已经制定好的思路不一定适用于实际情况的变化和复杂情形,这就需要运用灵活机动的战术来调整并适配理论思维与实践的差异。在西部,这样的企业家精神不仅表现在实体经济的企业中,也表现在一批敢作敢为、具有责任担当和广阔视野的政治官员身上。陕西省榆林市榆阳区赵家峁村的改革便是这样的一个缩影。赵家峁通过多年的农村改革,由一个深度贫困村转变为远近闻名的全省农村集体经济发展示范村和乡村旅游度假村。在上级政策还不明确时,榆阳区委在三条原则的基础上大胆进行农村产权制度改革:成立榆阳区的第一个村集体经济组织,实现"资源变股权,资金变股金,农民变股民"的巨大转变;坚持政策原则,统筹考虑各项要素,科学界定集体经济组织成员，实现了农民对集体资产由"共同共有"到"按份共有"的转变，破解了产权制度改革的难题；推进"农业+旅游+文化"的休闲农业发展。在具体落实的过程中，由于传统的陕北林木资源和农作物主要是胡杨、果蔬、豆类，如果一刀切地开展种植结构改革，很可能遭到农民的质疑和反对，因此，榆阳区循序渐进地改善当地农业结构，灵活调整阶段性的结构改革目标：先是提出了三大主导产业的发展方向，发展优质果蔬和传统胡杨种植，接着又培育了一批附加值更高的畜牧、中药材、食用菌等特色新兴产业，平稳顺利地达成农村改革的目标。拥抱变化和不确定性，立足长远做出前瞻性布局，并且在实际操作中采取灵活机动的战术来调整适应，成长型思维让企业家在新时期看到新机会，也为企业发展开辟了新道路。

创新精神

当代企业家精神的核心品质是创新。2020年7月，习近平总书记在企业家座谈会上明确指出，"创新是引领发展的第一动力""企业家创新活动是推动企业创新发展的关键"。在新时期，创新始终是推动一个国家、一个民族和一个企业向前发展的重要力量。

回顾西部企业家的创新精神，首先表现为企业能精准识别市场需求，开发创新性产品满足用户需求，从技术创新和产品创新上谋求更高效的发展。为了达成这一目标，企业家既要通过各种手段贴近不断变化的市场和用户，具备洞察用户需求和发现新机会的能力，又要能够把机会切实转变为产品和服务。而产品和技术创新对于研发型的行业具有更高的要求。对于制药企业而言，研发和产品一直是其核心竞争点。作为医药龙头企业，步长制药敢于突破舒适区，坚持自主研发及引入多项创新生物药，从产品结构上不断寻求突破和创新。近年来，步长制药对研发的重视和转型也体

现在专利数量上。目前，步长制药在专利中药上已进入第一方阵，公司年销售收入中有90%以上来自独家专利，这些技术优势直接为产能变现和市场扩张提供了保障。极飞科技作为一家从事机器人和人工智能研究的科技公司，致力于将无人机、机器人、自动驾驶、人工智能、物联网等技术应用于农业生产场景，并构建无人化智慧农业生态。公司自2018年以来合计研发支出近3亿元，与同类企业相比研发投入率处于领先地位，下一步还将继续募资用于建设数字农业智能制造基地，打造更广阔的研发平台，着力从产品迭代上制胜同类企业。总之，步长制药、极飞科技等企业在外部环境优势相对不足的情况下，依靠对研发和创新能力的培育，通过具备竞争性的新产品将市场拓展到更广的地域，为企业发展带来更多的可能性。

其次，西部企业家的创新精神，体现为不断整合内部资源，改革并优化组织结构和要素，实现管理模式的创新。企业要从事创新，就需要通过合适的组织结构、管理体系把投入转化为产出，这至少包含三个基本要素：组织结构和系统、资源调配、组织学习和知识管理工具。第一，组织结构和系统需要根据创新的类型来设计。第二，发挥资源调配功能，将有价值的资源用于创新。第三，建立系统性的组织学习和知识管理工具，例如使用规范的创意制造工具、与高校和科研院所进行外部联结、增加与客户沟通的次数和提高频率等。因此，企业需要组建拥有产品开发能力的团队，建立支持创新的组织文化；需要建立知识管理工具箱，在不同层面建立组织学习的惯例；需要提供相关领域知识和创新技能的培训，帮助员工发挥创造力。西部企业中，在制药领域，步长制药积极主动地调整内部组织结构，完成由销售型企业向科技型企业，由中成药生产企业向生物药、化学药生产企业以及医疗器械、互联网医药企业的转变，突破自身传统发展模式的不足，用转型升级重塑企业内部创新能力。在文化产业中，陕文投集团的金融文化生态将传统金融手段与文化产业相结合，开拓出一条文化产业与金融融合的创新路径。在教育领域,西安城市交通技师学院的创始人从优化资源调配入手,在内部师资有限的情况下,积极寻找外部合作单位,引入外部专家,打造一流的师资队伍,借鉴国际职业教育先进办学经验,利用一切机会实现师资队伍结构优化。这些企业通过改革组织结构、管理体系来优化资源配置能力,让员工感受到企业内部对于求新求变的坚定意志,从而激发了员工的创造力和组织的学习能力。

社会责任感

习近平总书记曾在企业家座谈会上指出:"社会是企业家施展才华的舞台。只有真诚回报社会、切实履行社会责任的企业家,才能真正得到社会认可,才是符合时代要求的企业家。"对西部企业家来说,长期内如何让自身融入和助力当地改善民生,短期内如何在疫情防控下实现稳定经营、保障员工权益,都是其探索和思考自身、企业与社会关系的重要话题。

一批西部企业家怀揣着对这片土地的眷恋和坚守,以发展自身企业的方式反哺当地发展,积极履行社会责任。其一,西部企业家积极稳定地扩大当地就业,并以企业的发展拉动当地经济发展。步长制药作为一家致力于中药现代化的医药龙头企业,通过原料采购、吸纳当地劳动力转移和就业、提高当地劳动力素质等举措,积极回馈西部地区与行业发展。一方面,步长制药大量采购西部产区的原料药材,在产区建立种植基地,积极培育中药优势产业,广泛吸纳当地劳动力转移。步长制药98%的产品都是独家专利中药品种,每年需要大量的中药材原料,而这些地道药材通常生产于老少边穷地区。基于大量的药材需求,步长制药在药材产区已形成规模化的大宗药材种植、采收、加工、收购、储存、运输体系,缓解了农村剩余劳动力转移就业问题。步长制药还在新疆、陕西、甘肃等西部省区分别建立原料药材基地,采购当地农户的生产资料,雇用当地农民,向农户

提供技术培训,实现农民创业、就业、增收和共同发展。另一方面,步长制药在 20 世纪 90 年代便发起创办了陕西商贸专修学院(现更名为陕西国际商贸学院),形成了对接区域经济社会发展需求及行业产业需求,以医药为特色、以工商为主干的学科专业体系。借助企业办学的优势,以就业为导向,步长制药为学生提供了广阔的实习平台和丰富的资源,使得学生能够将专业与职业、实习与就业相结合,毕业生的就业率与就业能力连年提升。步长制药旗下的药厂还利用业务网络为学生提供就业信息,辐射其他行业的企业。除了提升学生的就业率,步长制药还牵头组建了省厅级科研平台,助力当地医药和教育事业发展的长远布局,不断提高人才培养、技术发展与社会需求的适应性。

其二,一批企业积极开发具有公共属性的新产品、新技术,帮助西部地区应对三农问题、技术难题和具有时代意义的公共性挑战。以极飞科技为例,公司以"提升全球农业生产效率"为使命,构建"无人化"农业生态系统,致力于通过技术创新应用以及可持续的商业模式,应对气候变化、饥饿贫困、资源短缺等公共性挑战。极飞科技的创立灵感来源于创始团队在新疆的农田里所观察到的落后困境。2013 年,线上平台和移动技术在发达的东部地区解放了人们的双手,而新疆棉田里的农民却还要背着药箱,用祖祖辈辈流传下来的最传统的方式喷洒毒性农药。由此,极飞科技展开了对无人机作业应用于农业场景的技术与模式开发。一方面,极飞科技以研发智慧农业科技产品为核心目标,将无人机、无人车和机器人等人工智能技术引入农业场景,用技术改善当地的农田环境。新技术的投入不仅带来了生产效率的提升,也带来了整个绿色革命。每天有 6 万多台极飞科技的设备在中国各个地区的农田里运行,覆盖 1.8 亿亩农田。这些精准作业的智能设备减少了农药的使用及其对土地和水的污染,给当地的农田环境带来了重大的变化。另一方面,智能设备能够记录和传输大量以往不曾掌握的农田数据，帮助当地改善种植情况。极飞科技的云计算中心每天会接收数百万张农田高清图像和超过 1 000 GB（千兆字节）的作物生长数据，信息优势能够帮助当地预测气象和分析作物生长情况，从而帮助农民调整种植结构，改变"靠天收"的落后境况。此外，极飞科技并没有止步于用纯技术解决农业问题，而是想要借助自身的产品和技术优势，帮助农民提升技能，从根本上扭转农业低效的问题。极飞科技 2016 年创办了极飞学院，通过线上线下培训，已经培养了 9 万多名智慧农业从业者，推动农业新型技术在农村的传播，转变和提升农民的技能与发展思路。新技术、新模式、新思想的引入，将数字化时代的新希望播撒到落后偏僻的农田里，让渴望变化的农民看到了自身美好生活的新未来。极飞科技所从事的智慧农业，不仅对农业发展做出了技术贡献，对于促进我国的数字经济升级也具有新的意义。当前我国正在积极推动数字经济全面发展。数字经济对于中国和世界而言都是崭新的领域及赛道，尽管国家和地方政府着力推进并支持企业转型，但在实际运营过程中必然会遇到制度和规则上的障碍[①]，因此企业家应积极建言献策，推进法律与政策环境改善，履行"制度企业家"的职能。极飞科技看到了数字技术加速中国农业和工业化进程的作用，致力于依靠自身的数据和信息优势为加速这一进程提出建设性意见。公司创始人借助企业平台对这场全世界最大规模的农业转型升级进行了全方位的记录，积极探索数字孪生如何在农业和工业场景下快速迭代的关键问题，思考和寻找推动中国数字农业发展的重要因素。像这样有社会责任感的企业家并没有将自己禁锢在商业实践的成绩中，而是将这些实践经验转化为比较系统的知识，他们所做的开创性探索对于推动数字技术的发展和应用具有重要的战略意义。

---

① 张志学、赵曙明、连汇文、谢小云，《数智时代的自我管理和自我领导：现状与未来》，《外国经济与管理》，2021 年第 11 期，第 3—14 页。

迈向高质量发展
陕西的探索

结　语

　　一个地区的繁荣离不开一群人的坚持，一家企业的发展离不开企业家的坚守。总结西部地区一批企业的发展经验和经营智慧，我们发现，企业家精神在新时期对于这些企业和当地发展具有重要意义。

　　第一，政治智慧是西部企业家应对匮乏的外部环境所做出的"本能"反应，相对于东部的技术、人才和市场优势，西部企业家势必要借助国家对西部开发的政策支持这一政治环境优势来优化企业资源配置，从而借助政策力量来扩展自己的发展空间。这些具备政治智慧的企业家，首先能够准确识别和把握政治方向，在看准、看透政策方向的前提下，让自身企业快速做出"对的反应"，从政治上提升企业经营的合法性。接着，这些企业家迅速依据国家要求调整企业内部资源与布局，使之与国家战略发展的宏观方向相匹配，做出"无愧于时代"的选择。从识别判断到响应布局，这些西部企业家将政治优势有效放大，从而弥补了外部环境不足的劣势。

　　第二，成长型思维是西部企业家为做大做强企业必须具备的思维模式。企业经营者除了利用政策支持，还必须不断提高企业自身的能力。而一家企业的发展往往是基于创始人、领导者对于内外条件的判断、分析和预测，因此企业家的个体思维模式在很大程度上决定了企业战略的高度。对这批西部企业家来说，拥抱变化、目光长远、策略灵活是他们共同的思维要件。在当今瞬息万变的时代，西部的技术和经济发展相对落后，市场环境的变化以及企业的反应都慢于东部地区。如果被相对稳定的西部市场蒙住双眼，西部企业必定难以在新时代经济结构转型的背景下做大做强。因此，其一，西部企业家必须意识到变化才是常态，要积极响应数字化、结构转型等时代变化，主动拥抱市场和消费需求的变化。其二，西部企业家的思维要面向未来，不能固守以往的成绩和短期的利益。这种前瞻性的眼光，不仅表现为要对宏观背景下的企业发展方向做出变革和规划，更要根据当前的实际条件优化内部资源配置和结构，以此来支撑未来的转型和进一步的发展。其三，基于"变化常态"的思维假设、长期主义的思维导向，西部企业家的每一个选择和行动落到实处时都要保持灵活性，即不要被自身的思维和外界环境所框定，而要依据变化做出适应性的调整，从而保证从思维到行动的转化过程不至于产生遗漏和脱节。

第三，创新精神是西部企业家的核心品质，而创新需要通过企业升级产品和更新技术、改革及优化内部管理模式体现出来。其一，产品和技术是新时代企业发展的根本倚仗。在西部地区，市场和消费需求反馈不如东部地区迅速及多变，这种反馈上的延迟和惰性很可能麻痹一部分企业，导致其产品更新跟不上大环境要求。保持研发优势可以从根本上给企业注入一剂"强心针"，使西部企业走出当地市场，在更广阔的舞台上施展才能。其二，如果只是单纯地投入研发成本和更新产品，没有一套与之相匹配的新的市场体系、产业布局和内部管理模式，成本驱动型的创新也无法持续。我们看到一批西部企业在模式探索上甚至做出了引领全国的创举，它们将不同的产业要素纳入自身生态链，吸引和依靠创新人才，打造学习型的组织文化和氛围。这些基于内部自下而上的创新措施和技术研发产生的协同效应，将创新的精神贯彻到外显的产品上，也播种到每个员工的心田里。

第四，社会责任感是西部企业家骨子里的情怀。我们调研的几家企业里，很多创始人都是土生土长的当地人，他们有的经历了艰苦岁月，展现出坚忍不拔的顽强意志；有的生长于新时代，凭借自身技术实力迈入创业者行列。尽管经历不同、行业各异，他们所带领的企业却都不约而同地服务于当地经济和民生，有的投身于和民生相关的产业，以提供新技术、新模式和就业机会来实现人民利益；有的积极参与社会公益，履行企业社责任；有的积极融入数字经济升级的大变局，为国家在新的经济赛道上的长足发展建言献策。正如习近平总书记所指出的，"当今世界正经历百年未有之大变局"，以自身企业发展承担社会责任，响应宏观战略调整，是西部企业家向这个时代交出的答卷。

总的来看，这些企业对内建立成长型思维和创新能力，对外敏锐洞察国家的宏观战略方向和承担社会责任；通过内外协同，一批具备企业家精神的领导者正引领着西部开发的浪潮和共同富裕的步伐。这批西部企业家把握住能动性并不懈奋斗，在"不顺意的经济环境"中"接受不能改变的，改变能够改变的"。他们"认命变运"的信念让企业表现出更强的创业导向、更高的财务绩效和创新绩效，创造了经济腾飞的奇迹；而且在周围环境和条件变化越大时，这种积极促进作用就越发明显。这就意味着，人类在任何领域的创新和进步，都离不开企业家精神。由此，当代中国应该弘扬企业家精神，在科学、技术、艺术等领域多培养一些简单、执着、义无反顾的人才，多产生一批不懈奋斗、追求创新、走向世界的企业，助力全面建成社会主义现代化强国以及中华民族伟大复兴目标的实现。

第二章
陕鼓集团：真心为客户

第一节　居安思危，依靠员工，切实为客户创造价值

姜万军

一、关于陕鼓

陕西鼓风机（集团）有限公司（以下简称"陕鼓"）的前身为陕西鼓风机厂。1967年11月6日，第一机械工业部以〔1967〕机计字1437号文转发国家计委〔1967〕机计字817号文的批复：陕西鼓风机厂，建设规模为年产透平压缩机、鼓风机、增速齿轮箱及配件等产品3 550吨，总投资3 000万元，1968年开始建设。

回顾陕鼓五十多年的发展历程，有几个关键词：第一个关键词是国有企业。陕鼓最初隶属于第一机械工业部，在国有企业移交到地方的过程中，陕鼓被移交到陕西省，后来又被移交到西安市，现在隶属于西安市管理。第二个关键词是三线建设企业。20世纪60年代，为了应对比较紧张的国际形势，中国在西部的一些省区陆续建立了一大批以军工企业为代表的三线建设企业，这些企业后来发生了很多变化，有的搬迁了，有的解散了，但陕鼓却努力坚持自我革命，持续提升自身能力，不断打破企业和行业边界，发展成为具有红色基因的现代企业。第三个关键词是透平机。透平是英文turbine的音译，拉丁文turbo一词意为旋转物体，指的是带叶片的旋转机械，燃气轮机、汽轮机、压缩机等都属于这一类。陕

迈向高质量发展
陕西的探索

鼓是一家透平机制造企业,但其制造的许多透平机设备都属于"重载高速"的大国重器。重载是指一个转子重量达30吨、50吨,高速是指最高转速每分钟达20 000~25 000转。

多年来,陕鼓一直在持续深化从大型透平设备的生产型制造向服务型制造的转型升级。经过几次脱胎换骨式的转型,陕鼓已经发展成为分布式能源系统解决方案商和服务商。目前,陕鼓旗下拥有陕鼓动力、标准股份两家上市公司以及多家全资及控股子公司。陕鼓逐步构建了以分布式能源系统解决方案为圆心,包括设备、工程总承包、服务、运营、供应链、智能化、金融七大增值服务的"1+7"业务模式;在全球拥有三十余个运营团队以及陕鼓欧洲研发公司(德国)、陕鼓EKOL公司(捷克)等二十余家海外公司及服务机构;建立了覆盖俄罗斯、印度、印度尼西亚、土耳其等一百多个国家和地区的海外营销体系。

探索从"生产型制造"向"服务型制造"的转型,陕鼓取得了良好的发展成效,成为中国制造型企业深化转型的典范与标杆,受到市场的广泛认可,并先后入选"中国制造500强""2021新型实体企业100强""2021中国石油和化工企业500强""2021中国能源(集团)500强"。

陕鼓的改革及转型成果也受到了国家和政府的高度肯定:持续深耕服务型制造转型发展之路,为我国传统制造型企业向现代服务型制造企业转型发展提供"陕鼓模式",写入陕西省、西安市《政府工作报告》。陕鼓"能源互联岛"获得"第六届中国工业大奖"。

二、知己知彼,有所不为

1. 对外主动克服"同行思维",探索差异化经营之道

自1975年基建验收、工厂建成正式投产以来,陕鼓不断在产品研发和生产方面取得突破:首台D350-62透平压缩机试车成功;D-160C-12烧结鼓风机在甘肃省东方红铁厂安装试车成功并投入运行；自行设计的D320-2×25离心鼓风机试制成功；同瑞士苏尔寿公司联合生产的第一台AV45-12轴流压缩机样机制造盘车试验成功；与瑞士苏尔寿公司合作生产的第一台AV45-12轴流压缩机在荆门炼油厂由双方技术人员安装调试成功；第一台大型高炉余压回收透平发电装置（TRT）在甘肃酒泉钢厂并网发电，试车成功；陕鼓动力与杭州钢铁集团公司签订首台420立方米中型高炉全干式TRT项目，填补了国内不能生产干式TRT的空白；H5-800五轴联动卧式加工中心通过验收投入生产使用，并成功应用直纹面三元流叶轮铣制技术，铣制出首件离心式压缩机三元流叶轮；开发研制同轴系"三合一"机组（BPRT），由安阳永兴钢铁公司订货，成功地将轴流压缩机和能量回收机组联合应用于冶金高炉领域，开创国际先河；旗下的陕鼓动力与宝钢集团上海第一钢铁有限公司签订2 500立方米TRT工程项目，该项目是首套工程总承包项目，是陕鼓动力实施工程大成套发展战略的里程碑……

其间，陕鼓还不断建立健全现代管理体系，在全行业首家通过ISO9001质量管理体系认证；通过ISO14001环境管理体系认证；推进股份制改造，并实施全员劳动合同制，与员工在平等、自愿、协商一致的基础上，以法律的形式建立起新型的劳动关系。

2001年，印建安接任陕鼓董事长，当时整个中国工业和陕鼓都处于高速增长期。陕鼓的业务蓬勃发展，红红火火。由于客户对设备的需求旺盛，陕鼓的产品在市场上供不应求，一些客户甚至通过省委书记和市长打电话，催促陕鼓优先供货或提前交货。再看业内的同行企业，几乎所有国内装备制造业企业都信心满满、豪情万丈，动辄投资数十亿元上马大项目。

面对这种大好局面，印建安召集陕西省多家装备制造业企业的负责人开会，讨论大家是否可以进行分工和协同，每家企业都只聚焦在自己最强和最擅长的业务上，将其他不擅长的环节交由别人去做。但没有人愿意接受这项提议,每家企业都认为"肥水不流外人田",觉得自己可以干所有的事情,怎么可能分给别人干呢。

既然无法说服别人,那就从自己做起,推动陕鼓的供给侧改革。陕鼓开始认真思考如下问题:① 客户是谁(内部和外部)?② 客户需求是什么?③ 同行都在干什么?经过研究和讨论,印建安在公司内部提出,陕鼓不能像别的企业那样,盲目生产太多装备。他问大家一个问题:节假日如果自驾出游,最不应该选择的是哪条路?答案是高速路。为什么?因为所有人都有习惯性思维,认为高速路宽、路况好、节假日不收费,结果都走高速,造成交通堵塞,高速路反而不如普通道路顺畅。产业同行也一样,大家的思维模式是一致的,导致行为模式也一致,这也是中国出现产能过剩的重要原因。陕鼓要坚持"节假日绝不上高速"的理念,"同行所为我不为",探索差异化经营之路。

按照这一指导思想,陕鼓的转型经历了几年"摸着石头过河"的探索,2005年年初,陕鼓明确提出了"两个转变"的发展战略:① 从单一产品制造商向能量转换领域系统解决方案商和系统服务商转变;② 从产品经营向品牌经营、资本经营转变。在陕鼓高层团队看来,所谓战略,就是选择,更多地意味着懂得取舍。陕鼓以"两个转变"战略为基石,逐步放弃制造业中一般加工等价值链低端环节,将重心转移到高端的价值链能力建设上。

"两个转变"的核心就是关心客户需求、与同行实现差异化,从以产品(关键机组、关键设备)为核心的运营模式转变为"市场+技术+管理"的运营模式。陕鼓作为中国最早探索和实施服务型制造的大型制造业企业,逐渐形成了一个全新的水到渠成的产业链战略——以产品(关键机组、关键设备)为核心的"同心圆",并不断放大这一"同心圆",不断突破原有的企业边界和行业边界。

2. 对内持续流程再造，先做减法，再做加法

首先，为了落实"同行所为我不为"的方针，全面梳理制造流程，按照凡是"不构成本企业的核心能力、社会有专业能力服务的业务"都要被砍掉的标准，将车间从 11 个减到 2 个，放弃了近 20 项传统业务。同时，新增和强化了核心能力部门。弱化业务以及增加和强化业务举例分别如表 2.1 和表 2.2 所示。

表 2.1 弱化业务举例

业务名称	处理方式	部门	转岗人数（人）
机床设备维修保养	放弃	原设备处	88
常规加工制造	放弃	原机加二车间	100
铸造业务	放弃	原铸造车间	226
叶片粗加工业务	放弃	原热处理车间	74
铆焊业务	整合	原结构车间	119
后勤服务	转交	原后勤服务部	169
资产管理及动能供送业务	转交	原资产管理部	61
保安服务	转交	原安全保卫部	113

表 2.2 增加和强化业务举例

业务名称	处理方式	部门	增加人数（人）
透平设备全生命周期系统服务和专业服务	增加	系统服务事业部	422
集团技术研发管理和研发平台	增加	陕鼓工研院	65
工程设计、总包业务拓展	增加	工程公司	164
电气自动化控制系统业务拓展	增加	自动化中心	134
工业气体业务拓展	增加	秦风气体公司	322
工业园区、住宅一体化的系统综合服务	强化	陕鼓实业	230
研发设计业务	强化	设计研发部	132

其次,实施人事制度改革,重新整合业务,打破行政级别,所有员工重新竞聘上岗,岗位不同,职责和收入也不同。

以陕鼓服务产业部为例,从2003年开始,伴随着陕鼓探索"由为客户提供产品的制造商转变为提供全方位系统解决方案的服务商",陕鼓的设备处也从为本企业内部机器设备提供维修、检修服务,逐步转变为一支为外部客户提供安装检修、升级改造等服务的专业服务力量。

转型之前,老设备处的员工身背工具挎包,游走在各车间维修、检修机床。总体而言,他们的设备维修能力在西北首屈一指。然而,随着时代的变迁,设备处员工自身的能力受到越来越大的挑战:① 随着设备的更新换代,企业设备种类越来越多,不仅有车、铣、刨、磨、镗等机加设备,超转、动平衡等专配设备,还有起重、热处理等设备,设备处越来越难以承担本企业的全面维修任务。② 随着设备的自动化程度不断提高,数控设备逐年增加,新设备对于维修人员专业技能的要求也越来越高。面对设备的变化,设备处的员工逐渐感到力不从心,维修技术渐渐跟不上技术的更新和发展。③ 随着有所不为战略的落地,放弃的辅助业务交由社会机构进行专业化处理,原来低附加值的机加设备逐渐减少。于是,陕鼓决定将本企业的机床维修业务外包,已有的设备维修人员88人需要转型从事本企业出产产品的检修服务业务。陕鼓对于设备处的员工转型及业务外包采取了分步实施的方式:

(1) 试点、示范。2003年,陕鼓将设备处更名为维修中心,在从事原有设备维修业务的基础上,增加了风机维修业务,选拔了20多位学习能力和适应性强的员工组成风机大修班,尝试风机总装、三包及部分产品修复任务,其他员工则继续从事原来的机床维修业务,同时协助即将接手维修外包业务的公司熟悉业务。为了培养风机大修班员工的风机维修技术能力,陕鼓招聘了一名技术副主任指导大家进行风机装配与检修,并专门为每位员工配备了计算机。陕鼓的总工程师和分管维修中心的总经理助理举办专题研讨会，聘请风机专家到现场结合实物详细介绍风机结构、装配、检修等方面的知识，并编写维修方案。

（2）整体转型。随着维修中心安装检修能力的不断增强，整体转型的条件逐渐成熟。2006年年初，陕鼓将维修中心、安装经理部、自动化服务室、远程在线室合并，成立产品服务中心，将原来本企业的机床维修业务全面外包，集中精力开拓风机服务市场，新增了各类风机的安装调试以及远程在线监测业务。在后续的维修业务中，首批从事风机大修业务的人员已经积累了丰富的经验，他们带领其他同事边学边干。部门也提供各种学习和培训的机会，通过组织员工参加公司举办的风机知识培训、每周组织员工到总装车间参加现场培训等，逐步培养了一批风机专业维修安装人才，不少员工能够独当一面；同时，部门实施服务项目经理评聘制度，为员工提供发展的平台和成长的通道。

（3）持续提升。2010年，为了使服务产业更加专业化、精细化，陕鼓又对原产品服务中心的售后服务及自动化业务进行拆分，成立了服务产业部、售后服务部及自动化工程部。服务产业部负责陕鼓服务经济业务中各类透平设备的安装调试、维修检测、升级改造以及备品备件和节能改造等业务的管理与执行；售后服务部主要负责本企业出产产品的售后服务及三包业务；自动化工程部主要承担与服务业务有关的电气自控服务及项目执行业务，为服务产业部及售后服务部提供支持。

2011年，借助国家大力推动节能减排项目的机遇，服务产业部成立了西安陕鼓节能服务科技有限公司，推行合同能源管理模式，负责节能项目的诊断评估、能效分析、设计、改造、运营、服务，以及能量转换系统及节能环保工程设计业务，并开始推行专业维保服务业务，为陕鼓的服务经济开拓了新模式。2012年，陕鼓又在其下属的气体公司实施了气体保运项目。

经过十年的转型，陕鼓逐步将机床维修业务外包，选择更专业的人来做专业的事，保证了设备的运转，降低了运行成本，提高了生产效率；将原设备处人员转岗为风机维修人员，抓住了高价值的集聚点，使部门从成本中心变成了利润中心。在变革的过程中，员工的待遇水平和技能水平都得到了提升。

持续进行流程改造的另一个典型案例是，组建采购事业部，集中管理采购业务，体现市场化内涵。为了统一规划、管理集团的采购业务，陕鼓对内向各"归零赛马"团队提供资源共享和专业服务，对外形成贸易拓展的模拟法人运行机制。2016年，陕鼓对原物流业务进行流程再造，成立了集团公司采购事业部，负责全集团范围内所有采购业务全流程的管理和实施、供应商管理、库房和物流运输管理等业务。采购事业部的成立是陕鼓面对市场需求，推进市场化管理机制变革迈出的新步伐，既符合集中采购的大趋势，也满足简化企业内部管理的需要。通过业务统管，全集团总降本率达到8.95%。在此次流程再造中，共有117名员工通过竞聘走上新岗位，也有一些原来从事物流业务的员工在竞聘中落败。这是市场化用人机制的体现，加深了员工对市场化、职业化的理解。

三、有所为，理解和挖掘客户需求，使"同心圆"放大

陕鼓逐渐摸索并始终秉承"用户永远是对的""要为客户找产品，不为产品找客户"等市场理念，持续主动挖掘客户需求，为客户创造价值。

早期的探索，始于2002年3月陕鼓动力与宝钢集团上海第一钢铁有限公司签订2 500立方米TRT工程项目。此外，陕鼓与客户建立战略合作伙伴关系，变偶然合作为长期合作，实现共赢，为陕鼓的后续发展搭建市场平台。2003年，陕鼓与新余钢铁股份有限公司签订战略合作伙伴关系协

议，新余钢铁股份有限公司成为陕鼓首个战略合作伙伴。同年，陕鼓为兰州炼油厂300万吨/年催化裂化装置研发的大型成套机组控制技术及配套设备现场安装调试获得成功，标志着陕鼓自动化技术取得重要突破和提升。2004年，陕鼓动力与河北津西钢铁股份有限公司签订首台共用型TRT（GMPG4.5-186/145）供货合同，共用型TRT的技术开发和市场突破不仅填补了国内空白，而且创造了世界之最；7月21日，陕鼓动力完成中国石化石家庄炼化公司国产化富气压缩机项目和第一套远程检测及故障诊断系统的订货，实现了两个"零"的突破；12月30日，陕鼓动力中标北京首钢新钢有限责任公司2 580立方米高炉鼓风机两套AV100-17轴流压缩机组项目，对于陕鼓在大型高炉鼓风机市场的开拓，实现大型轴流压缩机国产化，占领市场制高点，具有十分重要的战略意义……2011年，陕鼓与宝钢集团宁波钢铁有限公司签订TRT、鼓风机专业维修保养合同，标志着陕鼓第一个全托式服务的开始；陕鼓动力成功中标目前全球最大的瓦斯脱氧液化项目——重庆松藻易高煤层气有限责任公司煤层气脱氧离心鼓风机制造和安装工程。中标该项目标志着陕鼓经过多年的市场历练，已全面进入天然气液化（LNG）的新市场、新领域……

经过多年的持续探索和不断改进，陕鼓作为装备制造企业，实现了从传统生产型制造企业向现代服务型制造企业的转变。这一转变体现为两个方面：一是从传统的为用户提供单一产品的制造商向分布式能源领域的系统解决方案商和系统服务商转变——过去是单一产品、单一设备，现在是系统解决方案和系统服务；二是从原来的产品经营向现在的客户经营、品牌经营和资本运营转变。这两个转变可以概括为"源+制造，超越制造"，陕鼓不是不要制造，而是要进一步固化、强化高端核心能力，在固化的基础上不断创新和超越，向系统解决方案提供商和系统服务提供商转变。目前，陕鼓构建了以分布式能源为圆心的七大业务能力支撑体系，实现核心

设备、工程总承包、服务、运营、供应链、智能化、金融全面发展,为客户提供全方位的分布式能源系统解决方案。

> **专栏2.1**
>
> ### 陕鼓的主要业务
>
> **能源互联岛系统解决方案**:陕鼓能源互联岛是面向分布式能源市场的综合系统解决方案,通过顶层设计、统筹规划,应用互联网及大数据分析,从全流程和全区域供能、用能、能量转换的角度出发,通过多能互补、能源梯级利用,将可再生、清洁及传统能源高效耦合集成,以智能管控、专业运营模式,按时、按需、按质向用户端提供分布式清洁能源综合一体化的解决方案。
>
> **工程总承包**:陕鼓下设工程设计研究院、工程技术分公司,拥有一支专业的工程设计和管理团队。依托能源互联岛、分布式能源技术,陕鼓为用户提供石油化工、煤化工、冶金、医药、食品、造纸、市政、环保、园区综合能源服务等领域的工程项目总承包、机电设备安装、能量转换系统技术开发及技术服务、节能项目诊断评估和能效分析、能量转换系统及节能环保工程设计和工程造价等业务,以PC(采购-施工点承包)、工程总承包、PMC(生产及物料控制)、BOO(建设-拥有-经营)、BOT(建设-经营-转让)等多种服务模式,为用户提供一站式工程总承包服务、交钥匙工程。通过降低综合能耗,有效降低业主的吨产品成本,提供一流技术、最短工期的工程服务,确保项目顺利实施。陕鼓工程总承包服务已进入"一带一路"沿线国家和地区。目前,陕鼓已累计实施近400项工程总承包项目,包括空分单元工程总承包、热电单元工程总承包、硝酸单元工程总承包、机组单元工程总承包等,具备每年50余个工程总承包项目同时开工建设的能力。

> **智能化的"保姆式"工业服务支持**：陕鼓为宝钢湛江、鞍钢、天津荣程钢铁等大型钢铁企业的大型高炉提供智能化的"保姆式"工业服务支持，可24小时足不出户监测机组运行状态；陕鼓AR（增强现实）工业运营服务支持系统利用设备状态数据、工艺数据、过程数据，以及AR现场可视化技术、故障原理透视、专家远程指导、智能巡检等技术，向流程工业领域的客户提供全生命周期的健康管理服务系统方案。
>
> **金融服务**：通过不断探索和创新，陕鼓已与近六十家金融机构合作；参股信托和租赁公司，与金融机构联手为客户提供个性化的金融服务方案；在中国香港地区、卢森堡成立离岸公司，进行全球资源整合。陕鼓共获得37家金融机构的授信，授信额度近440亿元；同时，推出银行保函、买方信贷、融资租赁、BOT、信托贷款、应收账款保理、产业基金等15种金融服务模式，已为百余家客户的两百多个项目提供金融解决方案。

四、依靠员工，共创共享

早在1994年，陕鼓就作为西安市第一批建立现代企业制度和国有资产授权经营试点单位，推进现代管理制度的建立和完善。1996年，陕鼓实施全员劳动合同制，企业与员工在平等、自愿、协商一致的基础上以法律的形式建立起新型的劳动关系。2001年，陕鼓强化内部人事用工制度改革，完善竞争机制，实施公开竞聘、经考核评议后择优聘任上岗的办法。陕鼓从2006年起实行员工带薪年休假制度。2012年开始，陕鼓又在集团公司范围内实施"归零赛马"的管理机制，集团和各子公司一把手及其团队成为队员，大家站在统一的起跑线上，赛发展，赛成效，并设置了具体的评

价体系和指标体系。2014年,陕鼓深化"归零赛马"机制,通过"赛马"培育有发展前景的产业,培养具有大局观和市场意识及资源组织运作能力的领军人物,并以市场结果和"赛马"团队适应市场的能力决定"赛马"团队的去留,不断强化"归零赛马"机制的市场化作用。2016年,陕鼓设置1 000万元奖金启动分布式能源智慧众筹活动,并从方案收集、评审、奖励等方面为活动建章立制。通过智慧众筹活动,统一了全员的认识,激发了全员协同一致打造分布式能源核心能力的热情与激情。同时,深入推进全员岗位大练兵,立足分布式能源市场需要提升职业化能力,发布《陕鼓集团2016—2017年分布式能源全员大练兵竞赛方案》,设置分布式能源专项竞赛、抽签赛两种赛制,涉及分布式能源基础知识、最佳方案等多个方面。通过持续的竞赛活动提升分布式能源领域的核心能力,强化全体员工的市场化意识……

经过多年的持续改进和不断完善,陕鼓构建了以客户为中心的六大文化体系,其中最为核心的是创新文化:通过创新文化的践行,调动全体员工深度参与创新工作,充分鼓励员工从本职岗位出发,培养创新思维和工作方法,挖掘企业内部流程、管理方面的痛点。陕鼓建立包括创新建议、创新成果、职工创新工作坊、创新爱好者俱乐部等在内的全员创新管理体系,为员工创新创效搭建平台。同时,持续深化"薪酬分配差异化改革试点""混合所有制企业员工持股试点"等激励制度。目前,陕鼓已实现骨干员工持股,使员工与企业形成事业共同体、发展共同体。

陕鼓形成了独特的"044"人才管控机制:通过"归零赛马+揭榜挂帅"和人、财、物、销的四个统管,以及法律法规、党纪党规等"四个符合"激发员工的积极性和创造性。"归零赛马"——"赛马"团队每年的业绩归零,与大家重回同一条起跑线:能者上,劣者汰,岗变薪变。这一机制本质上是让员工"自己提拔自己,自己淘汰自己",通过优胜劣汰选人、用人，持续激发人才发展的动能，保障企业高效稳定健康发展。经过多年的引导和培育，陕鼓的员工也形成了具有广泛共识的核心价值观：①成就客户——从卖产品到助客户成功；②奋斗不息——陕鼓是奋斗者的团队，胜则举杯相庆，败则拼死相救；③拥抱变革——全新的时代，革新成就未来；④感恩于心——常怀感恩之心，行感恩之事；⑤责任在肩——坚持问题到我为止；⑥诚信立身——知诚守信、知行合一。

经过多年持续改进和不断完善，陕鼓初步建立了"企业是员工和管理团队的命运共同体"的理念，通过价值共创共享，调动员工的积极性和创造性，进而通过员工实现对客户需求的挖掘和为客户创造价值，为企业长期可持续发展奠定坚实的基础。

> **专栏 2.2**
>
> ### 共创共享，给员工一个奋斗的理由
>
> 2004 年，建立员工业绩档案。
>
> 2005 年，启动企业年金。
>
> 2006 年，建立陕鼓情互助会。
>
> 2008 年，提供商业保险（涵盖 38 种重大疾病以及意外伤害、意外医疗、交通意外）。
>
> 2009 年，构建员工健康管理及紧急救助体系。
>
> 2013 年，实施行政复议制度。
>
> 2014 年，实施员工辅助发展计划（对员工进行心理疏导和咨询）。
>
> 2015 年，修订岗位创新创效管理办法，利用 MOA（移动办公系统）平台搭建了创新创效方案申报评审电子化处理平台，实现了创新管理向信息化的转变。

> 2016年,设置1 000万元奖金启动分布式能源智慧众筹活动,并从方案收集、评审、奖励等方面为活动建章立制。
>
> 2018年,通过市场化选聘经理人,实行"摘标对赌"等管理创新机制,进一步激发了员工的奋斗激情,促进企业内部形成浓厚的奋斗者文化氛围。
>
> ……

第二节 趋势是朋友——我对陕鼓战略转型的一些思考和认识[①]

印建安[*]

一、凭什么当领导?

1982年,我大学毕业被分配到陕鼓,一直到退休,一干就是35年,算是一个土生土长的陕鼓人了。在最初的9年职业生涯里,我主要在一线从事技术专业和管理工作,之后又做了10年的市场营销。这19年的经历使我对企业的生产技术管理和产品营销有了比较深入的了解。

我刚出任营销部门经理时,一些工作能力强、经验丰富、业绩突出的元老级的销售人员认为我或许并不是最合适的人选。上任第一天,就有一位师兄问了我一个问题:"你凭什么能给我当头儿呢?"他问这个问题我并不感到惊讶,因为这个问题问不问,它都客观存在,只是一般情况下,没有人会当面问,或是不愿问,或是不敢问。其实,这个问题是每一位管理

---

① 文章改编自印建安,《趋势是朋友——对陕鼓战略转型的一些思考和认识》,中国水网,2020年3月3日。

* 印建安,陕西鼓风机(集团)有限公司原董事长。

者在一生的职业生涯中一直都要面对的。当时，我用调侃的方式对这位师兄说："你打仗的能力确实比我行，但是，我指挥打仗可能比你行。"

这里我想表达一个观点：在一个人的成长过程中，质疑你的人往往才是促使你清醒思考、把握方向、达成目标的最好的老师。任何一个领导岗位，从你坐到这个位置上开始，来自别人的质疑，包括你对自身的质疑，就会一直存在。所以，你随时都应该反思"自己是不是适合这个位置，怎样才能胜任这个位置，如何承担起应有的责任"，并做出相应的调整。后来，我总结出了所谓"板凳理论"的两个不等式和两个等式："板凳≠能力，板凳≠尊重，板凳＝责任，板凳＝平台"，管理层要对结果负责，不能用权力界定成效，而要用结果界定成效。

有一种形象的说法，职场好比是一棵树，而职场中的人就像是一个个向上爬的"猴子"，"往上看全是屁股，往下看全是笑脸"。很多企业在高歌猛进时期反而会出现问题，很多时候就是因为坐在树尖上的决策者只看到了"笑脸"，失去了理智和客观的判断。决策者的自满和自我膨胀往往是企业走下坡路的主要原因。我经常讲："对成功有错误的认识，成功是失败之母；对失败有正确的认识，失败是成功之母。"退休前，我和领导班子商量，在陕鼓建一个反思馆，从各个方面梳理陕鼓以前走过的麦城和错失的机遇，从失败的案例中吸取经验和教训，警醒管理层和员工要时时处处正视问题，毕竟失败的事比成功的事多多了。只有不断地复盘和总结，才能不断地进步和超越。

二、真的了解客户需求吗？

2001年，我接任陕鼓董事长、总经理，当时的陕鼓还是一家"纯粹"的风机生产制造企业。

屁股决定脑袋。当了企业一把手后，"凭什么领导这家企业？""陕鼓今

迈向高质量发展
陕西的探索

后该向哪里走?""路径是什么?"成了我思考的最重要的问题。

我连续走访了当时行业内最优秀的三家企业:第一家是当时行业内的国企龙头老大——沈鼓集团,第二家是行业内最早的民营上市企业——上风高科,第三家是国外的同行顶尖企业、陕鼓的技术老师——德国曼透平公司。后来,我还走访了西门子(德马克)、通用电气(新比隆)等世界一流的企业,看看它们都在做什么、想什么。

陕鼓的确从这些行业优秀企业身上学到了很多宝贵的经验,尤其是发达国家先进制造业企业注重服务的环节和价值,以及轻资产运营的模式,给了陕鼓这家位于山沟的三线建设企业启蒙教育和启发。

通过调研、思考和实践,我发现了两个问题:一是陕鼓和国内同行先进企业有差距,当然和国外的行业顶尖企业差距就更大了。我们跟在行业大佬的后面,能跟上就了不得,想要超车就更不容易了。二是行业中的这些趋同性的行为和想法到底对不对,好像大家都没有讨论过,也没有人规定这个行业应该干什么、想什么。但是,大家潜意识里还是用同样的思维和行为在做同一件事情。传统农业社会几千年的增长方式,对每个人,包括对每家企业都有一种根深蒂固的影响。很多制造业企业更多的是关注企业自身,关注产品本身,以为制造出了好的产品,就可以让企业有更好的发展。在增长方式上,也是遵循农业的增长方式,即按照线性的方式增长:先是一亩地、一头牛、一个农民,再发展可能是十亩地、十头牛、十个农民,以此类推。这种增长和资源的占用几乎是同比例的。陕鼓似乎也没有摆脱行业固有发展模式的局限。

了解到国内外同行都在做什么后,要想另辟蹊径,抓住客户,还得再深入了解客户的需求究竟在什么地方。

回想一下,在我读研究生的时候,导师研究的风机设计效率已经达到92%,但是最后发现全国范围内用户所使用的风机的实际平均效率还不到

50%。所以，用户真正的需求是什么呢？只是一台效率高的好产品吗？这不仅仅是科学家要研究的问题，企业也必须考虑做出来的产品是不是符合用户最终的需求。我在做营销工作期间，有这样的感受：用户实际关注的是功能，是整个工艺系统最终的输出结果，而并不关心风机是轴流式的还是离心式的，不关心单个产品。

2002年，陕鼓承揽了第一个工程成套项目：宝钢集团上海第一钢铁有限公司TRT项目。这个项目是怎么来的呢？按照以往的模式，陕鼓只向上海第一钢铁有限公司提供TRT主机机组，我们的销售员以往也是这么推销的。当时我去拜访时任上海第一钢铁有限公司董事长伏中哲，交流的过程中他提到，作为使用方他们其实并不太关心单个设备，每家设备制造厂都说自己的设备性能很好。可是，一个工艺系统包括很多设备和公辅设施，各家干各家的，经常出现的问题是相互之间扯皮，造成工期拖延、成本超支，最要命的是，系统整合后，系统目标和原来的设计目标相差得很远，而每家设备制造商都说自己的没问题，出了问题不知道该找谁。其实，他们最需要的是有人为系统目标总体负责。伏中哲董事长提到的需求与我们当时的认知不谋而合。陕鼓是做核心主机的，拥有工程成套的设计整合能力。后来，在伏中哲董事长和上海第一钢铁有限公司管理团队的支持下，陕鼓以整体的工程成套方案赢得了上海第一钢铁有限公司TRT项目。陕鼓不仅提供主机，还提供整个工程的设备、厂房、基础设施及外围设施建设的配套服务，订单金额也从原来单独卖主机的600多万元增长到3 000多万元，收入增长了5倍。后来，陕鼓相继拿到了酒钢集团、济钢集团等多个工程成套项目。

这再次验证了，要做客户最需要我们做的事。企业必须改变单一服务者的观念和身份，站在客户的角度系统地为其考虑，向客户提供完整的问题解决方案。通过交钥匙工程，解决风机整个系统的问题，甚至整个流程

的问题，最大限度地满足客户的需求。

到2005年，陕鼓正式提出了"两个转变"的发展战略，走同行所不走的路：一方面聚焦高端制造，另一方面创新服务模式。

我经常比喻，陕鼓原来是卖设备的，这就犹如只卖奶牛，用户把奶牛牵走后，交易就结束了。但实际上很多原来喝牛奶的人都不再养奶牛了，用户的需求发生了变化，这就是新的服务机会。所以，后来我们就开始牵着"奶牛"卖"牛奶"，从卖设备延伸到卖服务、搞运营，提供系统解决方案，由以往的一条腿走路发展为三驾马车疾驰向前。

陕鼓2005年第一次战略转型核心的变化，一是做了客户所需要的事，二是区别于同行，由此其所显现出的"增长方式""行业边界"和"组合资源"的方式就与以前不一样了。

观念变了，行为变了，结果也就变了。恰逢上一轮中国经济发展的好时机，陕鼓得到了快速的发展。2012年，陕鼓的利润达到10亿元左右，这一年的利润相当于陕鼓转型前历年产值的总和。

三、客户是一成不变的吗？

企业的发展不可能"一招鲜，吃遍天"。从2013年开始，陕鼓战略转型增长的势头逐渐有所回落。"凭什么领导这家企业？"这个问题，在做企业管理者期间，我一直不断反问自己，这也使得我对陕鼓的战略和发展思路不断进行总结与反思。随着企业战略的推进，我们对不同阶段会有一个逐步认识的过程，也一直在讨论、思考：陕鼓的战略有哪些需要提升和完善的空间？

如果说陕鼓的第一次转型因满足了那个阶段客户的需求，做了和当时风机行业其他企业不一样的事而能够脱颖而出，那么，到这个阶段我们又面临着三个问题：一是在传统的显性表象需求被满足之后，客户新的需求在哪里？二是企业的发展战略被竞争对手模仿，又会陷入新的同质化竞争，此时该怎么办？三是彼时陕鼓制造板块产生的收入已经不到50%，我们在思考，这时候的陕鼓还属于传统的风机制造行业吗？显然，我们的竞争行业已经发生了变化，客户和竞争对手都不是传统风机行业所定义的了。

企业发展不能一条道走到黑，供给侧改革永远都在路上。企业应该随着市场的变化、客户需求的变化以及企业自身的变化进行相应的调整，企业的创新和颠覆是一个持续的过程，需要不断改变自己，适应新的环境。所以，企业的战略就必须重新定位，挖掘市场深层次的需求，在新的行业做到与众不同。实际上，服务型制造本质上是要帮着客户实现轻资产运营和产业升级。因此，作为企业的掌舵人，就必须跳出"城墙思维"，站在另外一个视角思考：客户深层次的潜在需求在哪里？新的同行到底是谁？现在的同行都在干什么？

陕鼓在布局第三业务板块即能源基础设施运营时进行过一些探讨。当时，除了正在运营的工业气体，我们还打算将燃气、水、热整合到一起，打包销售，这样，占地面积小，能源利用效率也会提高。随着战略实践的深入，我们的思路越来越清晰，对客户新产生的深层次需求有了更深入的认识和理解。2015年，在第一次战略转型的基础上，陕鼓明确提出了"战略聚焦分布式能源领域，为客户提供能源系统解决方案"。

为什么要进行这样的战略聚焦？当时，企业的管理层和业务部门的很多负责人都不是很理解，陕鼓是做能量转换设备及相关领域业务的，与分布式能源有什么关系？

我们把管理层和业务骨干召集到一起，用了整整两天的时间，开了一个"新常态 新思维 新举措 进军分布式能源领域"的研讨会。我跟大家讲，新常态下，制造业正面临新的机遇和挑战，传统产能过剩，说明传统需求过剩，新的市场机会是消费升级和产业升级，市场需求已"由硬到软"，从传统的单一、同质化需求向更为先进和灵活的系统化、个性化需求转变。如果大家的认识还停留在前一个发展阶段，那么，势必会不适应市场新的需求，又会从"包工头"回到"民工"的位置①，在同质化竞争的红海中打得"头破血流"。

比如，陕鼓做系统解决方案时服务和运营板块的竞争力到底在哪些方面比对手强？我们做工程总承包（EPC），EPC中"E"（Engineering，即工程）的能力和国内各大设计院去竞争，优势并不明显。我们做气体运营，和国内外同行如法国液化空气集团、盈德气体集团等相比也不是一个量级的。所以，陕鼓做工程、做运营该如何与众不同？

四、产业升级新的需求

我们在思考这样一个问题，即我们每个人、每家企业其实都具有双重身份：既是消费者，又是服务提供者。陕鼓是研究能源的，是做能量转换系统解决方案的。作为消费者，从降低成本的角度，陕鼓一直在研究让自身的万元产值能耗降下来（其实，陕鼓的万元产值能耗与同行相比还算比较低的）。那反过来作为服务提供者，如果我们站在客户的角度（也就是站在消费者的角度），就需要思考：他们是不是也有相应的需求？如果我们设身处地站在客户的角度（从消费者的角度出发），对客户的能源状况和用能需求结合当地情况进行智能化的耦合，通过这样的设计思路，达成这样的结果，我们的"E"的能力就会得到提升，就会和其他设计院不一样。这样一来，陕鼓所提供的就不是单一的服务，而是专注于能源领域中对客户深层次需求的了解以及对能源和资源的有机整合。

基于这样的思考和判断，结合对新常态实质的分析以及陕鼓在能量转

---

① 对于服务经济的发展思路，陕鼓有个非常形象的比喻：如果原来陕鼓在市场上是一个"民工"，依靠拼体力赚钱生存的话，现在的企业就要进行相应的转型，变成一个"包工头"，通过资源的配置整合，为市场、客户提供完整的问题解决方案。

换领域的优势，我们就要重新排兵布阵，最终要运营的是"能源互联岛"。

举个气体运营的例子，虽然陕鼓没有法国液化空气集团、林德集团、盈德气体集团这些同行的竞争优势，但是，如果在当地从服务区域到服务范围做一些横向和纵向的开发，变成能源系统解决方案，从设计和运营的角度就会与同行有所区别了。所以，陕鼓第二次战略转型的核心就是了解客户深层次的需求，挖掘其未来和潜在的需求。而客户深层次的需求就是其对能源整体结构和方案的需求。

2017年6月，作为示范项目，陕鼓在自己的园区内建成了首个能源互联岛全球运营中心。这种N合1的能源互联岛解决方案，就是从分析供给侧资源及能源来源的禀赋、可得性及价格，细化需求侧不同客户在不同时期的能源品位需求，到综合排放端能量回用及节能减排等一体化的综合能源解决方案。通过因地制宜、量体裁衣的方式，对接区域排放和区域需求，实现能源生产和消费本地化，使能源利用向资源利用转化，系统叠加优化、能量梯级利用、资源互为物料，实现综合平衡。同时，能源供送的数字化及智能化是智慧城市、园区等发展的基础，按时、按需、按质提供优质清洁的能源是能源互联岛解决方案的核心。陕鼓想通过这样的整体方案既满足"老客户"产业升级中新的需求，同时又区别于"新同行"的传统服务。

当然，陕鼓的第二次战略转型才刚刚起步，但从两件事情可以看出这种判断和选择应该是正确的。一件有意思的事情是，当年向陕鼓输出技术的德国曼透平公司，2018年也宣布进军分布式能源领域，甚至将公司的名字也做了变更，改为曼能源解决方案公司。老外下的决心很大，也印证了我们对这个行业的判断。另一件事情是陕鼓市场信息量的变化。图2.1是陕鼓客户关系管理系统中录入的有效市场信息，从这幅趋势图中可以看到，首次转型后，陕鼓的市场信息量从十亿元量级变为百亿元量级；而在这一次战略调整后,陕鼓的市场信息量从百亿元量级跳到了千亿元量级,市场空间变得非常大。

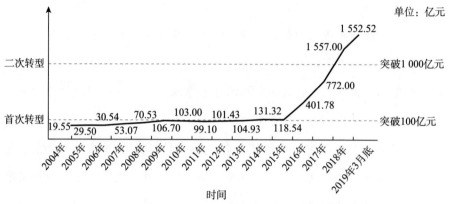

图 2.1　陕鼓客户关系管理系统客户信息变化趋势

五、结　语

企业管理者及其所带领的团队的使命究竟是什么?

不是坚守现有的行业划分,而是表现在以下几个方面:不断推动行业迭代;整合市场资源,包括新技术的应用,开拓潜在的市场需求,延伸补齐团队能力;引领新的市场需求,构建新的商业模式;适度超前满足客户需求,惠人利己实现自我超常规发展。

任何一次战略调整,实质上都是一把"双刃剑",只要转型就会带来新风险,需要企业核心竞争能力的重新构建。陕鼓通过体制机制的激活,打造资本金融和智能制造(产品智能化、服务智能化、过程智能化"三位一体")"两翼",持续提升企业的核心竞争力。

除了要不断构建核心能力,企业还需要提升自己驾驭风险的能力,比如资本运作能力、融资能力、项目管理能力,等等。

只有不断反思、不断调整、不断复盘、不断提升,一家企业才能真正保持永久的活力和动力。

这是我的一些思考和认识,希望对谋求转型的制造业企业有一些借鉴意义。

第三节 成就他人,成就企业

胡爱军[①]

对于一家企业来说,管理者的每一项决策都可能使其走上不同的道路。福特公司创始人亨利·福特曾说过:"不创新,就灭亡",如今赫赫有名的陕西鼓风机(集团)有限公司,也曾岌岌可危、摇摇欲坠。

陕西鼓风机(集团)有限公司始建于1968年,1975年建成投产,1996年由陕西鼓风机厂改制为陕西鼓风机(集团)有限公司(以下简称"陕鼓")。陕鼓是一家计划经济体制下产生的三线建设企业。建厂后,虽然连年营利,但内部管理欠缺,产品品种单一。企业一直处于"保吃饭"的状态,2000年,陕鼓的工业总产值只有3.4亿元,利润840万元。原董事长印建安如此评价当时的陕鼓:"这样的企业一打就垮。"

为什么会做出这样的评价?印建安认为这些情况的存在也是事出有因,从传统来讲,这是农业社会几千年的增长方式,对每个人,包括对每家企业都会产生很深的影响。很多制造业企业更多的是关注企业及产品本身,以为制造出了好产品,就可以让企业有更好的发展。在这种思想的影响下,许多企业仅仅做到"自扫门前雪"而"不管他人瓦上霜",结果造成企业前进的道路越走越窄,最终走向倒闭。要避免此结果,管理者就必须紧随时代,积极开拓创新,使企业走上最适合的发展道路。

---

① 胡爱军,陕西省人民政府国有资产监督管理委员会调研员,北京大学光华管理学院MBA校友。

迈向高质量发展
陕西的探索

一、以战略眼光促进企业间的合作共赢

印建安曾在陕鼓设计科、产品试验室、总工程师办公室有过工作经历,并在之后担任陕鼓副总工程师、副厂长。丰富的工作经验与创新性的思维模式使他具有更高的眼界以及优于常人的洞察力。

1989年的一天,一位客户找到了时任总工程师办公室主任的印建安,问陕鼓是否愿意做某个项目的控制系统。客户本来将这个项目交给陕鼓的竞争对手做,但由于对方做不了控制系统,因此客户想让陕鼓试试。

按照传统思维,陕鼓是绝对不会理会这个项目的,因为这本该属于竞争对手做的事,为什么要替人做"嫁衣"呢?但印建安明白,当时的陕鼓虽有一定的制造实力,但没有更响亮的"招牌",因此,相比于和同行硬碰硬展开实力方面的竞争,陕鼓更需要尽快扩大影响力,于是他力排众议,毅然接了这个订单。俗话说,"授人玫瑰,手有余香",实践证明,印建安的选择是对的,他的做法虽然引起陕鼓不少管理者的非议,却赢得了客户对陕鼓的认可,1993年该客户上新项目时,直接选择了陕鼓。

看似不合逻辑的"慷慨"相助,实则是一项共赢的合作,印建安摆脱传统的思维模式,化竞争为合作,进一步推广陕鼓,在"做强"的同时"做大",在成就他人的同时也在成就自己。

二、主动发力转型服务型制造

2002年,陕鼓承揽了宝钢集团上海第一钢铁有限公司的TRT项目,这是陕鼓第一次承揽工程成套项目。这个项目中,如果只卖单一的产品,陕鼓只能拿到683万元的TRT主机订单,但是陕鼓提出在卖主机的同时,还愿意提供整个工程设备、厂房、基础设施及外围设施建设的配套服务,实施交钥匙工程。因此,陕鼓的订单从683万元变成了3 080万元,一下子把收益扩大了数倍。后来，陕鼓相继拿到了酒钢集团、济钢集团等多项工程成套项目。

"要做客户最需要我们做的事。企业必须改变单一服务者的观念和身份，站在客户的角度系统地为客户考虑，向客户提供完整的问题解决方案，通过交钥匙工程，解决风机整个系统的问题，甚至整个流程的问题，最大限度地满足客户的需求。"印建安秉承最大限度地为客户提供最为全面的帮助的理念，坚持"战略文化引领、市场开拓为纲、能力建设为基、打造一机两翼、实现千亿市值"的发展总路径指引，以"党旗红，陕鼓强"的党建品牌创建为抓手，坚持以趋势为引领、以市场为驱动、以创新为引擎，主动发力服务型制造的转型升级实践探索，联合陕鼓的其他管理者打造"陕鼓模式"，在积极回报社会的同时，不断提升自我、成就自我。

三、拒绝冰冷的"摩登时代"，发展和谐的劳动关系

企业最大的资产是人。

印建安认为，以人为本具体到企业就是以员工为本，实现企业的发展成果与员工共享，发展和谐的劳动关系，推进和谐企业建设。在任的二十余年中，他坚持依靠职代会、厂务公开等民主管理手段，将企业的重大经营决策、战略发展目标交由员工充分讨论，广泛征求意见，将涉及员工切身利益的重大决策交由职代会审议，并根据审议结果予以实施。他要求企业管理层把员工的生命安全、身心健康当成大事，把员工的学习发展与生活当成大事。印建安始终坚信员工的智慧是大智慧，群众的力量是强大的。在企业管理规划方面，他广开言路，公布个人信箱，征询员工建言献策，并给予物质和精神奖励。在问题反馈方面，他建立了员工接待日制度，每周五的下午，集团公司高层领导与相关职能部门都会听取员工诉求，认真研究问题，确保员工反映的问题有落实、有答复、有解决。

同时，印建安积极面向员工开展专题教育，引导员工摆脱传统模式，开阔眼界，从更高的视角去思考问题，在"仰望星空"的同时"脚踏实地"，扎实、踏实地去工作，积极、创新地去改革，将人们的工作绩效提升到更高的水准，超越通常的标准去塑造人们的个性。正因为有着如此的培育理念，陕鼓成就了一批又一批的优秀青年，而他们也在不断建设陕鼓，不断发展陕鼓，不断成就陕鼓。

电视剧《历史的天空》中，姜大牙在担任团长后，还是永远冲在最前线，拿着大刀和日本鬼子肉搏，享受杀敌的快感，结果政委给他做思想工作，说："你的任务是复制一百、一千个姜大牙，而不是只有一个个人英雄叫姜大牙。你的冒死杀敌，其实对于团队而言是一种不负责任，因为你的受伤和牺牲会直接葬送整个部队。"所以，穿越权财的迷雾，我们发现，优秀的管理者，其实是在管理自己内心的欲望。

现代企业经营也与打仗一样，要讲究团队精神，否则，再勇猛、再智慧的单打独斗，也会给整体作战带来不必要的损失。印建安提出的以"陕鼓模式"营销战略为核心的企业发展战略，正是这种团队精神的体现：以市场为主导，不断调整经营战略，大力推进工程成套，发展服务领域，占领高端市场。他以饱满的热情将陕鼓推向更高、更大的平台。

国有企业是国民经济的重要支柱，是我党长期执政和中国特色社会主义制度的经济基础。习近平总书记指出："国有企业是壮大国家综合实力、保障人民共同利益的重要力量，必须理直气壮做强做优做大，不断增强活力、影响力、抗风险能力，实现国有资产保值增值。"大国之复兴，必有国企之雄起。在党的领导下，印建安带领着陕鼓走向辉煌。从 2002 年开始，陕鼓就已经奠定了中国风机行业排头兵位置的基础。2008 年，陕鼓人均劳动生产率、人均利润率分别是通用机械行业的 3 倍和 6 倍，而万元产值能耗仅是通用机械行业的 1/2。同时，陕鼓快速缩小了与世界一流同行企业的差距。从世界透平行业标杆企业德国曼透平公司与陕鼓的对比可以看出，二者的销售收入之比已经从2001年的14.66∶1变为现在的3.57∶1，利润指标之比从16.32∶1变为现在的2.73∶1。2006年，陕鼓入选商务部发布的"最具市场竞争力品牌"名单。2009年，陕鼓又一次入选中国品牌500强，品牌价值达到185.77亿元，比上年增加了70亿元；轴流压缩机及能量回收透平装置分别荣获国家名牌产品称号；获得全国质量领域的最高荣誉——"全国质量奖"，成为行业和陕西省首家获此殊荣的企业。

管理者在成就他人的同时也在成就自己，印建安以其卓越的管理能力带领陕鼓发光发热，深化落实合作共赢、共同进步、开拓创新的发展理念，打造了一家温暖、先进的企业。管理者的成就即是企业的成就，如今的陕鼓在高水平企业平台上，与众多优秀企业一同继续走向未来。

第四节　领导力——陕鼓战略转型成功的基石

景群平[①]

陕鼓原董事长印建安先生是我所敬仰的一位老师。

2001年5月6日，44岁的印建安出任陕鼓董事长、总经理，2017年6月23日，他到龄正式退休，不再担任党委书记、董事长，离开了其服务35年的陕鼓。

借势于2001年中国正式加入世界贸易组织，国家开始加速进行冶金、石化、能源等重工业建设。在印建安担任董事长的数年间，陕鼓进入世界透平行业供应商第一梯队并稳居中国透平行业第一，完成了"从单一产品

[①] 景群平，中国重型机械研究院股份公司研究员，北京大学光华管理学院MBA校友。

制造商向分布式能源领域系统解决方案提供商和服务商转变,从产品经营向客户经营、品牌经营和资本运营转变"的战略转型。

作为一家远离城市的西部山区地方国有企业,完成战略转型的难度可想而知。在中国加入世界贸易组织后,陕鼓能够持续腾飞;在变幻莫测的时代洪流面前,陕鼓并没有随经济周期的变化而沉浮。其背后的逻辑是什么?我认为是陕鼓的领导者始终有清晰的认识。在变化的世界中,企业必须构建属于自己的核心领导力,这种领导力不是仅仅针对流程或某个具体产品的,而是根据时代需要和客户属性以及市场现状来确定的一种最富有竞争力的运营模式。

在陕鼓这支极具领导力的高管团队中,印建安就是他们的带头人。

作为一名优秀的企业家,印建安首先具有对客户需求极强的认知和把控能力,他是"服务型制造"理念的践行者。客户需要的是什么?是产品的"功能",而不是产品的"形态",他们不关心风机是轴流式的还是离心式的,不关心单个的产品。看清楚这一点,就掌握了客户的痛点。印建安带领陕鼓围绕客户的痛点开发产品的"功能",站在客户的角度系统地为其考虑,提供完整的系统解决方案,实现从一家传统的单机制造商向为客户提供系统解决方案的集成商和服务商转变。印建安十余年如一日,带领陕鼓进行了一系列的组织再造与战略转型,也对产品功能进行了再造。

优秀企业家的另一个重要特征是具备配置资源的能力。印建安在发现客户痛点的基础上,面临调动各种资源来解决客户痛点的问题。但在现实中资源是稀缺的,整合资源需要有创新开发的思维。印建安很少参加同行业的活动,他认为,同行的思维模式和方向基本雷同,很难碰撞出不一样的火花。他的能力在于能够整合各种资源,同行业的、上下游的、战略合作者的,并非仅限于企业内部的资源,而是在"无边界行走",通过"突破行业的边界"来"提升组合资源的能力",实现"工程总承包+金融"的转变,发挥产业集群效应。2010年4月28日西安陕鼓动力的上市,为陕鼓构筑了最好的融资平台和产业整合平台,为陕鼓上规模、做强做大奠定了坚实的基础。

我第一次见到印建安,就为他的笑容所感染,为他的柔和所融化。他平易近人、和蔼可亲,不经意间就拉近了我们彼此之间的距离。十余年间,在印建安的带领下,陕鼓走上了一条高效快速的发展道路,从一家地方国企发展为行业领域世界级的供应商,从装备制造企业转化为集成商和服务商。我认为,他的个人素养与铁杆团队支撑着陕鼓所发生的一切变化。

1982年,印建安从西安交通大学风机专业毕业进入陕鼓,从基层做起,经历了从技术研发到经营管理岗位的转变,是一位技术专家型领导。2001年印建安接任陕鼓董事长时,中国社会及陕鼓所处的行业正处于剧烈变革的前夜。

印建安作为一位强有力的领导者,在服务陕鼓的35年间带领陕鼓做了两件极其重要的事情:第一,通过十余年的努力,让陕鼓稳居行业第一;第二,十余年前开始进行强力转型(第一名的"自我革命"),终于在2016年实现"从单一产品制造商向分布式能源领域系统解决方案提供商和服务商转变,从产品经营向客户经营、品牌经营和资本运营转变"。

领导力,首先体现在搭班子、带队伍上。

一个强大的企业组织,不能完全依靠某个人,而是应该依靠科学的法人治理结构、完善的运行体制与机制,去谋划自身更长久的发展。陕鼓高管团队核心层的背景等与董事长相似,他们之间有更多的共同语言,因而在执行战略时阻力更小。

上任伊始,领导者须审时度势,一边带领团队进行市场调查与行业研

究,一边筹谋重构组织形态与经营模式。当行业发生巨大变革时,领导者必须对行业未来进行深刻洞察,为未来而变,为客户而变。但这种变革时代对领导力的挑战和冲击格外剧烈,甚至会使企业出现重重危机,领导者在主导变革时,会被企业内外部的各种势力所质疑,甚至会被"反噬"。面对这种情况,作为领导者该如何应对?

企业的变革,首先离不开上级主管领导的支持。印建安曾开玩笑说"领导就是生产力",如何获得上级主管领导的支持?企业管理者首先要沉下心来对本企业的真实情况有深入的了解,其次,要提前了解上级主管领导具体分管的业务、感兴趣的方面、调研的目的等,用领导听得明白的语言,有针对性地出于企业发展而非个人目的向领导汇报真实的情况,这样就很有可能获得领导的支持。

企业的变革,要让员工看到变革的方向和决心,要让员工产生信任感。印建安从以下三个方面入手进行变革:

第一,对内部归因进行自省。印建安认为,要第一时间从自身找原因,比如:团队为什么不理解?团队在前期培养和学习的过程中,为什么没有充分领悟和认可变革?当出现不理解时,能否在团队内进行有效的沟通并及时解决问题?

第二,通过不同形式引导员工进行沟通和讨论。比如组织员工观看《南征北战》这部电影,启发大家,做企业和打仗一样,有时为了整体利益必须放弃局部利益,必须有所舍弃。

第三,正因为印建安深知变革的艰难与复杂,所以并没有在上任伊始就全面推动变革,而是选择两件事作为变革的突破口。一是选择了一个与职工利益休戚相关且职工反映强烈的非直接业务部门,即陕鼓子弟学校作为改革的"试验田",外聘校长,整顿秩序;二是处理了一名违反"厂区内不许随地小便"规矩的夜班工人。通过这两件事,员工看到了陕鼓变革的决心和方向，也意识到印建安做事雷厉风行、不留情面并致力于强力治企。

企业变革，战略转型，兵马未动，粮草先行。一位优秀的财务总监带给企业的价值增值将比业务运营创造的价值更大。但在当时，陕鼓缺少现金流，管理人员思维僵化，既有的财务管理体系无法支撑其战略转型。印建安找准内部变革的起始点，从重新打造财务系统开始。他从当地大学聘请了一位会计学教授兼任新的财务总监，建立了一套新的财务管理系统并培养了一支专业的财务管理队伍，要求财务线的所有人员通过考试重新竞聘上岗。财务系统的变革为陕鼓的战略转型提供了助力。

战略目标来自领导者对行业的认知以及对市场的洞察，执行力是达成战略目标的重要手段，而企业文化是执行力的基础。

打造求实感恩、持续创新的企业文化是印建安的领导力的另一个表现。印建安认为，"企业一把手是企业发展的'天花板'，其思维和观念在企业发展中至关重要"。要做一家好企业，企业领军人需要始终"心怀梦想，心存敬畏，心无旁骛，心系员工"。领导者不能只考虑自身的追求，而要坚持"使命是天，员工是天"的理念，通过一系列的企业文化塑造工作，改变员工的行为、思维乃至心智模式。这样的企业文化在管理层和员工中起到了巨大的作用，员工奋发向上，全员都在为实现战略目标而努力。

数十年间，源于制造的陕鼓早已超越了制造，印建安凭借其独到的眼光及丰富的管理经验，带领陕鼓完成了从"卖奶牛"到"卖牛奶"的转变，创造了中国企业发展历程中的一个神话，陕鼓也早已实现了他制定的"百亿元计划"。

作为企业家中的思想家，印建安带领陕鼓建立了科学的法人治理结构、完善的运行体制和机制。2017年6月23日，印建安将董事长的接力

棒交到李宏安手中，作为印建安团队的核心人物，李宏安将继续坚持"使命是天，员工是天"的理念，带领团队勇于创新、持续创新，把陕鼓这个"工业标杆"牢牢矗立在能源转换领域的头部位置。

印建安之所以能够带领陕鼓走上行业领军位置，得益于他是技术出身的管理专家，得益于他的个人能力和家国情怀，得益于他 1982 年从西安交通大学毕业后进入陕鼓持续 35 年对这一方水土的热爱。

第三章
陕汽集团：德文化，促创新

第一节 陕汽"四新"引领，迈向高质量发展

任 润 翟 耀[①]

陕西汽车控股集团有限公司（以下简称"陕汽"）的总部位于华夏文明的重要发祥地——陕西西安，其前身是始建于1968年的陕西汽车制造厂。在这片曾经孕育出灿烂历史文化的关中大地上，陕汽从黄土高坡的一片荒芜中开启了艰苦卓绝的创业历程。在建厂初期严酷的自然环境中，在产品经历市场和时代的考验中，在企业濒临破产边缘的磨炼中，在全球化市场的激烈竞争中，陕汽承载着党和国家加快建设汽车制造业强国的期望，通过50多年的不断探索，终于闯出了一条具有陕汽特色的高质量发展之路。

截至2021年，陕汽已经成为我国重型军车的主要研发生产基地、大型全系列商用车制造企业、中国汽车产业绿色和低碳环保转型发展的积极倡导者及有力推动者，是我国首批整车及零部件出口基地企业之一，现有员工2.76万人，资产总额760亿元，位居中国企业500强第236位，以350.65亿元的品牌价值荣登"中国500强最具价值品牌榜"。

[①] 任润，北京大学光华管理学院副教授；翟耀，北京大学光华管理学院博士生，北京大学管理案例研究中心研究员。

迈向高质量发展
陕西的探索

在2020年年初国内新冠肺炎疫情最严重的时期,陕汽于2月14日率先复工,产能随即全面恢复,截至3月19日,全集团复工率已达到疫情前的正常水平。2020年全年陕汽销售汽车23.5万辆,同比增长26.5%,营业收入930亿元,同比增长25.6%,实现工业总产值1 039亿元,同比增长20%,企业经济效益再创历史新高,跑出满产、超产加速度。2021年,受整体市场环境不佳影响,陕汽全年产销汽车20.09万辆。

走过艰苦奋斗的岁月,陕汽秉承着"为社会创造更大价值,为用户提供更好服务,为股东创造更多回报,为员工提供发展平台"的使命,正以全新的面貌挺立于21世纪的潮头。然而,陕汽一路走来的历程却充满了筚路蓝缕的艰辛,甚至也曾面对被时代淘汰出局的危机,但在多方的不懈努力下,陕汽终于浴火重生并迈向了新时期高质量发展的征途。回首陕汽的发展之路,一切都要从20世纪60年代的大西北说起。

一、陕汽发展的四个阶段

(一)第一阶段:"政治建厂"奠定奉献底色,因军而生,第一代军车创立根基

1968年,在中共中央"备战备荒""建设大三线"战略方针的指引下,为了满足国防建设和国民经济建设的需要,陕汽在宝鸡市的麦李西沟开工建设。在特殊的年代背景下,陕汽筹备处首先设立了政工管理机构——政工组,担负起对干部职工的思想政治教育工作。一直到今天,陕汽的企业文化建设等都是发源于早期的"政工组"。

彼时,陕汽的筹建在进入大规模施工阶段后,由于职工人数剧增而缺乏统一的组织与管理,陕汽领导层深入基层了解实际情况,注重发挥模范带头作用,在职工中开展了"四好连队"运动和以"自力更生,艰苦奋斗""安心陕汽,扎根三线"为主要内容的思想教育运动。在当时"工业学大

庆"的号召下，陕汽建设初期的创业者们在"延安精神"的引领下，克服种种困难不断刷新基建进程与施工的纪录。

新建成的陕汽厂职工队伍中有北汽支援的技术骨干、国家分配的大中专毕业生、从北京和当地招收的青年工人，也有复转军人。由于位置偏僻，交通不便，生产生活条件又非常艰苦，部分干部职工工作不安心，希望能够找机会回城，企业面临人员外流的压力。面对干部职工思想上的波动，陕汽坚持艰苦奋斗的传统，把稳定人心放在各项工作的首位。为了鼓励干部职工安下心、扎下根，陕汽政工组决定成立毛泽东著作学习小组，广泛开展学习先进、交流思想的"谈心"活动，并树立典型，召开现场表彰会以推广经验、鼓舞士气。

在重视思想政治教育的同时，陕汽也一直着力解决职工生产、生活上的实际困难。1978年，陕汽专门成立了"改善职工生活条件会战指挥部"，组织各方力量连续两年开展改善职工生活条件大会战，切实改善了职工的日常生活。此外，为了丰富职工的精神生活，陕汽广泛开展了各类文体活动，有效配合了企业的思想政治教育工作，也为其后来独具特色的德文化建设打下了良好的基础。

"世上无难事，只怕有心人。"就是在当年艰苦卓绝的环境中，1970年，陕汽成功试制出第一辆延安牌SX250重型军用越野车，结束了我军"有炮无车"的历史；1974年12月27日，延安牌250型越野汽车正式定型；1975年6月17日下午，陕汽生产的两辆延安牌250型越野汽车开进中南海，接受了李先念、谷牧等领导人的检阅；1978年，陕汽提前完成汽车装配、调试入库任务，全面完成国家下达的8项经济技术指标，实现了扭亏为盈。陕汽发展的第一阶段为其日后的成长和壮大提供了有力保障，也为企业的思想建设、组织建设和文化建设积累了宝贵经验，成为陕汽红色基因的重要底色。

（二）第二阶段："思政研究"砥砺忠诚本色，惟赢是执，第二代军车功勋彪炳

从 1984 年起，陕汽着手在西安东郊建设新的生产基地，并开始在市场经济的大潮中搏击。出于当时体制与机制上的原因，再加上通货膨胀、市场疲软，陕汽的资金极度匮乏，一度出现连年亏损的局面。在困难面前，陕汽依靠广大职工群众，依靠长期思想建设的传统优势，充分发挥思想政治和文化的引领及凝聚作用。1984 年，陕汽成立"职工思想政治工作研究会"。研究会的成立标志着陕汽思想政治和企业文化工作进入更加自觉、有序的阶段。在发展过程中，陕汽注重挖掘具有自身特点的企业文化，并将其作为职工思想教育的一项内容。多年的思想政治工作伴随着陕汽的物质文明进程，培育出职工良好的思想道德素养。1985 年，陕汽开展了"陕汽精神"大讨论，让职工各抒己见，最终总结提炼出"团结、奋斗、创造"的陕汽精神。这次讨论是企业文化建设的一次重要创新，具有跨时代的开拓意义。

20 世纪 90 年代初期，围绕"苦干三年，扭亏为盈"的经营目标，在生产处于低潮时，陕汽不失时机地提出要抓产品质量问题，领导层因势利导，在广大职工中开展"干活无废品、工作无差错"的"双无"活动，号召职工发挥模范带头作用，争当"双无"标兵。同时，陕汽还依托工会、共青团等组织，开展干部带头"讲理想、比贡献"活动。这些举措在当时特殊的条件下起到了凝心聚力的巨大作用，积极推动了企业扭亏止损目标的实现。

在推进制度建设的过程中，陕汽坚持有破有立、边破边立。1991 年，陕汽颁布了从严治厂的规章制度，并成立了干部作风巡回检查监督小组，允许大家对干部在工作中的推诿扯皮现象进行投诉，很快扭转了干部队伍的工作作风。由于能够把思想政治教育的成果及时以制度的形式固定下来，以制度的刚性约束保证思想政治教育和理想信念教育的持续、持久，思想教育与制度建设相互促进、相得益彰，陕汽的各项工作开始出现新气象，各项生产经营指标均在1992年年底创历史新高。在整个20世纪90年代，陕汽在不断增强市场主体意识的同时，通过自身的努力一次次经受住了经营机制转换、适应市场风险等方面的考验。

"只要思想不滑坡，方法总比困难多。"即使在种种不利的条件下，陕汽的第二代军车研发进程也几乎未受影响。在引进、消化、吸收奥地利斯太尔技术的基础上，陕汽成功研制出我军第二代7吨级军车——陕汽牌SX2190，并在第二代基本型军车的基础上，逐步开发出20多种型号的军车，满足了我军的装备需求。

（三）第三阶段："解放思想"铸就发展特色，迈向高端，第三代军车国之重器

进入21世纪以来，随着国有企业改革的深入，国有企业管理体制以建立现代企业制度为改革方向，这对一些老牌国有企业的改革工作提出了新的要求。2000年，随着中汽重组（拆分为重汽、陕汽、红岩），陕汽开始真正走上了独立经营、自负盈亏、自我发展的道路。在从过去长期的计划体制中解放出来后，陕汽直接面对市场，这既是发展机遇，又是严峻挑战，其生存能力再一次面临新的挑战和考验。当时，中国企业正面临加入世界贸易组织后的严峻考验。陕西走在全国前列的几个彩电、冰箱、空调、摩托车企业和知名品牌相继败落（比如"海燕""黄河""如意"等），人们十分担心亲历中华人民共和国成立50周年国庆阅兵式庆典的陕汽也会重蹈覆辙。

面对严峻的形势，陕汽认真分析外部环境与内部条件，发动全体员工开展企业发展战略大讨论，制定了"培育品牌、壮大实力、加速发展、形成规模"的第三阶段的发展方针。在激烈的市场竞争中，陕汽果断决策，

迈向高质量发展
陕西的探索

抓住国家西部大开发的战略机遇，制定了与国内外优势企业进行资产重组、建立现代企业制度、全面加快技术改造、建设一流重卡新基地、打造黄金供应链、自主开发换代重卡、建立行业最大的营销服务网络等一系列重大经营方针与策略。通过全体员工的努力，陕汽总产值从1999年的5亿元提高到2012年的398亿元，市场占有率从不到3%提高到12.96%以上，企业由弱转强，跻身于中国500强企业行列。陕汽用铁一般的事实回答了人们在世纪之交的疑问，企业发展的第三阶段取得了成功。

（四）第四阶段：迈进行业前三，争当世界一流，吹响"双轮驱动"新发展号角

2016年，陕汽进入高质量发展新时代，"2035战略"引领企业挑战更高目标，"双轮驱动"战略举措开启企业发展新格局，企业发展进入第四个阶段。聚焦需求，正向研发，实现从满足需求到引领需求。军民融合高效协同，科技创新体制机制落地见效，商用车板块的新能源技术与智能网联技术行业领先。创新创造，在陕汽图景生动、成果丰硕。

2017年年初，在我军第三代重型军用越野车竞标中，经过激烈竞争，陕汽以排名第一的成绩成为唯一中标厂家。该车型全面提高了车辆的机动性能和复杂环境下的野外作战及续航能力，配备了新时代信息化作战需要的武器装备系统，前后历经十年研发，经多轮试制，不断攻克技术难关，是继第一代、第二代军车之后，陕汽为满足我军应对现代化战争作战需要的一次重大突破，也是企业发展第四阶段的重要成果。

二、陕汽迈向高质量发展的根本动力

2020年，对于汽车行业来说是一个不平凡的年份。从宏观层面而言，受世界经济整体下行影响，全球汽车产业"抱团取暖"已成为趋势。这种趋势倒逼国有车企要进行混合所有制改革，市场竞争也随之进一步升级。

而汽车市场将逐步由增量发展转为存量与增量发展并存,随着国家经济的发展,能源、环保、交通等方面的约束性政策日益强化,符合市场法规并满足客户需求成为陕汽的核心目标。

聚焦于陕汽所在的重型卡车(以下简称"重卡")制造业,2019年,国内重卡市场再次刷新历史纪录,在一系列因素的拉动下,重卡市场一枝独秀,全年实现销售117.4万辆,同比增长2.3%。尽管有新冠肺炎疫情等重大不利因素的影响,2020年重卡销量仍达到约162.3万辆,同比增长38%。业内人士指出,2021年重卡行业销量有望再次超出市场预期。①

2020年是陕汽"十三五"规划的收官之年,也是实现"2035战略"第一阶段目标并向第二阶段跨越的关键年份。站在这个关键的历史节点上,历经四个阶段发展的陕汽在既往成绩的基础上,已经开始迈向高质量发展。

在这种机遇与挑战并存的复杂背景下,陕汽有什么样的底气,又落实了哪些举措,来保证这样一家传统的制造业企业能够踏上高质量发展的征途呢?

(一)新时期党建指引发展新路径

由于陕汽特殊的红色背景以及国有企业的身份,党建工作可以说始终是陕汽企业文化的核心内容,也是整个企业发展的动力源泉和重中之重。如果把整个陕汽比喻成一台汽车,那么党建便是车身内部的发动机。

2020年4月22日,习近平总书记考察陕汽,在详细了解产品研发、生产、销售和复工复产情况后,习总书记说:"制造业是我们经济的命脉所系,我们国有企业是生力军、主力军,在复工复产方面要起到这个作用。

---

① 崔小粟,《中国财富报道 | 第一商用车网:预计2020年重卡销量162万辆》,新华社,2021年1月5日,https://baijiahao.baidu.com/s?id=1688040105407762938&wfr=spider&for=pc,访问日期:2022年1月28日。

刚才我看了一些产品,也看了你们的生产线,非但没有受到疫情的影响,而且创造了汽车生产的历史最高水平,这是必须鼓励的。希望你们再接再厉,把握机遇,化危为机,特别是去创立发展新的模式、新的业态、新的技术、新的产品。"聆听总书记的嘱托后,陕汽党委书记、董事长袁宏明表示"要将总书记的关心关怀变成我们做好市场、做强做大陕汽的动力,不辜负总书记对我们的期望。争做国有企业党建的排头兵、争做经济发展的排头兵、争做国有企业改革的排头兵、争做自主创新的排头兵、争做军民融合的排头兵、争做疫情防控的排头兵"。

新时期需要与时俱进的新思想,陕汽以习近平新时代中国特色社会主义思想为引领,在工作的各个岗位狠抓落实。与一般民营企业、外资企业不同的是,陕汽依靠集团党委及党支部来领导企业全面升级,始终坚持以党建引领促发展的工作路径,注重把员工骨干培养成党员,再把党员培养成标杆。

在日常的生产运营过程中,陕汽通过政治引领、制度完善、项目攻坚、人才培养、风险管控"五个融合"分析"党建与生产经营深度融合"难题。车架厂技术党支部开展了"发挥技术堡垒作用,让党旗闪耀在一线"的主题活动,落实党员的模范带头作用。技术党支部党员围绕现场生产问题,进行指导和协助,在半个月的时间里发现问题432项,现场回复解决381项,提交问题报告37项,涉及后续工艺修订的10项,进行验证的9项。这些问题的改进极大地提高了生产效率和速度。装配车间党支部在先进党员的帮扶引领下,2020年申报自主改善提案360项,共获得集团A类提案19项、B类提案25项,申报数量同比增长112%,员工参与度提升47%,作业效率得到不断提升。越野车装配厂调试车间党支部将党建工作与生产经营高度融合,号召"军魂守初心,匠心筑精品",增强党员干部的责任感,激发其担当精神,在工作中发挥模范带头作用。该支部不断探索创新管理，在日常基础工作中通过集中、互动、自学等多种方式，依托"学习强国"App（应用程序）等新平台，将支部"三会一课"规范化、党课常态化、主题党日特色化，及时传达集团党委精神，落实分厂党总支工作部署，确保支部标准化工作有序推进。同时，该支部为了增强党员干部的责任意识，将党员的工作承诺做成台账留底，定期跟进示范岗党员"承诺、践诺、兑诺"的完成情况，2020年年底全支部兑诺率达到98%以上。实践中，党员先锋队的作用显著，尤其在重点项目攻关、调试入库等关键环节，通过党员包干帮扶，不断优化调试环节，缩短车辆调试周期，车间各项指标明显提升，基本达成预期目标。

2020年年初新冠肺炎疫情暴发后，陕汽发挥党建引领作用，号召各基层党组织充分发挥战斗堡垒和党员先锋模范作用，坚持疫情防控与复工复产两手抓，持续推动全面从严治党向基层延伸，推动党建与生产经营深度融合。各级党组织和全体党员干部在疫情防控中冲锋在前，实现了疫情防控常态化、复工复产再提速。陕汽党委也被中组部授予"全国创先争优先进基层党组织"称号。党组织的坚强领导以及全体党员充分发挥的模范带头作用，为陕汽打赢疫情防控与复工复产攻坚战，夺取抗疫与生产经营的双胜利奠定了坚实的基础。

为了贯彻落实习近平总书记的重要指示精神，陕汽以终为始，让目标指导过程，用结果倒推计划，不断加强资源协同，确保在布局之初就赢得主动。在模式创新方面，陕汽加快数字化技术在运营、产业链、厂商合作、后市场支持等方面的应用，建立新的服务模式；在业态创新方面，陕汽不断提升制造与服务、互联网物流的融合水平，探索构建新的产业价值形态，创新互联网营销，大力发展智能物流；在技术创新方面，陕汽坚持走正向研发路线，持续加强研发基础能力建设，加快不同技术路线和智能网联技术研究，形成新技术市场领先优势；在产品创新方面，陕汽以市场

需求为基准,不断调整产品结构,按照"生产一代、储备一代、研发一代"的研发理念,为客户创造更大的价值。

（二）德文化内涵升级,提供发展新动力

陕汽依秦岭、傍渭水,根植于八百里秦川沃土,经过五十余载岁月洗礼,孕育并不断丰富和发展了独具个性的企业文化——德文化。陕汽的德文化继承并发扬了中国传统文化对"德"的诠释,以立德、尊德、行德为行动指南,形成了"以人为本、创优报国、追求卓越、迈向高端"的核心价值观,"德赢天下、服务领先、品质成就未来"的经营理念,"敬业、笃学、诚信、创新"的企业精神,"以客户为中心"的企业宗旨,以及"因为工作,所以快乐"的工作理念。

步入21世纪的新时期之后,全新升级的陕汽特色德文化又拥有了新的内涵,主要由"德赢天下"和"123456双理念"组成。

1."德赢天下"内涵："天人合一,知行不二,惟赢是执"

天人合一：诚信守诺,言行一致,顺应规律,善用资源,顺势而为,实现人与社会、企业、环境的自然和谐。

知行不二：强调思想与行动的高度统一,知道是正确的就要自觉自愿地去做；认识到了就要立即行动；要做就做到最好,始终保持认识和行动的高度统一。

惟赢是执：在市场竞争环境下,赢是德文化最高的追求。只有赢,才能完成企业使命,才能体现德的价值。以德文化为引领,全面追求卓越、赢在执行。

2."123456双理念"内涵

秉承创业初期的优良作风,陕汽尤其注重价值观的顶层设计,2016年8月,以党委书记、董事长袁宏明为核心的领导班子,在悉心研究梳理、总结分析陕汽五十余年发展历程的基础上,根据集团新的发展战略、新的目标任务要求，结合新的内外部发展环境，提出了"123456 发展理念"，全面丰富、发展了德文化的内涵。2017 年 6 月，陕汽在集团庆祝建党 96 周年表彰大会上，正式发布"123456"党建工作理念，切实把管党治党责任落到实处。陕汽将以"123456 发展理念"和"123456 党建工作理念"为合力的"123456 双理念"作为其各项工作落地的根本指导。

专栏 3.1

"123456 双理念"

"123456 发展理念"

"1"是一个共同理念（因为工作，所以快乐）

"2"是两个规划（"十三五"规划和发展愿景）

"3"是三个不动摇（千亿陕汽；行业第一梯队；百年陕汽）

"4"是四个关注（整车均衡发展；专用车聚焦突破；零部件协同发展；后市场的战略支撑）

"5"是五项要求（创新驱动；全力推动新能源、互联网在制造和服务中的应用；加强干部队伍建设和高端人才的培养、引进；要关注规模，更要关注效益；对外合作，提升企业核心竞争力）

"6"是六条底线（无边际贡献又无战略意义的产品不干；不重视产品质量问题的事情坚决不干；跨行的项目不干；违法乱纪的事情不干；损害企业利益的事情不干；伤害员工利益的事情不干）

"123456 党建工作理念"

"1"是党建工作和生产经营一体化，培养懂经营、会管理的"一支队伍"，建立干部在一线工作、问题在一线解决、作风在一线转变、业绩在一线创造、形象在一线树立的"一线工作法"。

> "2"是把骨干培养成党员、把党员培养成标杆的党员"双培养"发展理念。
>
> "3"是坚持以生产经营工作为中心,坚持以改革发展稳定为己任,坚持以实现企业提质增效为根本目标的"三个坚持"党建工作原则。
>
> "4"是突出政治理论,结合企业战略开展中心组学习,结合生产经营工作开展创先争优活动,结合企业文化落地开展思想政治工作,结合人才队伍建设加强组织自身建设的"四个结合"。
>
> "5"是党建工作制度化、支部建设标准化、结合实际特色化、督导服务常态化、年度考核可量化的党建"五化"工作机制。
>
> "6"是教育党员恪守党的政治纪律、组织纪律、廉洁纪律、群众纪律、工作纪律、生活纪律的"六项纪律"。

为了在企业内部开展有效的企业文化建设工作,陕汽坚持广泛、持续、深入进行德文化落地的现场指导培训,以建立起员工思想认同的根基。2011—2020年,陕汽开展了300多场现场指导培训,培训班组长以上管理干部、骨干和员工代表约2万人次。陕汽的德文化现场指导培训被誉为最受干部和员工喜爱的"金牌培训",在企业文化的传播和培育上产生了突出效果。陕汽的德文化不仅体现在生产运营中,也体现在企业对员工的关爱中。陕汽开展了为员工办好"十件实事"系列活动,满足员工需求。在这项活动中,陕汽投入2亿多元,建立员工帮扶机制,设立200万元困难帮扶基金;投资2 500多万元建设绿色蔬菜基地,提升员工菜篮子质量;建立员工健康档案;开展志愿者服务;建成30多栋家属楼,满足了2 000多户员工的住房需求等。

综上所述,陕汽德文化的特征是"外圆内方":外部要包容、追求和谐,内部要严谨、崇尚规范。陕汽对外积极承担社会责任,实现企业持续、快速、健康发展，确保国有资产保值、增值；建设绿色工厂，污水、废气达到零排放；制造绿色环保产品，引领低碳经济发展。陕汽内部管理严格、规范；运营管控体系高效运行，实现高标准、高效率和高效益，全面追求卓越。以客户为中心、凝聚全体员工、不断突破自我的德文化是陕汽区别于竞争对手最根本的标志。由于陕汽对企业管理的突出贡献，其《德文化新内涵引领企业可持续发展》荣获"2019中国工业企业管理创新成果二等奖"。

三、走进新时代，迈向高质量发展

（一）正向研发

对于一家生产型企业而言，核心竞争力永远是产品和服务，因此，要想迈向高质量发展的高速路，陕汽需要在产品性能、品质、研发能力等方面确保国内领先乃至达到国际一流。迈向高端，首先要有技术研发体系做支撑，要向国际一流重卡产品看齐，要确定技术研发的方向；其次，要实现更高层次的自主创新，必须考虑选择适合陕汽特点的路径。

其实，早在2015年，陕汽就已经开始实行满足用户需求的正向研发。如今，再谈满足用户高端需求的技术体系支撑，陕汽内部已经积累了大量的开发经验，而深度研发以满足客户需求就成了新的挑战。

陕汽在实践中建立起了以客户需求为驱动的产品正向研发流程，客户需求的实现和满足贯穿于产品开发的全过程。在产品开发的初期或者立项阶段，首先是进行客户需求的研究和分析。当然，这个客户是广义的客户，包括外部的最终用户、运营商以及内部涉及产品实现过程的相关人员、管理者，等等。通过客户购买和支付意愿分析以及客户生活体验和购买、使用过程观察等，得到大量的原始资料。然后，采用行业内各种通用的分析方法，得出分层级的客户需求定义，严格将这些大数据分析出来的

结果作为产品开发的重点。

1. 主动出击，发现客户需求

任何一家企业，要生存、要发展，就要去发现需求。企业的长足发展可以说就是顺应市场需求不断前行的过程。对此，陕汽提出了正向研发的理念。正向研发的首要一步是思想观念的转变，陕汽诞生于计划经济时代，且有鲜明的国有企业背景，今时今日的市场经济时代，要求集团上下转变思想，做产品必须从为客户赚钱的目的出发，要主动发现问题并满足客户需求，将关注客户需求、服务客户的理念贯穿于工作的每一个环节。

过去，中国道路的运输条件差，大部分重卡用户的年行驶里程为12万～15万公里，基本上一辆车运营3～5年后就会被淘汰，因此，高端重卡对物流运输行业来说性价比不高。随着物流行业竞争的加剧，以及各方面成本的上升，长途运输用户只能通过提升运输效率、加大运输里程来保证收益。现在，大部分长途运输用户单车一年的运行距离为20万～30万公里，将来可能还会进一步增加。高端重卡特别适合年运营里程达到30万公里甚至更长里程的用户，运营里程越长，高端重卡的优势越能真正地体现出来。

对此，陕汽深入物流运输的各个环节进行了大量的调研。随着竞争的加剧、流通环节需求的变化、国内道路运输软硬件条件的升级、环保的要求、科技的进步等，长途物流运输行业发生了深刻而重大的变化，客户对物流管理的高效和精细化提出了更高的要求，因此陕汽加快了重卡产品向高端化转变的速度。

然而众所周知，发现表象需求容易，发现隐性需求才困难。隐性需求的发现不仅需要研究人员深入一线，同时还要求他们具有很高的技术素养。陕汽在行业内推出的13升重卡，就是一个发现隐性需求并率先满足客户需求的过程。通过对长途运输车辆进行大量研究，陕汽发现行业内的11

升、12 升主流产品并没有真正满足用户对动力性和经济性相匹配的需求，只是因为用户没有其他选择而已。在做调研问及用户时，他们并不会明确地告知其需要 13 升的产品，这就需要企业通过各种信息的分析，预测、预判出用户的需求，而这就是一个发现并创造需求的过程。

在竞争激烈的市场经济时代，对客户需求的满足和把握尤为重要，不断满足客户需求是企业创新的原动力。对于陕汽的重汽板块而言，正向研发的关键就是持续关注产品全生命周期及客户运营全过程，关注卡车司机的生存状态，挖掘客户需求，并迅速将客户需求转化为有竞争力的产品。坚持技术预先研究是陕汽保持技术领先的重要保障。技术预先研究提供的是客户需求的技术解决方案。产品开发过程是技术的系统集成，就是根据不同细分市场的特点，比如地理环境、行驶工况和运输模式等，采用不同的技术进行产品集成。例如，陕汽研发团队通过研究发现，油耗对长途物流用户而言至关重要。因此，陕汽围绕节油进行了全方位的技术研发；再者，通过降低风阻、减小摩擦阻力损失、纠正司机驾驶习惯等，不断降低油耗。

在正向研发的方法论实践下，2018 年，陕汽推出了以客户需求为导向的全新一代 X6000 重卡产品。新产品刚一上市，就迅速引领了国内高端重卡市场的潮流。陕汽新一代 X6000 重卡产品开发前期进行了大量的技术预先研究，包括自动驾驶技术、环境感知技术、大数据研究和基于客户实际使用过程的故障诊断系统等的开发，这些都为 X6000 重卡产品能够站在商用车技术制高点做了充分的准备。

陕汽新一代 X6000 重卡产品外形设计充分考虑了空气动力学原理，驾驶室进行了空气动力试验，风阻系数在平头车领域达到国际领先水平。大量的研究表明，同样工况下，因驾驶习惯不同，不同司机驾驶相同车辆的油耗差距最大可达 30%。陕汽除了对司机进行培训，还通过智能化手段纠正其驾驶习惯,让车辆始终处于最优的驾驶状态,从而实现节油。比如,有驾驶经验的重卡司机在爬坡时会提前加速冲坡,在快下坡时也不会加油、提前减速来降低油耗。陕汽 X6000 重卡产品通过植入车内的 GPS(全球定位系统)地图,提前预知道路情况,再通过控制自动变速箱自动根据路况提前加减速。再如,当车辆在下长坡以及平直路面上减速时,通过液力缓速器的合理运用,可以降低油耗。总之,降低油耗可以通过方方面面的技术来实现。经过多种技术的应用,陕汽 X6000 重卡产品在同样工况下,比陕汽其他重卡产品的油耗有效降低了 3～5 升/百公里。

随着 80 后、90 后等年轻消费群体的增加,他们对车辆的舒适性甚至时尚感提出了更高的要求。对此,陕汽 X6000 重卡产品采用了大量静音技术、智能化技术、减震技术、宽体驾驶室纯平地板技术等,各类指标都已经接近国际一流重卡产品,并且满足了年轻驾驶员的要求。

2. 传承中求突破,对标国际一流

陕汽是我国重要的重型军车和商用车研发及生产基地。自建厂以来,从第一辆延安 SX250 的成功研制,到第一代国产民用重卡的下线,再到斯太尔技术的消化吸收再创新,以及德国曼集团 F2000 技术引进后自主研发出我国第三代重卡德龙 F2000、F3000 产品,陕汽推动了中国商用车行业产品的升级换代。在五十余年的发展历程中,陕汽传承并积累了一套自主创新的企业知识体系,支撑一代又一代产品的成功上市。陕汽 X6000 重卡产品的研发人员就以内部培养为主,主要是因为对高端的认识和理解需要深厚的技术积淀,而多年来,从技术引进、吸收到自主研发出满足中国市场需求的重卡产品,陕汽研发团队始终具有较大的技术传承优势。2019 年,陕汽全集团申请专利 342 项,同比增长 9.6%,其中,发明专利 117 项,同比增长 30%,并荣获陕西省科学技术奖 3 项。

陕汽拥有国际领先的全系列商用车自主研发平台及支撑体系、先进的研发软件以及完备的检测和试验能力，具备汽车造型设计、工程化设计、仿真分析、试验开发评价、样车试制等系统性开发能力，为全系列产品的开发提供了强力支撑。陕汽 X6000 重卡产品的开发流程还借鉴了国际一流公司的管理经验，采用先进的开发流程、机制，并对每个阶段要达成的目标进行分段监督。

迈向高质量发展对车辆制造过程中的原材料、设备精度、工艺等都提出了更高的要求。比如，降低风阻对材料表面的光滑度要求会更高；加工的零件尺寸的过程能力指数①不同，对装备精度的要求会有天壤之别。为此，陕汽以提升产品制造的细节为导向，开展行业对标，通过加快生产线工艺装备的改造升级，不断优化工艺制造过程，为打造高端产品夯实基础，重点推进传统制造模式向智能制造模式转变。目前，陕汽已打造出了国内领先的全自动柔性驾驶室焊装线，自动化率达到90%以上；规划了高柔性、高精度、高效率的车架纵梁全自动智能生产线，满足多品种个性化车架产品的高柔性、高精度、快速生产；装配方面以环保和人性化为目标，大量引进电动拧紧工具和助力工艺装备，降低噪声污染和员工劳动强度，实现员工、产品、企业之间共同的可持续发展。

迈向高质量发展必须保持开放的心态，正向研发理念下的自主创新才能促进企业走得更远。要充分把握国内外发展形势，充分进行各种技术合作与交流，否则，仅依靠自身的力量、自身的见识就很有可能跟不上行业节奏，就会有被淘汰的风险。

（二）小微创新

3 分 40 秒完成传动轴装配，2 秒检出装配工具问题，22 项生产创新被

---

① 过程能力指数，也称工序能力指数，是指工序在一定时间内处于控制状态（稳定状态）下的实际加工能力。它是工序固有的能力，或者说它是工序保证质量的能力。这里所说的工序，是指操作者、机器、原材料、工艺方法和生产环境等五个基本质量因素综合作用的过程，也就是产品质量的形成过程。

推广应用，全年成本降低64万元……交出这份优秀成绩单的是陕汽总装配厂一位名叫冯卜的技师。冯卜从一名普通装配工成长为创新骨干，还带出了22名精兵强将，其中2名成长为车间班组长，20名成长为核心岗位骨干。冯卜自己也坦言，这一切都与陕汽坚持创新驱动战略、鼓励员工立足岗位开展自主创新、积极营造全员创新的工作氛围分不开。

在陕汽，像冯卜这样在基层岗位上成长起来的创新人才还有很多。为了营造"人人想创新、人人能创新、人人出成果"的浓厚氛围，陕汽在激活全员创新动能上想了很多办法，进行了大量的尝试。

首先是千方百计升级创新管理体系。先是自上而下发布创新课题，然后再自下而上立足岗位开展小微创新，建立"两阶三层九类"的创新工作管理模式：清晰了公司级、小微创新两个阶别的定义及评审标准；明确了单位层、归口层、公司层的三层创新成果评选机制；细化了技术创新、产品创新、技术管理创新、生产创新、生产管理创新、营销模式创新、营销管理创新、服务支持创新及组织管理创新九个分类。陕汽从制度设计上全面激发公司的创新活力，使创新成为引领其高质量发展的核心动力。

陕汽大力倡导"小创新，大奖励"的理念，设立了小微创新启动专项资金，拿出工资总额的10%奖励创新成果，通过配置资源、简化流程，引导全员立足各自的岗位开展自主创新，并且坚决做到小微创新及时奖励。同时，整合公司党政工团各类资源，构建沟通、开放的创新型企业文化，引导全员进一步解放思想，鼓励有想法、愿意承担创新工作的人才放开手脚和解放思想，大胆去创新实践，在公司内部形成了科技创新"顶天立地"、小微创新"铺天盖地"的创新格局。

小微创新的效果可谓立竿见影。陕汽重卡某新车型的鞍座孔在设计更改后，一般需要提前在三台数控钻床上分别对同一种车型鞍座孔加工程序进行添加或更改，程序编制和传输效率很低。对此，车架厂创新团队立足智能制造开发了一款鞍座制孔程序编制软件，不仅改变了原有编程方式，提升了编程效率及准确性，而且提高了数控钻床电脑主机的硬件性能，通过远程控制，实现了三台机床程序数据的交互与共享。鞍座制孔程序编制软件的开发使程序编制时间由原来的20多分钟缩短至10分钟以内，工作效率明显提升。

在自主创新的道路上，陕汽还要走得更远，下一步的打算是，在现有小微创新的成功经验基础上，建立更为灵活有效的创新机制，打造高水平的科技创新人才储备团队，争当自主创新的排头兵，为我国的汽车制造业贡献更大的力量。

（三）主动拥抱变化，迎接数字化浪潮

21世纪是数字化的时代，从互联网到物联网，信息交互方式发生了历史性的改变。作为物联网重要的分支，车联网所催生的智能化、数字化服务时代正迅速到来，陕汽作为国内首家将车联网服务系统应用到卡车领域的企业，选择主动出击、拥抱变化，着力打造"智慧陕汽"已是陕汽内部形成的战略共识，公司力求以科技创新为第一动力，推动大数据、互联网、人工智能与制造的融合，加大资源整合力度，构建行业领先的汽车后市场智能服务平台，在互联网汽车、共享经济等领域塑造引领未来发展的新优势，以期迎接数字化浪潮的红利。

在重卡产业的发展过程中，如何革新物流运输数字化服务模式，有效实现"人—车—路—货"实时信息共享，为各类重卡用户提供既快捷又安全、全方位且智能化的服务，一直是重卡行业亟待解决的问题。车联网技术革命的爆发给重卡产业带来前所未有的契机，将行车电脑、传感器、卫星数据传输、大数据分析、云计算等前沿技术有机地结合在一起，建立起一种更为高效的交通综合管理和控制系统，从而实现更智能、更安全的驾驶。总之，车联网的诞生可能改变人类出行的模式，将为重卡行业重新定

义多种标准，使用户摆脱空驶率高、车辆和驾驶员管理困难等困扰，也将带动整个重卡行业的服务升级。

2012年，陕汽推出天行健车联网服务系统。这一举措不仅打破了我国重卡行业传统的用户服务模式，而且标志着陕汽在重卡领域颠覆了用户传统的行车、管车模式，将传统制造业企业对重卡用户的服务引领到了数字化、智慧化的道路上。

陕汽在实践中发现，重卡行业在产品层面的同质化趋势日益严重，只有服务创新，让服务再次增值，才能实现用户最大的满意度和忠诚度。陕汽的天行健车联网服务系统拥有许多重大技术变革。天行健车联网服务系统采用世界先进的重卡安防技术、远程防盗技术、高清远程图像采集技术等，有效避免了驾驶员的疲劳驾驶和超速行车等安全隐患。该系统能提供800多项车辆故障检测，安全隐患检出率高达99.8%，实现了全面的人、车安全护航；强大的配货功能、海量的货运信息可使运输频率提高20%以上，而全球首创的卡车专用导航技术能精确显示货车限行信息、实时交通信息，同时提供特色的维修站自动导航、车友导航等功能，使运输效率全面提升。同时，天行健车联网服务系统还采用智能燃油测算管理技术、应用身份识别、行驶区间偏离识别、驾驶行为分析技术以及多通道车辆在线搜寻等先进技术，实现了重卡运输车队的精细化、智能化、数字化管理。

为了充分发挥天行健车联网数据的应用价值，为用户提供更多贴心的增值服务，鉴于微信应用小程序的普及，2020年11月底，由天行健车联网服务系统开发的免费管车软件"天行健后市场服务微信小程序"正式上线。截至2020年年底，软件自主注册用户数量已破万。微信小程序的产品设计力求简单易用，终端用户通过扫码或微信搜索可免费注册账号，自主添加车辆后即可使用。微信小程序用户可以通过手机查看车辆定位、轨迹、里程、油耗等，实现车辆实时位置分享，掌握车辆实时运行情况，便于灵活调配运力，提升承揽货物的竞争力。此外，陕汽在数字化升级的过程中还特别注意添加人文关怀的元素，借助微信的社交平台属性，终端用户的家人可以通过小程序及时了解车辆运营情况，司乘和家人之间由此得以建立起一条亲情与安全的信息纽带。2021年，小程序还上线了故障诊断、服务站查询、在线咨询等新功能，进一步为用户提供便捷的服务，而随着用户数量的持续增加和使用效果的反馈，天行健车联网服务系统也将加强与终端用户的互动，以满足市场实际需求为出发点，不断创新和优化产品功能。

经过多年的发展，陕汽在重卡行业中树立了服务优质的品牌形象。陕汽的数字化服务不仅打破了我国重卡行业长期以来"有品牌无服务，有服务无品牌"的尴尬局面，同时也提升了重卡行业的服务竞争意识，给行业带来了新风气。陕汽强调向服务型制造转型的重大意义，并把这一服务理念提升到了新时期的企业战略层面。针对日益变化的市场，陕汽因势利导，及时调整并改进服务政策，力促服务管理质量的快速提升，使之与陕汽快速增长的产品市场相匹配，并将服务能力本身打造成陕汽的新品牌。早在2011年7月1日，陕汽就发布了行业内首个《服务公约》，确立了其在数字化服务市场中的领先优势，而陕汽的"贴心服务"也荣获重卡行业首个"中国驰名商标"称号。

四、放眼未来

总结陕汽发展四个阶段成功的原因，不外乎以下几个方面：首先，陕汽继承了老一辈艰苦奋斗的文化传统，在党建引领下，对内修炼企业德文化，实施"让沟通变得更容易"的管理理念，时刻保持组织与员工共同成长，全体陕汽人团结一心形成巨大的凝聚力；其次，陕汽在"以用户满意

为宗旨,生产同行业最优产品,提供同行业最优服务"的质量理念带领下,鼓励从管理流程到产品研发的不断升级,使得产品始终保持市场领先地位;最后,陕汽对外贯彻贴心服务的理念——"贴近市场,心系用户,换位思考,真诚服务",紧跟时代变化,与时俱进地积极开拓新市场,开发增值服务,这既让陕汽获得了正面向上的社会形象,也令其进一步在行业内提升了竞争力。

2018年9月,在陕汽控股发展大会上,党委书记、董事长袁宏明宣布集团党委的决定,"不忘初心,整装再出发,再造一个新陕汽;陕汽商用车和陕重汽'双轮驱动',坚定不移实现陕汽控股高质量发展"。2020年10月,《中共中央关于制定国民经济和社会发展第十四个五年规划和二〇三五年远景目标的建议》发布,根据新的指示精神,结合行业和企业的实际情况,陕汽提出了崭新的战略目标。到"十四五"末期,陕汽要实现"汽车销量突破40万辆、销售收入突破1 500亿元、全系列商用车进入国内行业前列"三个目标,全面完成"2035战略"第二阶段规划目标。具体要做到以下几点:陕汽汽车销量突破40万辆,其中,陕重汽20万辆,陕汽商用车10万辆,微型车、专用车、大客车等其他产品共10万辆;销售收入突破1 500亿元,其中,陕重汽900亿元,陕汽商用车250亿元,零部件300亿元,后市场50亿元;重卡市场份额达到行业前两名,全系列商用车市场份额进入行业第一梯队,新能源技术和商用车智能网联技术处于领先地位。为了实现这一战略目标,陕汽确定了"狠抓改革、勇于创新、抢抓机遇、善用人才"四项本领,为高质量发展夯实基础、增创动能、加油提速。

"天行健,君子以自强不息。"新的时代已经到来,一家传统的军用重卡制造企业,经过几十年的摸爬滚打,正在新时期焕发出新的活力。陕汽持续深入落实习近平总书记提出的新模式、新业态、新技术、新产品"四新"要求,打造"绿色、智慧、清廉、卓越、幸福"陕汽。我国经济已由高速增长阶段转向高质量发展阶段,高质量对全要素生产率提出了更高的要求。在迈向高质量发展的征途中,纵然道路曲折,陕汽也已具备面对新挑战的能力,也许第五次创业正在不远的前方。

第二节 陕汽案例点评

张建君[①]

陕汽几十年来的发展变迁表明,一个组织既要与时俱进,又要坚守本色,坚持变与不变的结合,在传承中求突破。那么,传承什么?又突破什么?陕汽的案例为我们提供了启发。随着市场经济的推进和市场与技术的变化,陕汽在产品和实现产品的技术方式上不断调整,比如:走正向研发路线,主动出击,发现客户需求,调整产品结构,为客户创造更大价值;及时拥抱数字化,加快数字化技术在各方面的应用,建立新的服务模式;提升制造与服务、互联网物流的融合水平,探索构建新的产业价值形态;等等。这些都是陕汽随着环境变化而"变"的方面。

与此同时,陕汽在适应环境的过程中也形成并且自觉或不自觉地坚持了一些特色,比如:通过思想政治教育工作解决问题和化解矛盾;通过树立典型、学习先进、交流思想等推广经验、鼓舞士气、激活组织;对惟赢是执的坚守;等等。后来独具特色的德文化建设也是这些做法的自然延伸。这与陕汽最初作为军工企业并成长于计划经济时代不无关系,在一定程度上也未尝不是陕汽人自主选择的结果。这些形成了陕汽历时而不变的基因,也是陕汽能够浴火重生的关键要素。

---

① 张建君,北京大学光华管理学院教授。

迈向高质量发展
陕西的探索

第三节　我看陕汽案例

陈庆峰[①]

中国汽车行业的飞速发展让我们看到一批优秀的企业正在不断成长，而如何抓住市场机遇打造企业核心竞争力是每家企业不断探求的真谛。陕汽历经三次创业转型的成功，如今在高质量发展的道路上大步向前，这些成就值得我们深思。

创新驱动是陕汽近年来高速发展的不二法宝。除了坚持正向研发理念，以及在技术上不断钻研突破，获取大量高质量专利资产，形成深厚的技术积淀，陕汽更是从组织建设及创新管理体系上进行了大胆的尝试：大力倡导"小创新，大奖励"的理念，建立"两阶三层九类"的创新工作管理模式，营造"人人想创新、人人能创新、人人出成果"的浓厚氛围，形成科技创新"顶天立地"、小微创新"铺天盖地"的创新格局。这些无不彰显出陕汽对创新驱动的追求，也是陕汽高质量发展的重要保障。

以人为本，是陕汽给我们的第二个启示。对外，主动出击发现客户需求，将关注客户需求、服务客户的理念贯穿于工作的每一个环节，树立"以客户为中心"的企业宗旨；对内，无论是交流思想的"谈心"活动，还是"陕汽精神"大讨论，直至德文化的总结提炼，均形成了"以人为本、创优报国、追求卓越、迈向高端"的核心价值观和"因为工作，所以快乐"的工作理念。无论是对待内部还是外部，都以人作为根本出发点，从人的角度出发去解决企业经营的问题，我想这就是陕汽一贯坚持并且赢得未来的关键。

[①] 陈庆峰，上海五虎婴童用品有限公司产品研发总经理，北汽集团研究总院原高级设计经理。

伴随中国近几十年的飞速发展，中国汽车行业也已经走到了世界前列。单纯依靠市场换技术、简单的技术引进或者老旧的国外技术的复制生产已经远远无法满足市场的需求。技术、产品、服务乃至商业模式的创新是赢得未来的关键，通过创新让品牌占据市场地位，陕汽在这方面已经具备了很好的基础；此外，对员工组织的关注、对客户需求的洞察以及对社会责任的承担，强调以人为本，也是陕汽德文化中的核心价值观，是支撑企业发展的软实力，更能助力陕汽长期愿景的实现。

第四章

银桥乳业：直面挑战，与时俱进

第一节 打造西部乳业品质的典范

姜万军　金　李　薛岩龙[*]

2020年8月5日晚，西安市举行首届"市长特别奖"颁奖典礼，西安银桥乳业集团党委书记、董事长刘华国是20名"市长特别奖"获得者之一。给刘华国董事长的颁奖词是这样写的："你和你的企业，打造中国乳业发展的西安品牌。你和你的企业架起一座桥，桥的这边是千家万户奔向全面小康的农户，桥的那边是中华民族的安全营养和生命健康。本土龙头，责任担当，乳业强国，努力奔跑。"经过四十余载的成长和历练，银桥乳业从一家小手工炼乳作坊逐步成长为农业产业化国家重点龙头企业，并成为中国奶业二十强（D20）和国际乳品联合会（IDF）成员。刘华国作为银桥乳业的掌舵人，在中国不断变化的商业环境中，不断积累和摸索，不断应对外界环境的挑战，谋求变革和创新，带领银桥乳业迈向另一个台阶。

一、四十余载的乳业生涯

银桥乳业坐落于十三朝古都陕西西安，是西北地区最大的乳制品企业。公司成立于1978年，与中国改革开放同步。银桥乳业旗下的主导产品

---

[*] 金李，北京大学光华管理学院教授；薛岩龙，北京大学光华管理学院西安分院科研主管。

有以"秦俑""阳光宝宝""艾宝瑞"为主打品牌的奶粉以及以"银桥"为主打品牌的系列液态奶。经过四十余年的快速发展，银桥乳业以过硬的产品质量和良好的信誉获得消费者的喜爱及青睐，一直在陕西乃至中西部消费者心目中具有很高的品牌认知度和美誉度。银桥乳业连续六年被国家七部委授予"全国食品安全示范单位"称号，其乳品已连续七届被认定为"欧亚经济论坛唯一指定专用乳品"。银桥乳业始终将质量作为立身之本，2014年通过国家"企业诚信管理体系"认证，成为陕西省首批通过认证的企业；其检测中心通过CNAS（中国合格评定国家认可委员会）认证，成为国家级检测中心。2014年，银桥乳业入选国家重点扶持的12家婴幼儿奶粉生产企业行列。目前，银桥乳业已形成了以西北市场为中心网点，辐射到全国各大中城市的销售网络。

银桥乳业伴随着改革开放的脚步而创立，其创始人刘华国创办银桥乳业的初衷就是带领当地农民摆脱贫困走向富裕。银桥乳业作为西部地区乳制品企业的代表，充分发挥龙头企业的辐射带动作用，在陕西关中地区"一线两带"上建起了现代化奶牛示范牧场和养殖小区，带动周边二十多万农户依靠饲养奶牛走上了致富奔小康的道路，创造了良好的经济效益和巨大的社会效益。

质量是企业的生命线，对银桥乳业这类生产乳制品的食品企业来说更是如此。"做放心奶、做良心奶、做信誉奶、做责任奶"是银桥乳业始终坚守的信念，也是其生存壮大的根本。四十余年来，银桥乳业狠抓产品质量，严格落实"100-1=0"的质量理念，建立健全了一整套严格的质量管理体系，从整个产业链的每一个细小环节入手，按照ISO9001、HACCP、GMP、ISO14001和国家诚信管理体系的要求，进行了严格、严密、细致的监督和控制。奶源管理采取"环环相扣、亲力亲为、层层把关"的模式，实行鲜奶收购"四道检测关"，确保鲜奶品质。在2008年的三聚氰胺奶业污染恶

性事件中，凭借过硬的质量管控体系，银桥乳业的液态奶和婴幼儿奶粉都检测合格，刘华国董事长在2009年当选"第二届全国道德模范"，成为我国乳业界唯一获此殊荣的企业家。

二、部队的历练

1955年，刘华国出生在西安市临潼县（现临潼区）相桥镇南边的朝阳村。相桥位于临潼县东北角，是一个普普通通的渭北小镇。临潼县以前归陕西省东部农业大市渭南管辖，1983年划归西安管辖。发源于耀县（现铜川市耀州区）山涧的石川河从相桥的西边自北而南穿境而过，据说北宋著名宰相寇准曾在此主持修建了一座桥，此地因而得名"相桥"。18岁之前，刘华国都是在这片土地上生活的。和当时很多农村孩子一样，由于生活清苦，日子艰辛，童年和少年时期的刘华国一边读书，一边帮父母干农活，虽未成年，但已经是家中的一个劳力了，犁地、播种、施肥、浇地、打药、锄草、收割、碾晒等农活再苦再脏再累他也得干。

当时，对于农村孩子来说，要想有出路，一是考学，二是参军。但是，当刘华国高中毕业时，恰逢国家取消高考制度，要想上大学只能通过各行各业来推荐。对于出生于农村的刘华国来说，这条路几乎是死路，只有参军这条路才是唯一的选择。

1973年，刘华国如愿以偿进入部队，成为一名铁道兵。在部队的生活使刘华国练就了过硬的身体素质、坚忍不拔的意志品质。在当铁道兵期间，刘华国参与修建了成渝铁路，穿山越岭、铺路架桥，无论是盛夏酷暑，还是寒冬腊月，刘华国每天都奔波在施工现场。那时没有先进的机械设备，修路主要是靠人的双手和肩膀，即便对像刘华国这样从小干农活的人来说，修铁路的劳动强度和危险程度也是非常高的，这进一步锤炼和强化了他坚忍不拔的意志及品格。同时，在部队的经历也大大开阔了刘华国的眼界。部队是一个大熔炉,连队里百十号人来自祖国的五湖四海,每个人的语言、性格、习惯各不相同,通过相互之间的沟通交流,刘华国更深入地看到了广阔的世界,进而形成了自己的魄力以及做人的原则和准则。这些方面都潜移默化地塑造了他未来创业所需要的基本素养和品质。

三、企业初创

1978年秋,刘华国退伍转业后回到他阔别了五年的故乡——西安市临潼县相桥镇。一开始,他本打算在县城里面谋求一份工作,后来发现需要安排工作的复转军人排着长队,要等很长时间才有可能轮到自己。刘华国认为照这样等下去并不是一个好办法,也不一定有好结果,最终,他决定自己创业,干出一番轰轰烈烈的事业来。

创业谈何容易,首先得识别创业机会。当时的相桥农村,乡亲们祖祖辈辈面朝黄土背朝天,一年到头守着自家的土地,劳作一年也只能勉强谋生,一直无法摆脱贫困。刘华国看在眼里,记在心里,他强烈地希望改变这种面貌,为乡亲们寻找一条致富的道路。当时的相桥农村,养奶山羊的农户比较多,羊奶除了家中的妇幼老弱饮用,大都卖给走村串户的羊奶贩子,由他们将收购的羊奶转售给十公里外的阎良奶粉厂。有时羊奶贩子几天都不露面,农民想卖奶挣点零用钱,也是干着急,没办法。刘华国看到这种情况,眼前一亮,他决定创办一家乳品厂,将乡亲们的羊奶收上来做成炼乳再交售给奶粉厂,这样一来解决了乡亲们卖奶难的问题,二来可以赚取加工费,两全其美。

瞄准创业的方向后,摆在刘华国面前的问题就是怎样整合创业资源。创业需要资金、需要技术、需要设备,对于一个刚刚从部队回来的转业军人来说,要克服这些困难是何等艰难。为了解决资金问题,刘国华找到了和自己同乡的两个战友,讲述了自己的想法,最终三个人拿出了所有的复

员安置费,同时又东拼西凑筹到 2 000 元,这就是他们创业的"种子基金"了。刘华国同时又通过镇政府解决了用地的问题,最后用筹到的 2 000 元买来五口大铁锅,买来砖瓦、水泥、石灰、沙子,位于相桥镇申东村五亩地里的炼乳厂终于动工了!

建厂期间,刘华国吃住都在工地上,几个人用石棉瓦搭起了一间临时窝棚,半边是灶房,半边是宿舍。没有门就吊半截粗布门帘挡挡风,没有床就在地上铺一层麦秸秆,再把买回来暂时不用的扫帚铺上,就是床垫了。刘华国从自己家里背来苞谷糁籽和馒头,熬一锅稀饭作为大家一天的口粮。几个人谁干累了就在麦秸秆上面躺一会儿,饿了啃口馒头喝半碗稀饭就又开始忙活了。

1978 年的冬天,气温似乎比往年低了许多,干冷的北风吹在脸上像刀割一样疼,刘华国深夜独自躺在荒地里孤零零的小窝棚里面,听着穿墙而过的呼呼风声和门帘被卷起来拍打在石棉瓦上的啪啪声,他的身体已经冷得缩成了一团,但内心却非常兴奋,因为这间寄托着他梦想的简陋厂房眼看着就要完工了!在这间临时搭起来的窝棚里刘华国一住就是半年多,直到第二年 5 月厂子建成。

对于一个创业者来说,每一步都是艰难的。在部队磨炼出的坚毅品格、硬朗作风和奉献精神,使得刘华国在每次遇到困难时都能够正向面对。炼乳生产出来了,交售的时候又遇到了困难。当时还是计划经济的年代,奶粉厂都是和体制内的国有企业打交道,它们往往对一家来自村办小企业的产品挑三拣四,不是嫌弃味道不正宗,就是嫌弃颜色不光鲜,同时给的加工费也低于国有企业。一年劳作下来,钱没有赚到几个,窝囊气倒是没少受。刘华国心里明白,要改变这种局面,必须直接生产奶粉,直接面对消费者。

1980 年,通过引进卧式粉塔生产设备,刘华国的炼乳厂生产出了奶粉,他给奶粉起了一个很好听的名字——"秦俑"。但是销售同样遇到麻烦,原因和卖炼乳时一样,国有商业企业一统天下,民营企业举步维艰。要是自己挨家挨户、走街串巷去推销,成本太高,而且销售量很难做大。看着一箱箱的奶粉日积月累,刘华国心急如焚。为了在计划经济体制的夹缝中打开销路,1981年3月,刘华国挎着印有"红军不怕远征难"字样的军用帆布包(里面塞满了奶粉),"单刀赴会"去往河北邯郸,参加全国春季糖酒商品交易会。凭借可靠的产品质量和百折不挠的毅力,最终,他获得了180吨奶粉购销合同。

四、初心:兴厂与富民

刘华国在创业的一开始,就将帮助乡亲们致富奔小康作为自己创办企业的一个目的。他经常说:"兴厂是我的职责,富民也是我的职责,这两样事情任何一样做不好,对我来说都是失职!"在这份职责的引领下,他从创业一开始就把企业的命运和乡亲们的利益紧紧地绑在了一起。

在相桥农村,养羊是当地农民的传统,一只羊每天可以产两三公斤奶,但是一头奶牛的产奶量是一只羊的10~20倍,一个家庭平均养十只羊也抵不过一头奶牛的产奶量,而且牛奶营养价值高,因此更适合乡亲们脱贫致富。不过,由于农民都没有养过奶牛,心里觉得不踏实。再说养羊不费什么事,干完农活回家时顺路拾点青草带回家就可以,而奶牛体积大、食量大,一天吃得比人都多,养起来费事多了。最为重要的是,一只羊不值几个钱(也就一百多元),而一头奶牛却要2 000元钱。当时农民刚刚能吃饱肚子,家里没有多少积蓄,即便有,万一牛生病死了,损失可就大了,农民是负担不起的。

为了解决养奶牛所面临的资金和风险问题,刘国华探索出了一种"厂方贷款,农户养牛;厂户挂钩,以奶还贷"的做法。刘国华争取到世界银

迈向高质量发展
陕西的探索

行 500 万元的扶贫贷款,等贷款到账后,厂里又拿出 250 万元,即一共 750 万元全部"贷"给农民买奶牛用,所有贷款不收一分钱的利息,等奶牛产奶后再用奶来偿还买奶牛的钱。此举使成千上万的农民没花一分钱就成了养奶牛专业户。

在帮助当地农民养奶牛的同时,刘华国还不断地向农民传授养奶牛的方法,包括奶牛吃什么饲料、什么时候喂、什么时候挤奶等,他几乎成了养奶牛的专家,东家西家整天有人叫他去看自家养的奶牛,生怕出什么问题。这种"厂方贷款,农户养牛;厂户挂钩,以奶还贷"的做法,巩固和稳定了企业与奶农之间的供销关系,一方面使企业有了稳定可靠的奶源供应,另一方面使农民有了稳定可靠的收入渠道,双方成为紧密依存的利益共同体。它也标志着银桥乳业已经自我探索和建立起"公司+农户"的农业产业化发展新模式。在 20 世纪 80 年代,这是一条非常具有开创意义和借鉴价值的农村经济发展道路,为当地创造了良好的经济效益和巨大的社会效益。

1999 年,刘华国对公司进行股份制改造,成立了西安银桥股份有限公司,实现了向现代企业制度的重大转变。"一人富,不算富;大家富,才算富。"公司壮大后,刘华国并没有忘记和公司一起走过 20 年风雨的数万户奶农。为了让农户在股份制改造中享受到更大的利益,他大胆地提出"吸纳养牛户为股东,变近万头奶牛为近千万元资本",紧密地将农户和公司关联起来,使昔日的奶农变成了公司的股东。

1999 年,全国人大常委会副委员长蒋正华到银桥乳业视察时,对其艰苦的创业史及依靠科技进步发展奶畜业带领群众脱贫致富的做法给予了充分的肯定,并题词:"发展生产,造福乡里;创造名牌,走向世界。"2000 年,全国人大常委会副委员长许嘉璐到银桥乳业视察工作,并欣然题词:"草水养成庞大身,廿年风雨恰逢春,富民报国拳拳意,十倍银桥关中人。"

五、军人本色与产品品质

刘华国说:"食品安全无小事。因为五年的部队培养和教育,我在企业经营中坚持诚实守信,绝不为一己之利做损害国家和群众的事。当过兵就永远要以军人的标准要求自己,这样才能不辜负党和军队的培养与教育。"

早在创业之初,刘华国就认识到自己所从事的是一个关系到消费者生命健康的"高危行业",他始终以战战兢兢、如履薄冰的心态紧盯着产品的质量,不敢有丝毫的马虎和松懈,生怕一时的闪失给企业带来灭顶之灾。他经常用"奶品就是人品,质量就是生命"这样的话来警示和教育自己的员工,要求他们把产品的质量看得和自己的人品一样重要,目的就是要让大家明白其中的利害和严肃性。他还有一个有关产品质量的公式:$100-1=0$,意思是说,1 000袋奶中,哪怕只有1袋出了问题,在消费者心目中其余的99袋也是不合格的,等于一批奶全废了。他用这个简单的公式和人情常理向职工表明了在质量问题上马虎大意的严重危害。

有一次,正值节假日的销售高峰,液态奶供不应求,公司门口停着一长串等着装货的车,生产线和装卸厂房的工人们都忙得喘不过气来。这时,质检部的人员发现外包装箱子上的标签没有按照标准位置正确粘贴,于是要求生产部马上纠正过来。但生产部却不同意,他们认为这么多车在等着装货,多发一辆车,就多赚一笔钱,为了加快速度,标签随便贴上去就行了,又不是什么大不了的事情,因此拒绝纠正。双方各执一词,互不相让。刘华国得知消息后赶到现场,问明情况后只说了一句话:"销量是钱,质量是命,要钱还是要命,你们自己掂量掂量!"这是对质检人员的坚定支持,生产部明白了老总的意图,赶紧着手予以纠正。

在一般人的眼里,标签贴得不对是件很小的事情,与奶品质量实际上并无直接的关系,大可不必较真。但刘华国可不这么看,他深知人性的弱

点,今天在这个小的地方降低一点标准,明天就会在别的地方以同样的理由再降低标准,这样发展下去,势必酿成大的事故。古人所谓"千里之堤,毁于蚁穴"说的就是这样的道理,所以员工在内心深处必须牢固树立起防微杜渐、警钟长鸣的安全意识和观念。刘华国以其对人性弱点的深刻洞察和斩钉截铁的语言,通过贴标签这样一个小小的事件,让员工们明白了公司制定的质量标准是不得随意改变的,也让他们明白了"质量无小事"这个大道理。

但是,真正使银桥奶成为放心奶,使银桥乳业在"鱼龙混杂"的乳制品行业树立起一面"诚信旗帜"的是其三十多年来在生产管理,尤其是奶源管理上探索并形成的一套严格有效、周密细致的质量监控流程和机制,假冒伪劣牛奶要在这套流程和机制下蒙混过关,可以说是难于上青天。

说到奶源质量问题,不得不提及中国独特而普遍存在的"公司+农户"的农业生产经营模式。早在20世纪90年代,伴随着中国农产品市场经济体制的初步建立,农业产业化经营模式就在农村开始兴起。一些从事农产品加工、运销的企业为了稳定货源,便与从事农产品生产的农户建立稳固的关系,双方逐步联合,形成农工、农商或农工商联合经营的模式,"龙头企业"带动下的"公司+农户"模式在我国开始大规模出现。而在奶业同行中,三鹿集团是最早探索"公司+农户"奶业产业化道路的乳制品加工企业。这种模式,对于公司来说,一方面解决了奶源不足的问题,另一方面解决了发展阶段资金短缺的问题。在这种模式下,公司放弃了自己养奶牛供奶的模式,采取了奶牛租赁、以奶还牛款和优惠价出售以及供给平价饲料给予补贴等形式,达到"奶牛下乡,鲜奶进城"的目的。农户在这种模式下与龙头企业签订购销合同,合同中约定了原奶的收购价格、收购标准、交奶时间等,同时也明确了企业和农户双方的责任与义务,企业严格信守对农户的承诺,解决了农户交奶难的问题,实现了农户就地就业和增收。

第四章
银桥乳业：直面挑战，与时俱进

但是，这种普遍存在的"公司+农户"的生产组织形式中也存在很大的风险。首先，在"公司+农户"的农业产业化经营组织中，公司与农户双方仍保持各自独立的主体地位，农户对公司实际上是一种依附和依赖关系，在市场交易中处于被动地位，因而无法分享加工增值和销售利润，且二者的目标并不一致。其次，由于现实中信息不对称，奶业公司面对众多的农户，对分散的奶业源头进行质量监管和把控的成本很高，在这种情况下，怎样通过制度和管控体系防止农户的道德风险问题非常重要。而对于深深理解奶源是乳制品企业"生命之源"的刘华国来说，怎样解决这种组织形式下的奶源质量问题可谓头等大事。面对成千上万分布在乡村角落的养牛户以及诚信意识较为薄弱、假冒伪劣产品屡禁不止的社会大环境，刘华国殚精竭虑，思考对策。

从2000年开始，银桥乳业坚决废止了过去"分散挤奶，提桶交售"的落后方式，以推行"责任制"和"集中挤奶"为核心措施，在奶源管理上实行"集中饲养、集中挤奶、统一防疫、统一管理"以及"分散饲养、集中挤奶、优质优价、全面服务"相结合的管理模式。在奶农密集区域，采取多种投资方式设置能够集中挤奶的奶站，按照国家对原料奶的卫生要求和乳品标准，给每个奶站配备了专职收购员和化验员，签订了以质量标准为主要内容的经济责任书，实行鲜奶质量"四查承包制"：一是由收购员和化验员在奶站对鲜奶进行第一次检验，可称之为"站检"，既检质量，也进行计量，发现不合格就拒收；二是鲜奶运输车跟车监督员对输入车辆冷藏罐的鲜奶进行第二次检验，可称之为"车检"，如不合格，即拒收退回；三是在生产基地由集团鲜奶收购部门对运输车上的鲜奶进行第三次检验，可称之为"库检"，如发现不合格，同样拒收退回；四是集团检测中心对即将进入生产线的鲜奶进行最后一次检测，可称之为"总检"。

按照这样一个流程，鲜奶从牛肚子里出来就进入一个封闭的通道——

"奶管道",该管道与外部空气完全隔离,直到鲜奶进入生产线。银桥乳业的员工形象地称之为牛奶过着"暗无天日"的生活。检验人员层层把关,凡不符合标准要求的鲜奶,一滴不收,这个"环环相扣,层层把关"的流程和机制有效地防止了劣质奶进入生产线。

奶站是奶源管理的重中之重。目前,银桥乳业共有近千名员工扮演着奶源质量把关人的角色,其中有一半多就常住在各个奶站,两人一组,监督挤奶、计量、检验的全过程,严防掺杂使假。同时,银桥乳业还成立了奶源稽查队,每月不定期对所有奶站进行检查,依据检查结果对有关责任人进行奖罚,对存在的问题限期整改。

为了进一步杜绝奶源质量隐患,银桥乳业通过各种方式引导农民进行集中饲养和规模化养殖,推广托牛所和养牛场。近年来,银桥乳业先后在西安及其周边的渭南、咸阳、铜川、宝鸡等30多个区县建起了60多个奶牛养殖场、100多个奶牛养殖小区和430多个机械化集中挤奶站。奶牛被集中到专门设计的馆舍里,奶农可以把自家的奶牛牵到养殖小区实行寄养,每个小区都配有专门的挤奶站,小区内部统一喂养、统一防疫、统一收购、统一管理。集中养殖不但改善了奶牛生活的卫生环境,提高了鲜奶品质,更重要的是保证了银桥乳业对鲜奶生产全过程的监督和控制,使得奶源管理一直延伸到奶牛的繁殖、饲养、作息和疫病控制等的最前端,标志着银桥乳业的奶源管理更加精细化、人性化。

生产线上的质量管理同样重要,温度控制、管道清洁度、调味添加剂甚至包装方式等都会影响最终产品的质量。刘华国在狠抓奶源管理的同时,对内部质量管理也采取了一系列措施,并严格执行ISO9001、GMP、HACCP和ISO14001标准。银桥乳业先后多次组织干部及员工参加国家、省、市有关部门举办的质量管理学习班和培训班;对一线员工进行上岗培训、操作技能及业务知识培训,并不定期组织干部、员工开展以《食品安全法》和《产品质量法》等为主要内容的岗位练兵及竞赛活动；坚持每月召开两次质量分析例会，参加人员包括车间工艺员、班组长以及总质量师和总经理等。会上，除了交流近期的工作信息，还要检查和处理质量安全事故，分析事故发生的原因，研究促进质量优化的方法，总结质量工作中的得失，并通过表彰质量优胜班组和个人等措施，不断深化"质量第一，永远第一"的观念。

数十年来，刘华国一直把银桥奶的质量看成自己人品的体现，作为一个高度自律、非常在乎自身社会形象的人，他容不得自己的产品有丝毫的瑕疵。他常常说，自己要做放心奶、做良心奶、卖信誉奶、卖责任奶。他是这样说的，也是这样做的，而且一直在努力做得更好。

2008年9月，在北京奥运会带给人们的兴奋和激动之情尚未褪去时，一条爆炸性的新闻迅速传遍全国：中国奶粉第一品牌"三鹿"奶粉被确认掺加毒性物质三聚氰胺，而且已经造成大面积的幼儿中毒事件。在随后展开的突击检查中，伊利、蒙牛、光明等国内乳制品一线品牌竟然都被发现不同程度地存在掺加三聚氰胺的情况，消息传来，一片哗然。"三聚氰胺事件"所引发的"惊风密雨"以戏剧性的方式暴露出中国乳制品行业惊人的黑幕和潜规则。

当人们怀着愤怒和惊惧的心情收看中央媒体的连续报道时，几则关于银桥乳业奶粉的报道带给大家难得的安慰：在从2008年9月13日至2009年2月16日的数十次检测中，银桥乳业2 000多个批次的所有产品，经国家质检机构检测100%合格。这条消息让疑虑重重的消费者内心得到了一次难得的安慰：人间正道和良知依然存在。

2009年，因为诚实守信，刘华国被评为"全国道德模范"。他是全国乳制品行业唯一一个获此殊荣的企业家，银桥奶过硬的品质在"三聚氰胺事件"中经受住了考验。

六、新常态：竞争下的乳业变革

在四十多年的发展历程中，银桥乳业一直立足陕西，建立了西北地区最大的绿色优质奶源基地，公司通过"公司+基地+农户"的农业产业化经营模式，构建了严格的质量标准体系，以过硬的质量和良好的信誉赢得了消费者的信赖。在陕西很多人的记忆中，银桥奶具有独一无二的印记。银桥奶记录和陪伴了一代人的成长，专一的口味、专一的品质成为银桥奶给人们留下的持久记忆。银桥乳业伴随着改革开放的脚步，用自己对质量的执着，在那个社会消费端相对紧缺的年代里，谱写着自己的故事和辉煌。

伴随着21世纪的到来，很多方面都悄然发生着巨变。在市场竞争方面，伴随着我国乳制品行业竞争越来越激烈、市场化程度越来越高，银桥乳业面临外资与内资、全国性品牌与银桥这类区域性品牌之间的竞争。银桥乳业不仅要面对蒙牛、伊利等国内一线乳制品企业的市场竞争，同时也面临雀巢、达能等国际一线乳制品企业对市场的蚕食。在产品品种和品牌方面，各个品牌之间的竞争异常激烈，品种和花样越来越多。

银桥乳业所面临的更大变化是来自消费端的变化。随着消费者收入的提高，其对差异化奶制品的消费诉求在急剧增加，伊利、蒙牛等公司推出的安慕希、特仑苏、纯甄等大单品类奶制品成为市场创收的典型，这些大的品类对银桥乳业的销售产生了很大的冲击。

同时，伴随着互联网信息技术的发展，消费者的购买方式、获取产品信息的渠道也发生着巨大的变化。很多消费者原来在线下购买乳制品，现在越来越多的人开始在网上购买；消费者原来通过电视广告等方式获取产品信息，而现在则主要是通过网络搜索产品并参考评价做出购买决策。尤其近年来电商直播等新销售方式的出现，对于老牌的传统乳制品企业银桥乳业来说更意味着新的挑战和机遇。

面对外部环境的巨大变化,对于在生产环节已做出成绩的银桥乳业来说,只能通过不断创新来积极应对。

七、探索产品创新,持续研发新品类

如今,摆在银桥人面前的是一个多变的世界,消费发生着变化,新的消费群体在成长,信息渠道日益更新,流通业态发生着深刻的变化,竞争手段花样翻新,新产品层出不穷,这些都迫使银桥乳业用创新来应对。

产品创新的第一步是了解消费者的消费痛点,精准分析消费需求。在这方面,银桥乳业做出了聚焦"纯天然、高品质、口感好"消费新趋势的判断,通过细分消费人群,细化消费场景,重点针对高校、社群、企业等潜在客户寻求产品差异化突破。在奶粉的研发方面,优化婴幼儿奶粉的配方,加强有机奶粉、特医食品、成人配方奶粉的研究开发,先后研制和开发出婴幼儿奶粉、中年奶粉、婴儿奶粉、AD钙奶粉、豆奶粉等系列产品。在液态奶方面,相继开发出小白袋纯牛奶、炭烧酸奶、无添加原点牧场高品发酵乳、碧海钻葡萄味牛奶饮品、芝士麦香枕等10款常温奶新品,以及碧海瓶益生菌酸奶、屋顶风味发酵乳等3款低温奶新品,低温奶以"鲜+活"战略,率先实现品牌形象年轻化。同时,银桥乳业根据陕西省政府千亿级奶山羊产业战略,进一步梳理产品品类,细化产品定位,讲好品牌故事,借助西安乃至陕西的区域特色文化符号,设计自有网红爆款产品。

产品创新的第二步是不断提升产品工艺,全面实现从口味到包装的升级迭代,添加特殊成分,强化产品功能。银桥乳业各品类产品的包装设计一改过去蓝红主基调的简朴形式,更加突显年轻化、时尚感和科技感的元素。同时,在生产工艺方面,银桥乳业淘汰低效、落后、高耗能的生产设备,选用世界一流的高速、全自动、低耗能的先进加工设备。为了实现产

品工艺的不断创新，银桥乳业内部成立了企业科研创新技术中心，并明确规定中心年度科研经费支出占集团收入的4%以上。

产品创新的第三步是挖掘核心人才。人才是创新的根基，银桥乳业积极实施人才战略并不断加大与各类科研院所的合作，与北京大学、中国农业大学、西安交通大学、西北农林科技大学等国内多所知名大专院校及科研单位进行战略合作，依托现代生物工程技术，开发高科技含量的乳制品。

八、探索管理创新，持续提升组织能力

在企业管理中，不管是遇到瓶颈问题还是发展问题，终归都要追溯到人的问题。如何面对外部的市场变化打造出一套科学而又可持续的企业文化与核算机制，真正激活全员上下同欲？银桥乳业自2018年开始在公司引入阿米巴经营模式。阿米巴经营模式产生于日本京瓷公司。京瓷公司创始人稻盛和夫在企业管理过程中觉得凭借一个人的力量无法顾及企业生产经营的各个环节，于是将企业划分为一个个小的组织，每个组织就像一家独立的企业那样独立进行业务核算，同时每个组织都具有领导和管理权，这就形成了所谓的阿米巴经营模式。企业通过阿米巴经营模式来统一经营理念，强调利润，激发员工积极性，让全员关注企业的利润与发展。

推行阿米巴经营模式的第一步，是银桥乳业内部通过反复宣导及培训，让大家明白阿米巴经营模式的基本构成和巨大作用，将银桥乳业全员参与阿米巴经营模式的思想首先统一起来。通过对全体员工进行阿米巴经营模式的培训，使得公司各级人员清楚地认识到银桥乳业的阿米巴经营模式是什么，每个个体应怎样做，以及个体通过努力工作可以得到什么。在具体执行方面，银桥乳业非常重视内部文化宣传，在园区人员流动较大的地方设立宣传牌，向全体员工展示阿米巴经营模式的基本理念、目标以及

企业文化，以增强大家的认识和理解。在公司内部报刊上，定期介绍阿米巴经营模式以及公司经营的进展情况，以便加强基层员工对阿米巴经营模式理论知识的学习和理解，让大家充分了解阿米巴经营规章制度推行的原因和初衷以及所取得的成效，提高员工对阿米巴经营文化的认可度，为公司顺利实施阿米巴经营模式奠定了一定的基础。

第二步，成立银桥乳业阿米巴经营领导小组，统一布局和实施阿米巴经营模式。参考其他公司实施阿米巴经营模式时存在的问题（各阿米巴小组之间为了自身经营指标而相互恶性竞争，一定程度上损害了公司的整体利益，阻碍了公司的长远发展），银桥乳业一开始就设立了阿米巴决策委员会，目的在于协调解决各阿米巴小组之间存在的问题，推倒"部门墙"，将各阿米巴小组的资源整合起来。董事长刘华国亲自担任阿米巴决策委员会的委员长，每个事业部总经理作为一级阿米巴负责人。阿米巴决策委员会每月都会定期组织召开会议，要求各成员现场或者通过电话形式参加，会议主要总结当月重点事项及存在的问题，对阿米巴经营模式推行过程中各阿米巴小组的利益以及公司的整体利益进行分析考量，从而对一些恶意行为进行干预，维护公司的整体利益。阿米巴决策委员会一方面要求各阿米巴小组按会议要求执行，另一方面让员工了解公司的各项政策，并对各阿米巴小组的执行效果进行监督。

第三步，通过对公司组织架构的全面梳理，划分了若干阿米巴小单元，并使其承担起面对客户和消费者、及时传递客户需求和市场变化信息的任务。通过细化绩效指标，增强了个人与组织绩效的关联。银桥乳业内部首先制定公司年度发展目标，并根据年度目标来制定各事业部阿米巴目标，然后在事业部内部层层分解，制定更小的阿米巴目标，直到最后分解为个人的绩效目标。通过这种方式有序地整合各级阿米巴的力量，以共同实现公司的年度发展目标。为了推动目标的达成，公司内部建立了完善的

考核体系，通过对经营业绩、成本控制、营利能力、风险管控等多维度的考核，实施全面绩效考核管理。在具体操作上，实行分类考核和半年考核，强化考核结果的运用；把提质增效作为首要任务，严格成本管控，强化计划和预算的刚性约束。此外，根据阿米巴经营理念，量化分权，独立核算，导入经营会计，每月召开经营业绩分析会，引导全员关注利润和经营，实施精细化预算和费用控制，向每一笔支出要收益，不断总结经营中出现的问题，并加以改进。

为了在公司内部贯彻阿米巴经营理念，银桥乳业不断精细化财务业务，注重财务数据的统计和归集。阿米巴经营模式的核心在于企业员工能够全员参与经营过程，因此员工要实时了解企业的经营情况，并根据实际情况做出相应的调整。银桥乳业在每月月初公布各阿米巴小组以及各事业部的经营业绩，并且通过召开运营分析会，明确公司的整体状况以及今后的前进方向和改进措施，通过这些做法来提高公司内部的道德水准，推进全员参与经营，凝聚全体员工的力量。阿米巴小组通过单位时间附加值来计算业绩。核算出来的数据需要通过快速展现的平台提供给阿米巴小组的相应人员，即要保证数据反馈的及时性（若数据有滞后，就失去了阿米巴核算的意义），而这就需要有效的业务系统支持。目前，公司涉及的业务系统较多，有办公自动化系统、项目管理系统、财务共享系统、客户管理系统、供应链系统等。公司通过对这些系统信息的整合、共享，在系统内部完成业务数据和财务数据的对接，将各阿米巴小组所产生的收入、成本、费用等数据精准地归集到阿米巴决策委员会。此外，公司内部也通过信息平台共享相关月度、年度经营数据指标，以便员工能够及时了解各阿米巴小组的业绩状况。

这一措施在2020年年初国内新冠肺炎疫情最严重期间发挥了显著作用，全体员工面对超市、商店无法开门的困难，纷纷发挥主观能动性，利用微信社群推广销售，结合自己拉货送货的方式，把产品送到消费者手中。各阿米巴小组还开展日常竞赛，明确每个人、每个小组的目标，通过对目标的追寻，激发竞争氛围，也推动小组成员之间互相帮助，共同前进。

九、探索营销创新，开发营销新渠道

俗话说："酒香不怕巷子深"，在20世纪以卖方为主的年代，银桥乳业凭借着良好的品质和口碑获得了广大消费者的青睐。但那个时代已经一去不复返了，随着越来越多产品和服务的出现以及人们消费观念的转变，市场已经从卖方市场向买方市场过渡，企业之间的竞争越来越激烈，在这样的环境下，企业对营销的创新显得尤为重要。

尤其伴随着信息技术革命带来的变化，传统媒体的时间和空间限制被破除。品牌营销不再局限于广播、电视、报纸、杂志等传统形式。以抖音、快手这类社交化和互动性媒体为代表的媒体形式逐渐产生并趋于成熟化。在这种情况下，新媒体营销渠道在整个营销变革和创新中显得越来越重要。银桥乳业为紧跟市场发展新趋势、新需求，于2016年成立银桥乳业集团电商运营部，专门负责新媒体的营销创新。

银桥乳业集团电商运营部自成立以来，已经和淘宝、京东、苏宁等大平台以及30余个省内外线上中小社群供销平台建立了稳固的合作关系。银桥乳业液态奶在淘宝店铺上每月的平均成交量已经超过50万单，在京东店铺每月的平均成交量超过30万单。银桥乳业奶粉在淘宝店铺上每月的平均成交量已经超过1.5万单，在京东店铺每月的平均成交量超过2万单。同时，在这些电商平台上购买奶制品的消费者的年龄结构也悄然发生了变化，已经由过去的以中青年群体为主开始向青少年以及老年群体渗透。

乳品行业面临高端化、营养化、健康化、便利化的消费升级需求,并且越来越多消费者开始选择直接搜索品牌来购买,国产乳品品牌搜索量持续攀升。银桥乳业在品牌推广方面把电商作为树品牌的阵地和窗口,做好线上品牌运营,提升品牌影响力,巩固和开拓产品市场。2021年7月,由陕西省商务厅主办,银桥娟姗牛纯牛奶产品亮相淘宝直播间,3秒销售近5万提。作为区域乳企,银桥乳业积极探索电商销售新模式,与天猫、京东等电商平台不断拓宽业务合作新领域,以期进一步满足新经济时代的市场消费新需求,推进企业品牌年轻化。

十、探索总结文化创新,促进银桥乳业高速发展

打造优秀的企业文化是提升企业竞争力的关键,近年来,银桥乳业不断进行文化创新,形成了独具特色的银桥企业文化,并先后获得"企业文化建设先进单位""企业文化创新优秀单位"等诸多荣誉。刘华国从建厂之初就一直在用自己为人处世的原则影响和教育自己的员工,言传身教,诲人不倦,其目的就是要形成优秀的企业文化,靠优秀的企业文化正心树人。

在银桥乳业的文化中,排在第一位的是"产品质量第一"的经营文化。银桥乳业一直秉承"奶品就是人品,质量就是生命"的理念,匠心制造,生产让人民群众满意、放心的高品质乳品。四十余年来,银桥乳业一直把产品质量当作头等大事,以认真负责的态度保证产品的品质。在银桥乳业所有员工的心中都有一个关于质量的恒等式:$100-1=0$,只要有一件产品达不到要求,那结果就是全部不合格。这个公式就是银桥乳业的产品标准,而这个标准的内涵就是两个字:质量。产量是钱,而质量是命。只有把产品质量当作企业的生命,企业才能走得长远。

其二是永无止境的学习文化。企业之间的竞争,归根到底是知识和人

才的竞争，在企业建设和发展的过程中，银桥乳业坚持引进与培养并举，非常重视企业员工的学习。2016年，银桥乳业在集团内部成立了银桥商学院，刘华国亲自担任商学院院长，期望以此将银桥乳业打造成一个学习型的组织。银桥商学院采用全员联动的学习方式，通过实施"公司+部门"两级培训责任制和"五级三项制"培训机制，使培训活动覆盖每位员工。

其三是独特的党建文化。刘华国作为一名退伍军人，在部队的参军经历让他深刻认识到党的工作优势在企业发展中的重要性。银桥乳业在1986年就成立了党总支，2001年经西安市临潼区委批准成立党委——临潼区第一个非公企业党委。银桥乳业按照"围绕发展抓党建，抓好党建促发展"的思路，不断增强党组织的创造力、凝聚力和战斗力，不断通过党的工作优势将整个产业链上的各个利益相关者关联起来，通过将党建工作与带领群众脱贫致富相结合、与解决复转军人再就业相结合、与企业生产经营相结合、与解决员工实际困难相结合、与企业文化建设相结合、与履行社会责任相结合，使党建工作成为银桥乳业健康可持续发展以及实现"百亿企业、百年银桥"企业愿景的"红色引擎"。2016年3月，银桥乳业党委被中共陕西省委组织部授予"五星级非公企业党组织"称号。

十一、持续奋进的银桥乳业

今天的银桥乳业已经从初期的单一奶粉生产企业发展成为拥有"秦俑"牌奶粉8个系列56个品种、"银桥"牌液态奶5个系列40个品种的国家重点龙头企业，日处理鲜牛乳的生产能力近千吨。银桥乳业先后引进瑞典利乐、美国国际纸业、德国海思亚、法国佰利等世界一流的生产设备，正在利用西安得天独厚的地理优势广交国际朋友，利用国家对西部地区的诸多政策倾斜机会，谋划和探索与国际乳制品企业进行高层次的合作，探

索自己的国际化发展之路。

银桥,一座为人类幸福提供安全营养乳制品的健康之桥,一座带领千家万户奔向全面小康社会的致富之桥,其建造者正沿着他们的梦想之桥不断前行。

第二节　守正创新,推动乳业高质量发展

刘华国[①]

银桥乳业自 1978 年成立以来,紧抓改革开放的历史机遇,与祖国共命运,和时代同发展,从小到大、由弱变强,成为国家重点龙头企业,承载着振兴民族乳业的时代重托。银桥乳业的发展,得益于好时代、好政策。

1978 年秋从部队退伍回到家乡之后,我发现依靠畜牧业养殖,农民可以增收致富,但受制于地区级的糖烟酒公司只有一家乳品厂,农民卖奶困难;此外,作为一名退役军人,我的心里也有一个创业梦。

与所有创业者一样,万事开头难,第一步是最难走的。我和几位战友把自己的转业费全部凑到一块,又借了一些,从 2 000 元起家,开始创办这家企业。那时,银桥乳业的资产就是五口铁锅、十间瓦房,完全是从无到有。

改革开放打开了一片广阔的天地,作为企业家,我们赶上了最好的时代,唯有前进才能更好地发展。作为在改革开放中成长起来的民族乳企,银桥乳业从一家炼乳作坊成长为中国乳业领军品牌,抓住了改革开放的机遇;从高速增长到高质量发展,顺应了时代发展的航向。

乳业是与农业现代化和国民体质提升紧密相关的产业,从规模体量的

[①] 刘华国,西安银桥乳业集团董事长,北京大学光华管理学院 EMBA 校友。

提升到迈向高质量发展、从粗放式增长到供给侧结构性改革，乳品企业成为反映改革开放四十余年来发展的生动案例。

四十余年一路走来，我们一直在改变，但也有很多东西从未改变。这其中最重要的就是企业的文化内核和底层逻辑始终不变。质量是品牌的生命，食品行业是良心行业，乳品质量是消费者认可品牌的根本，我们提出"奶品就是人品，质量就是生命"的生产经营理念，把产品质量和诚信当成企业的立足之本。

"三聚氰胺事件"可以说是对国产奶的一次重创。银桥乳业在这场考验中交出了100%合格、100%放心的答卷，赢得了消费者和市场的信赖。这是一个不断积累的过程，既要有高标准，又要每一步都脚踏实地。

后来，党和国家出台了一系列的办法，包括最严格的检测、最严格的准入，等等，中国奶业转型升级加快，在奶业升级建设、基础装备、企业管理、质量安全等方面取得了长足的进步，产业素质明显提升，竞争力不断加强，赢得了市场，赢得了消费者的认可，让中国乳业重拾信任。

2017年，习近平总书记指出："让祖国的下一代喝上好奶粉，我一直很重视！我国是乳业生产和消费大国，要下决心把乳业做强做优，生产出让人民群众满意、放心的高品质乳业产品，打造出具有国际竞争力的乳业产业，培育出具有世界知名度的乳业品牌。"

如何提振消费信心，振兴民族乳业，是行业近十年来面临的最大挑战，其关键还是在于练好内功。只有创新，才能把产品做到最好、把质量做到最优，才能赢得消费者的认可。

银桥乳业能够发展到现在，不断进行产品创新是关键。银桥乳业成立四十余年来持续进行检测和研发投入，建成国家级检测和研发中心，以"健康中国"为目标，以产品升级为主线，坚持为消费者提供更高品质、更具创新、更富营养的乳制品。

银桥乳业围绕消费需求开展创新研发，通过对市场需求的精准把握，为消费者提供更个性化、多元化的乳制品。例如，将牛奶与红枣、核桃、黑谷等营养健康产品相结合推出风味牛奶，系列产品二十多年来在陕西市场始终处于领先地位。

乳业同时也是涵盖农牧业、制造业、服务业的民生产业，产业链覆盖奶牛养殖、乳制品加工、物流仓储、终端销售等关键环节，具有跨度大、链条长、一体化程度要求高等特点。

奶源基地是乳制品企业的"第一生产车间"。作为中国乳业的领军企业之一，银桥乳业始终坚持从源头抓起，持续夯实品质根基。银桥乳业以"种好草、养好牛、产好奶"为目标，不断优化质量管理体系建设和工艺技术改造升级，大力推进优质奶源基地建设。

2020年，银桥乳业顺利通过BRC、IFS"双认证"，证明我们的食品安全标准达到了世界一流水平。同年9月，银桥乳业荣幸地当选为第十四届全国运动会乳制品独家供应商。

面对传统路径依赖、机制活力不足、市场竞争不强等问题，银桥乳业引入阿米巴经营模式和理念并与五位一体（产、供、销、研、运）的管理机制融合促进，坚定市场导向，加强精细化管理，提升产业链、供应链的稳定性和竞争力，坚持创新驱动，坚持需求拉动，坚持融通发展，坚持重点突破。

银桥乳业一方面优化结构和布局，建立科学规范、协同高效的企业治理体系，行业领先、追求卓越的质量管理体系，先进适用、规范可控的设备管理体系，智慧引领、富有活力的创新驱动体系；另一方面强化降本和增效，致力于采购降本、资产盘活降本、设备改造降本与管理效能降本，建立起一套行之有效的长效机制，使企业发展得更有质量、更富效益、更具可持续性。

随着消费者更加习惯于在手机等移动端进行消费，以及大数据、物联网、冷链技术的发展，生鲜电商、社区零售等消费渠道发展步入快车道。银桥乳业以消费者为核心，打通线上线下交易，驱动品牌线上线下私域业务增长。通过精益营销，贯穿高低线城市需求，通过外部资源引入及内部资源整合，打造数字化新零售模式，关注并满足消费者的需求新体验。

虽然在发展过程中，中国乳业遭受过一些挫折，但在国家各部委、各级政府和全行业的共同努力下，乳品已成为最安全的食品之一，消费者信心进一步增强，整个行业可以说达到了历史最高水平。因此，我们就更有义务和责任去用更优质、更健康的产品满足更多消费者的需求。

从大背景来看，基于国内外环境发生的显著变化，国家提出推动形成以国内大循环为主体、国内国际双循环相互促进的新发展格局，这为乳业的下一步发展提供了方向指引，中国乳业也将进入向高质量迈进的关键阶段。

而随着人民生活水平的提高和消费升级，中国乳业具有极为广阔的发展空间。新冠肺炎疫情的出现使得大家对健康的意识有了非常大的提升，乳制品的消费量明显增加，消费人群也逐步扩展到全年龄段。

新的经济格局要求企业以更具洞察力的研判和更具执行力的作风拥抱新变革，奋进新时代。银桥乳业将深入贯彻中央关于提升产业链稳定性和竞争力的部署要求，牢牢把握高质量发展的战略定位，切实肩负起龙头企业的使命，继续加快在全球化和产业链布局、科研技术和品牌形象提升、领域细分、差异化竞争以及产品配方升级等方面的步伐，不断满足人民群众对营养健康和美好生活的向往，为振兴民族奶业贡献力量。

迈向高质量发展
陕西的探索

第三节 与时俱进,勇于创新,不断直面新挑战

姜万军　金　李

银桥乳业自1978年创立以来,四十多年如一日,作为有社会责任感的企业,一直持续提升自身能力,不断突破自我,从一个最初只有"五口铁锅、六亩土地、十间瓦房"的小手工作坊,成长为现在的西北乳业龙头、农业产业化国家重点龙头企业、中国学生饮用奶定点生产企业、中国奶业20强企业联盟和国际乳品联合会成员单位。银桥乳业旗下主导产品先后获得中国名牌产品、中国驰名商标和绿色食品等称号。2014年,银桥乳业入选国家重点扶持的12家婴幼儿奶粉生产企业行列。2020年1月和6月,银桥乳业顺利通过BRC和IFS双认证,意味着其全产业链已经达到国际一流水准。2020年9月,银桥乳业成为第十四届全国运动会乳制品独家供应商。

银桥乳业的主要成功经验包括以下两个方面:

一、持续改进,注重企业自身能力建设,不断突破自身局限

1. 组织建设,不断突破自我,持续提升能力

具体表现在:引进先进技术生产奶粉;"厂方贷款,农户养牛;厂户挂钩,以奶还贷"模式;与香港地区合资,学习对方的先进管理经验;持续完善质量管理体系,实行"分散饲养、集中挤奶、优质优价、全面服务"的奶源管理模式,实行鲜奶质量"四查承包制";从德国、法国、美国、瑞典和丹麦等国引进20多条国际先进的液态奶生产线;股份制改造+境外上市;"三聚氰胺事件"后,紧急投资5 000多万元,对原有检测中心进行全面升级改造,购置多台进口质谱仪、高效液相色谱仪、超高效液相色谱

仪等三聚氰胺检测设备，阪崎氏肠杆菌 PCR 检测仪，多台 FOSS FT120 乳品检测仪，以及抗生素残留检测仪 CHARM-Ⅱ 等先进检测设备，检测中心通过了 CNAS 实验室认可；成立银桥乳业集团电商运营部，开设京东旗舰店、天猫旗舰店等，正式进入电商运营模式。

2. 引入阿米巴经营模式，调动员工积极性

面对企业成本不断攀升、生产和销售协同不够、运营能力有待提升的挑战，银桥乳业引入了阿米巴经营模式，希望通过精细化管理理念的引入，建立与市场挂钩的部门核算制度，培育全员的经营意识，形成人人都是经营者、人人都要负责的理念，实现全员参与经营，奖惩分明，提升公司的经营能力和营利能力。银桥乳业根据阿米巴经营理念量化分权，独立核算，导入经营会计，每月召开经营业绩分析会，引导全员关注利润和经营，精细化预算和费用控制，向每一笔支出要收益，不断总结经营问题，并加以改进。银桥乳业还通过建立银桥商学院等多种方式方法持续提升员工能力。

二、关注利益相关者，建设命运共同体

1. 赋能奶农

无论是创立之初还是时至今日，银桥乳业始终不忘"兴企富民"的初心，善待奶农、让利于奶农，构建利益联结机制，与广大奶农结成命运共同体，共担风险、共享成果、共同发展，在使奶农获得稳定而可观收入的同时，也保证了自身能获得稳定的奶源供应。银桥乳业创业初期，农民没有钱买奶牛，刘华国就将世界银行提供的 500 万元扶贫贷款和工厂自有的 250 万元全部免息"贷"给农民买奶牛用，等奶牛产奶后再用奶来偿还买奶牛的钱。银桥乳业在逐渐步入稳定发展的轨道之后，与奶农签订三方《生鲜乳购销合同》，与其形成稳定的购销关系，规范了生鲜乳购销秩序，

保障了乳品质量安全。银桥乳业每月按时向奶农支付奶款，从不拖欠。截至"十三五"时期末，银桥乳业累计向奶农支付鲜奶费40多亿元。在技术方面，银桥乳业定期组织技术管理培训，聘请专家帮助奶农现场解决牧场存在的问题，提升牧场管理水平，通过提质增效，提升牧场的牛奶质量和单产。当国内原料奶出现阶段性过剩时，银桥乳业顶住经营压力，消化过剩原料奶，在保障奶农利益的同时，维护了生鲜乳收购秩序和奶源市场稳定。在银桥乳业的带动下，其周边二十多万农户依靠饲养奶牛走上了致富奔小康的道路。

2. 关注消费者感受

从创业之初，银桥乳业就一直非常重视产品质量，坚持用"奶品就是人品，质量就是生命"的理念来教育自己的员工。在银桥乳业员工的脑海中，关于质量的公式是：$100-1=0$。

面对近年来的消费升级新情况，银桥乳业进一步关注产品差异化、精准化、特色化，在产品创新、产品结构调整上狠下功夫，选择"主力明星产品基业长青+特色创新产品快速突破"的策略，逐步形成多赛道发展格局。

展望未来，面对监管压力强化、国内外巨头竞争、年轻一代消费者偏好改变等问题，银桥乳业仍然需要持续创新，凝聚各利益相关方的力量，不断突破自我。

"百年银桥"任重道远。

第五章
石羊集团：秦商精神的坚守者

第一节　扎根黄土地，"石羊"重塑新时代秦商精神

武亚军　葛明磊*

陕西，古称"秦"，位于中国西北腹地、神州大地心脏——"中国的西部，西部的东部"，铁路大动脉陇海线横穿其中，是"新亚欧大陆桥"亚洲段的中心和进入中国大西北的"门户"，也是中国经纬度基准点大地原点（咸阳市泾阳县永乐镇）和北京时间国家授时中心所在地（渭南市蒲城县）。

这里是中华民族光辉灿烂文明的发祥地，是中国农业生产开发最早的地区之一。80万年前的远古时期，蓝田人就生活在这片土地上。

这里是中国历史上多个朝代的政治、经济、文化中心，从西周到唐朝有数个王朝在此建都，延续千年；这里是中华民族历史文明最早走向世界的地方，也是近代中国革命的"摇篮"。

这里有气势磅礴、纵横捭阖的黄河。《汉书·沟洫志》将黄河尊为百川之首："中国川源以百数，莫著于四渎，而黄河为宗。"黄河与黄土地、黄帝、黄皮肤以及传说中的"几"字形中国龙构成了中华民族形象的表征，孕育了中华民族与华夏文明生生不息、勇往直前的气魄与生命力。

在黄河环抱、广袤绵延的渭北高原上，蒲城犹如一颗璀璨的明珠镶嵌

---

* 武亚军，北京大学光华管理学院副教授；葛明磊，北京大学光华思想力项目博士后。

其上，洛河水穿流而过。蒲城也是著名的将相故里，孕育了清代名相王鼎和近代爱国将领杨虎城。本篇案例的主角——石羊集团即诞生于此。

"石羊"二字的诞生有个传说：石羊是一个村名，村东面有一条洛河，在远古时期，洛河的河水经常泛滥，淹没良田村庄，祸及周边百姓。探究原因，原来河水往往在夜间暴涨，乃水中妖怪所致。为保沿岸百姓平安，玉皇大帝派遣天庭兵将下凡降妖，并嘱咐他们天亮前必须返回，否则将永留凡间。天兵天将奉旨下界来到洛河岸边，与水中妖怪展开鏖战，最终将其降伏。此时"雄鸡一唱天下白"，身负重伤的天庭兵将也因体力不支，未能按时返回，于是便落地为石，化石为羊。自此，洛河两岸风调雨顺，五谷丰登，百姓得以安居乐业。

这些"石羊"静静地屹立在乡野田陌，历经风雨冲刷、岁月洗礼仍亘古不变，矢志不渝地护佑着洛河两岸的百姓。石羊村也因此得名，至今还有一座石羊庙矗立在村中，当地百姓逢年过节都会到那里上香、许愿，祈祷国泰民安、风调雨顺。

斗转星移，岁月变迁，转眼到了1992年，以魏存成为代表的一群年轻人，深为"石羊"护佑百姓的传说所打动，为了实现乡村富强和振兴，让百姓过上好日子，在这里开启了石羊集团创业的第一步……

石羊集团诞生于此，坚持专业、专注、领先的发展战略定位，以科技领先、品质领先、效率领先、文化领先为企业目标深耕农业现代化。三十年如一日，石羊人牢记使命、不忘初心、不断学习、开拓创新，打造阳光企业，履行社会责任，实现了包容性发展，并从这里一步步走向全国，走向世界。

石羊集团创始人魏存成1979年参军，1984年转业回乡，1992年创建石羊集团，历时三十年，坚守安全食品领域，带动两万多农户养殖脱贫。

1992—2002年这十年，石羊集团主要在进行规模化扩展。石羊集团陆续在陕西、甘肃、山西等省内外地区投资建设饲料公司。2000年10月，集团总部迁至西安，实现了决策中心由县城向省会中心城市的转移。2003—2013年这十年，集团全面拓展产业链，将产业链从源头延展至终端，进而成为陕西省内重点关注的农业产业化龙头企业之一。石羊与国内外知名企业、高等院校、科研院所等合作，前端发展种猪育种，后端发展屠宰加工，逐步建立起了完善的食品全产业链。2014年至今，石羊集团专注于由大农业向大食品转型，将食品安全放在首位，打造从农场到餐桌的安全食品产业模式。根据发展现状和长远战略，石羊集团建立"大食品"发展战略，致力于从产品经营到全产业链经营再到品质、品牌经营的全面转型。

如今，在魏存成的带领下，石羊集团2019年实现销售收入87亿元，纳税2.16亿元，其主要产品和品牌包括"石羊"安心肉、"石羊"饲料、"长安花"菜籽油、"邦淇"食用油，实现压榨油料（油菜籽、大豆）150万吨，生产、销售食用油40万吨，生产加工饲料100万吨，规划建设500万头生猪"云养殖"体系（种猪育种、生猪养殖、猪肉销售），建立以陕西为核心并向全国辐射的战略布局。历经三十年风雨，目前的石羊集团拥有员工4 170余人、子（分）公司51家，先后荣获"农业产业化国家重点龙头企业""中国食用油加工企业50强""全国饲料企业30强""全国守合同重信用企业"、陕西AAA级纳税单位、博士后创新基地等荣誉称号，并三度被陕西省委、省政府评为"优秀民营企业"。石羊商标荣获"中国驰名商标"，"邦淇"牌系列食用油被授予全国"放心粮油"称号，"邦淇"牌食用油、"石羊"牌饲料双双获评"陕西名牌产品"。

企业是由成员个体组成的，做企业如做人一般。石羊集团的发展历程充分展示了古老中华文明沐浴下的民族企业的优秀品质：低调务实，扎实做事；格局高远，产业报国；坚持主航道，信守承诺；不断学习，开拓进

迈向高质量发展
陕西的探索

取……在当下中美趋向于"脱钩"、新冠肺炎疫情蔓延、世界局势持续动荡不安的形势下，这些品质充满正能量，更显可贵。

一、经营篇："一壶油，一块肉，一辈子"

始终把"一壶油，一块肉"的品质作为永续发展的基石，以"提供绿色产品，共创美好生活"为使命，用一辈子来做好绿色、生态食品，是魏存成为石羊集团确定的长远目标，也是保证食品从源头到餐桌安全可靠的企业良心。这构成了石羊集团经营篇的主要内容。

1. 深耕主航道，高质量发展

自 2014 年起，针对产品业务，石羊集团提出了独特而内涵丰富的"四个一工程"——一米宽，一千米深，一万米深，十万米深。他们把做产品比喻为打井而不是挖沟，要以十倍的力量做一件产品。于是，便有了"一米宽（井口）"理论：井口开在尖刀产品上，而追求井深万米。这反映了石羊集团长期坚守主营产品业务、深耕主航道以获取高质量发展的经营理念和做法。正如魏存成所言："怎么才能实现高质量？必须专业专注，才能实现。要走高质量发展道路，必须深耕你这个行业。"而深耕主航道、高质量发展，也正是国内外许许多多优秀企业的通用做法。

将"主航道"一词用于经营的说法源自华为，华为的业务聚焦就是要聚焦主航道。任正非在 2012 年于三亚召开的华为终端战略务虚会上讲道：什么叫主航道？世界上每个东西都有正态分布，我们只做正态分布中间那一段，别的都不做了，即使那个地方很赚钱我们也不做……我们就在主航道、主潮流上走，有流量就有胜利的机会。

对任何企业来讲，资源都是有限的。因此，企业可以多元化，但长期发展更需要聚焦主业。石羊集团经营战略的指导思想就是，聚焦主航道，有所为有所不为，做自己最擅长的事。许多人、许多企业最常犯的错误之一恰恰是分散注意力，没有把自己的精力集中在一个战略机会点上。华为的聚焦，就是建立在独到眼光上的阶段性聚焦，踩对步点，在正确的时间集中精力做正确的事。

有所为有所不为，集中精力打歼灭战，是管理上成熟的开始。可选择的机会很多，知道有所为不难，清楚有所不为却不易，这意味着必须抵制诱惑，始终以提升企业核心竞争力为根本原则。只有敢于放弃，才会有清晰的战略；有了战略集中，才会有聚焦，才会有竞争力。而石羊集团追求"万米深"——"断"（独立），"舍"（卖掉），"离"（砍掉），正体现了壮士断腕、抵制诱惑的果决，其根本目的就是集中注意力和战略资源。所以才有了"一万米深"——专、精、深，有了深度思考下的总结、反省与改进。

任何一家企业的资源都很有限，战略竞争的力量不应消耗在非战略机会点上，在确定了最核心、最主要的战略方向之后，就要把所有的精兵强将、资源集中起来，饱和攻击，聚焦在一点上，先在这一点上取得突破。这样才能有"十万米深"——把一个产品做到第一，你就是第一的公司，"一金胜百银"。

2014年，华为就提出要把握客户真正需求、坚持主航道的"针尖战略"。针尖战略源于物理学上的压强原理，即在同样作用力的情况下，面积越小，压强越大。任正非曾说，水和空气是世界上最温柔的东西，但火箭升空却是靠空气推动的。火箭燃烧后高速运动的气体通过一个叫拉瓦尔喷管的小孔扩散出来形成气流就能产生巨大的推力，可以把人送上太空；涓涓细流一旦在高压下从一个小孔中喷出来，就可以用来切割钢板。一家企业，无论再怎么伟大，也不是"全能神"。若不收窄作用面，压强就不会增大，就不可能有所突破。产品序列过多，盲目铺摊子，战线过长，就很容易造成品牌不聚焦，服务成本过高，很难形成拳头优势。这就是华为坚持"力出一孔"战略原则的道理。

或许，石羊集团并没有刻意对标华为的主航道（或针尖）战略，但其理念和实践却与华为殊途同归——收窄战略面，集中自己的优势资源，实现重点突破，打造自己的产品或服务，形成在某个领域内的核心竞争优势，抢占战略制高点。

2. 做大做强产业链，促进产业链一体化协同

在国家宏观层面，以习近平同志为核心的党中央已把满足国内需求作为发展的出发点和落脚点，加快构建完整的内需体系，逐步形成以国内大循环为主体、国内国际双循环相互促进的新发展格局。在产业层面意指构建产业生态与一体化价值链。在微观企业层面，同样要构建自己的产业链协同体系，培育新形势下的新竞争优势。

产业链是产业经济学中的概念，是各个产业部门之间基于一定的技术经济特性，并依据特定的逻辑关系和时空布局客观形成的链条式关联关系形态。作为农业产业化国家重点龙头企业、农业农村部产业融合示范企业，石羊集团数十年间始终坚持做大做强产业链与打造核心竞争力的战略主导逻辑。实际上，企业追求产业链整合（或一体化）是对产业链进行调整和协同的过程，有利于提高经营效率，降低成本，实现规模经济，提升行业影响力和市场控制力，提高整个产业链的运作效能，最终提升企业竞争优势。

石羊集团的产业链一体化进程分为四个阶段：①1992年，魏存成开办了石羊油脂厂，这是石羊集团产业链综合利用式发展的起点。②成立油脂厂之后不久，魏存成就发现油脂的副产品很多，其中菜粕、豆粕等是饲料的主要原料，于是就开办了饲料加工厂，变废为宝，将油脂厂的余料转化为饲料加工厂的输入，这是石羊集团全产业链发展的又一步。③在学习了美国先进全产业链发展的经验后，魏存成为了使饲料产业得到长期可持续发展，决定从源头上解决问题，进军养殖业。于是，石羊集团和世界上具

有领先地位的猪育种公司英国 PIC 合作，建立了种猪养殖场。④2008 年，魏存成敏锐地察觉到陕西肉类市场的巨大需求，在发展养殖业务的基础上，将建立肉类加工厂的想法付诸实践，向产业链下游食品加工领域进军。

实际上，石羊集团从创建之初就把产业链上的规模扩张置于重要的战略位置。从开始选择油脂行业，到进入饲料行业，再到后来进入畜牧养殖行业等，都是因地制宜，向上下游产业链延伸，发展产业链协同优势，做大做强全产业链，实施一体化集成经营，这样既能实现规模优势，又能实现协同效应。围绕农业产业链，石羊集团在不同环节构建起不同类型的竞争优势及其关键控制点：

（1）主营业务领域，形成了"油脂—饲料加工—畜牧养殖—食品加工"的纵向一体化产业板块，实现内部资源共享与充分利用。油脂是饲料的上游，因为油脂可成为饲料的添加剂。菜粕、豆粕是油籽提取食用油后得到的一种副产品，作为一种高蛋白质，是制作畜、禽、水产等动物饲料的主要原料。以石羊集团下辖农科板块为例，其已逐步形成了以饲料为基础，以（猪）养殖为当前核心，以肉食品加工为未来方向的战略思路。魏存成说："希望整个产业的布局能够给消费者带来一块放心肉，这块肉的来历我们能够讲得很清楚，因为这背后有一个全产业链的故事。"

（2）构建协同优势，融合产业链上下游的资源和力量。魏存成认为，石羊集团的一大优势是将整个产业链打通，对产品品质与产业底层逻辑具有深入的理解。石羊集团的上下游产业彼此关联，风险共担。例如，当油脂价格跌落时，油籽榨取的副产品菜（豆）粕的价格会降低，而菜（豆）粕是饲料加工的原材料，这样饲料生产的成本降低，饲料反而可能会实现盈利。这意味着石羊集团的"造血"功能并不集中在某一个点上，而是分布在整条产业链上。在这个链条上的各个环节互相帮扶，互相支撑，相辅相成。由此，石羊集团的油脂生产从1992年起步，十多年间增长了100倍，饲料产量在1994年起步时仅为3万吨，十多年间增长了近30倍。石羊集团进入畜牧养殖业也带动了饲料产业的发展，并且为养殖户提供了优质、放心的种苗（猪）资源，提高了企业价值链上的竞争力，同时也有效化解了经营风险。

3. 开放布局，跨国整合优质资源

在寻找和整合优质资源方面，石羊集团不仅立足于国内，还积极向海外扩展。而这主要体现在发展油脂原材料供应上，例如长安花粮油股份有限公司不仅在陕西、青海、甘肃等高海拔地区建起了百万亩油菜籽种植基地，而且已在"一带一路"沿线国家和地区展开布局。

长安花高原小粒菜籽油原料种植基地位于青海门源，面积接近100万亩。门源的黑土地是天然适合小油菜生产的理想地带，土壤肥沃，有适于油菜生长的冷凉湿润的气候条件，现已建成"绿色农业示范基地""农业农村部油菜万亩高产示范区"。

青海门源风景秀丽，拥有被誉为"全球最美花海"的纯生态自然环境，每年吸引大量游客前来观光。门源北倚祁连山，南临巍峨起伏的达坂山，地势西北高、东南低，南北高、中间低，形成气候湿润、水量充足的门源盆地，地形复杂，平均海拔2 866米。未来，门源有可能成为石羊集团产业生态观光的重要一环。

海外方面，石羊集团着力打造哈萨克斯坦和乌克兰的油菜籽供应基地，以获取高于国内品质的原材料，以此高质量产品的生产服务于国内市场。魏存成认为，石羊集团虽然深耕传统产业，但也必须要有全球化的视野和思维。选择海外供应的原因在于哈萨克斯坦和乌克兰等国地广人稀，土地适合种植油菜等油脂原材料作物，与国内相比其产量可观且"物美价廉"。

4. 稳扎稳打，步步为营，稳健发展

在如今严峻的内外部环境与商业形势下，多数企业认为活下去远比发展更重要。实际上，造成企业短命的原因有很多——过度多元化经营、资金链断裂、行业风口剧变、核心团队流失、缺乏长期规划……诸如此类的问题皆有可能成为组织溃散的推手，但寻根究底，缺少长期导向的战略定力与专注度、易受短期利益所诱惑是众多企业衰落的共性原因。

近年来，国家鼓励"双创"，一时掀起一股创业风潮，互联网风口说甚嚣尘上，商界普遍存在浮躁倾向，似乎每个人、每个组织都能成为那只"风口上会飞的猪"。这给创业者及企业家们带来了机遇和鼓舞，但同时也带来了风险和诱惑。

与许多急于冒进的企业不同，石羊集团在多年的经营发展过程中坚持底线思维，保持了充分的战略定力，保持了持续的稳健发展。随着时间的累积与市场的检验，一方面，历经岁月洗礼的石羊集团始终目标明确、坚定执着、埋头苦干，充分坚持了踏实肯干的精神，滴水穿石，聚沙成塔，以时间换空间，最终脱颖而出。另一方面，魏存成严格把控风险，正如其下属常说的"魏总永远有第二套方案"，在面对关键问题或棘手问题时，"备胎"思维已深入石羊集团管理层的心中。

在上述两方面的作用下，立足于传统行业的石羊集团在三十年风云变幻中，专注于自己的节奏，积少成多，不断积累优势，建立竞争壁垒，逐步形成一、二、三产业有机融合的综合竞争优势。

5. 顺势而为，借势而行，逆势增长

中国人非常强调"势"的作用。势，为历来兵家所重视，有势如破竹之说。在东方话语体系中，"势"一般代指事物产生、变化发展的条件、环境和时机。小米科技创始人雷军说："风来的时候，猪都能飞起来。"要懂得认清形势、选择时机、顺势而为，才能把事情做好。

迈向高质量发展
陕西的探索

老子云:"道生之,德畜之,物形之,势成之。"(《道德经》第五十一章)《孙子兵法》提到,"激水之疾,至于漂石者,势也"。《孙子兵法》中所说的势,是指军事家在战争中通过主观能动性造成的一种不可阻挡、威猛无比的态势,是一种力量的积聚与爆发。形成势后,就可以事半功倍地达到目的,因此《孙子兵法》中亦有"故善战者,求之于势,不责于人,故能择人而任势"的说法。

在企业界,无势者需造势。无力造势者需顺势、借势,即便不能造势,也要善于借势,利用当时的有利形势,选择合适的人来达成目标。而做到这些的前提是必须先了解形势。正如魏存成常常强调的:"我们遇到了好时代!"在他看来,改革开放几十年来,人口众多、幅员辽阔的中国遍布"政策红利"和"市场机会"。基于大历史视角,目前的国内营商环境也是最好的,因而"要相信国家,把握当下的有利形势,使石羊集团沿着正确的方向坚定不移地走下去"。

势有辩证转化的特征。老子云:"反者道之动。"(《道德经》第四十章)重视并善于利用势,劣势可以变为优势;忽视势的作用,优势则可能变为劣势;在低谷期,也可能是"蓄势"的好时机。

2001年中国加入世界贸易组织,为中国企业带来了新的契机。石羊集团借势进击,产值大增,市场需求暴涨;2004年,石羊集团加大了原材料大豆期货的交易量,不曾想自己在期货交易市场上亏损巨大,将企业推向生死困境。后来在政府、银行帮助以及自身努力下,石羊集团才艰难地转危为安。经历了企业发展的巨大沉浮后,魏存成坚信:"向好处想,向好处做,就会有好的结果。"事后总结与反思,魏存成认为:石羊集团对国际市场规律和市场的本质不够了解,缺乏对新形势的正确认识和应对;现有人员的知识结构已滞后于市场环境,唯有在思想认识上通过学习重新加以武装,方能适应新形势,于是便有了此后二十多年的"学习型石羊"。

苦难中飞出火凤凰。在2020年新冠肺炎疫情和非洲猪瘟双重冲击下，石羊集团借助民生行业加快复工复产和众多小厂商被淘汰的时机，在整体环境不利的情况下反而异军突起，逆势上扬，实现了产值和产品质量的双重升级。

二、管理篇："让生活更美好，让人生更精彩"

卓越的经营离不开坚实、科学、高效的管理，没有优秀的管理，经营便无从谈起。"让生活更美好，让人生更精彩"是石羊的梦想，也是塑造其软实力的思想基础。

1. 催人奋发的石羊梦想

石羊的梦想用一句话来概括，即"让生活更美好，让人生更精彩"。这一梦想的提出不仅对企业大有裨益，更兼顾了员工、客户和社会等多方利益相关者。它一方面体现了石羊集团对客户利益的重视，另一方面也能对企业成员起到清晰的目标引领和强有力的鼓舞激励作用。更重要的是，石羊集团的梦想并非仅仅停留在口号上，而是落到实处，在各个层面都提出了具体的愿景与目标。

社会方面：为社会提供安全、健康、便捷的产品和服务，提升大众生活品质；解决1万人以上的就业问题，促进社会稳定；每年创造5 000万元以上的税收，促进当地经济发展；每年带动5万以上的农民致富，促进三农经济发展；利用企业资源，推动陕西当地食品、农牧行业的发展；通过石羊爱心基金，每年组织2次以上的公益慈善活动；为贫困地区的中小学捐赠5栋以上的石羊集团教学楼；每年组织到3所以上的大学开展免费专题讲座，辅导大学生职业规划。

客户方面：为客户提供优质的产品和服务，帮助客户盈利；每年为客户提供5 000万元以上的低息贷款或信用担保，免费为客户提供3～5次业

务知识培训;为客户提供有效的解决方案及激励模式,与客户共同成长;建立完善的客服体系,及时解决客户的问题;每年对优质客户进行表彰奖励,兑现返利;每年慰问10个以上的客户家庭,为客户子女创造就业机会;结合上下游资源,为客户创造更大的价值。

企业方面:成为中国500强企业和受人尊敬的知名企业;每年产生5亿元以上的净利润,企业综合实力进一步增强;企业进入上市程序,品牌和社会影响力大幅提升;吸引更多的尖端人才加盟,打造一流的人才队伍;成为行业领头羊,引领行业发展;走出国门,实现跨国经营;互联网与传统业务融合发展,企业竞争力增强;拥有上亿的家庭消费"粉丝",销售网络遍布全国。

员工方面:为员工提供稳定的事业平台和广阔的发展空间;帮助员工实现梦想,成就自我;让员工安居乐业、家庭幸福;为员工提供完善的社保及福利,保障员工收入逐年增长;每年通过爱心基金资助10个以上的贫困员工家庭;建造员工阅读室、健身房,丰富员工业余生活;每年评选优秀员工,进行表彰奖励;建设石羊小区,为员工提供优惠的内部福利住房。

2. 夯实价值观与企业品格基石

企业文化是企业向心力和凝聚力生成的保障,是企业良性发展的助推器和灵魂。历经波折磨砺,在二十余年的践行探索中,魏存成引领石羊人构建了"石羊文化体系",他们以"勇当领头羊"为企业精神,以"爱心、诚信、匠心、创新、品质、效率"为企业的核心价值观。这些企业价值观规范了企业成员的共享观念和行为准则,具体分解如下:

"爱心"是石羊价值观的第一准则。爱心体现责任与担当,是责任、担当、信仰、敬畏、感恩的汇聚。石羊人对待工作、对待同事、对待生态圈的所有人,都应坚持"爱心"这一行为准则。理解石羊的爱心并非字面意义上那样简单，其更深一层的内涵是责任，正如魏存成所言："你如果对企业有爱心，后面一定是责任，对客户、对产品都是一样的。对家庭，对社会，我们都必须负责……"

"诚信"意味着遵守制度、遵守规则，是做人的基本要求，也是人格的体现。石羊人坚守诚信做人的基本准则，以诚信推动企业和社会的发展。魏存成创业时从乡村白手起家，无权贵背景，商海博弈中唯有以诚为本，"不欠人一分钱"，方能立足。

"匠心"就是要对工作、对每一件事都精益求精，追求极致，并要做到细心、用心、虚心、恒心、专注聚焦及踏实执行。

"创新"意味着要经常看到自己的不足，持续不断地学习。石羊人应善于总结自己，在过去成绩的基础上勇于创新、挖掘潜力，不断完善自己、追求卓越。

"品质"意味着要追求质量而非规模，要追求产品品质，给客户带来价值，始终坚持品质第一的理念。

"效率"意味着要体现人均贡献和投资回报率，这是今天企业能够生存下去的根本要求，只有注重效率才能回报员工、社会、国家，才能实现产业报国。

在访谈中，魏存成明确了石羊集团在六大价值观之上要走正道的企业品格——与权力保持距离，不唯官，只唯实；始终围绕消费者需求和国家政策，坚守商业本质。事实上，作为企业的领头人，魏存成洁身自好，以身作则，少社会应酬，守规律作息，常年保持良好的个人生活习惯与简朴的社会交往风格。石羊集团走正道的品格，最终赢得了包括政府、客户、合作伙伴在内的多方的认可和尊重。

3. 产权激励与股份制改造

石羊的梦想与价值观塑造需要坚实的制度机制保驾护航，否则便是形

而上的空中楼阁,难以落地践行。

对此,石羊集团根据不同时期的发展需要,在公司治理方面实施了多轮次产权激励和股份制改造行动,以分享为基础,在中高层队伍中建立事业合伙人理念,激发知识资本和人力资本的创造性、积极性与主动性。通过价值共创、风险共担、收益共享形成命运共同体、事业共同体和利益共同体,使核心人才与石羊集团同呼吸、共命运。这既源自集团高层在北京大学光华管理学院接受专业学习时受到的启发,也是以魏存成为核心的企业领导人追求石羊集团"大事业"和践行"财散人聚,财聚人散"理念的结果。

产权激励与股份制改造是现代企业制度的重要组成部分,科学合理的产权激励能充分激发经营者的能动性,不但使得管理的效率提升,还使得管理的团队更加稳定。石羊集团于1999年进行了第一次股份制改革,对公司中高层管理人员及技术骨干实行股权激励,在接下来的15年间,石羊集团又先后实施了两次股权激励计划。通过多次的产权激励与股份制改造,石羊集团从一家总资产只有几十万元的乡镇企业发展成为销售额达数十亿元的现代化股份制企业。

石羊集团的股份制改造是由于企业发展到一定阶段后遭遇经营瓶颈,其高层基于此谋求改变,以激发管理层及技术骨干的"主人翁"意识,更有效地吸引人才,建立起"利益趋同、风险共担、长期激励、持续创新"的经营治理机制。

1999年,魏存成对石羊集团实施股份制改造和股权激励计划,自然人和其他法人在集团中所占的股份得到了量化。股权激励的对象是在集团中连续工作满3年、工作状态稳定且认同集团企业文化的管理层及技术骨干。他们可以从集团无偿获得公司股票。股份制改革后,石羊集团最大的股东只占到28%的份额,第二股东占10%,第三、第四大股东分别占5%左右,还有剩余十几个股东分别占1%的股份。这样一来，石羊集团就做到了相对控股，避免了因一股独大而易变为家族企业的情况，集团公司的性质也发生了根本的变化，成为一家现代化股份制企业。2000年，石羊集团又对内部法人股进行了分配，比较彻底地明晰了企业产权关系，这为其带来了新的活力，为后续发展铺平了道路。

2006年，石羊集团的股权激励方案再次启动。变化在于，1999年股权激励方案的激励对象均为集团内部人，即当初创办石羊集团的主要发起人及管理人员——他们均来自集团成立的县城；而2006年股权激励方案首次将职业经理人和社会人才吸纳进来，即在集团中连续工作满3年、工作状态稳定且认同集团企业文化的各子公司副总经理、财务经理以上人员以及技术骨干。这就打破了内部人"承包"公司股份的局面，开始吸纳职业经理人和社会精英的加盟，使集团留住了核心管理人员及技术骨干，留住了人才。

2014年的石羊集团第三次股权激励进一步加大了职业经理人和社会精英的引进力度，职业经理人与社会精英的份额占了大部分，优化了公司的股权结构，为上市做好了准备。激励对象是在集团中连续工作满3年、工作状态稳定且认同集团企业文化的各子公司副总经理、财务经理以上人员以及技术骨干。变化在于，激励方案中加盟进来的职业经理人和社会人才的比重明显上升，持股比例占到了总比例的2/3，专业经理人由"高级打工者"变为事业合伙人，利益共享，责任共担。2014年，集团股权在陕西省股权交易中心正式托管，从而使非上市公司的股权交易更加透明、公正、简便、合法。

此外，从2014年开始，石羊集团的各业务板块都开始独立运营。为贯彻"专业、专注、领先"的发展理念，石羊集团首先在治理结构和股权上做了相应调整——高层管理者原则上不允许在不同板块相互持股，石羊集

团各板块负责人的持股集中在本业务领域,此前的合资股权通过相互置换的方式来实现。正如魏存成所言:"必须是专业专注,才能实现高质量……要走高质量发展道路,必须深耕你这个行业!"这也为石羊集团正在推进的上市工作打下了基础。

4. 学习型组织:新观念与知识改变企业面貌

魏存成致力于将石羊集团打造成真正的学习型组织。在石羊集团,学习型组织主要有四重含义:一是"终身学习",即组织中的成员均应养成终身学习的习惯,这样才能形成组织良好的学习氛围,促使其成员在工作中不断学习。二是"全员学习",即企业组织的决策层、管理层、操作层尤其是经营管理决策层都要全身心地投入学习,他们是决定企业发展方向和命运的关键力量,更需要学习。三是"全过程学习",即学习必须贯穿于组织系统运行的整个过程之中,学中干,干中学。四是"团队学习",即不但重视个人学习和个人智力的开发,更强调组织成员的合作学习和群体人力资本的开发。

企业与市场的竞争,实际上是品质与需求的竞争;企业与企业的竞争,实际上是人才的竞争,是学习力的竞争。为适应新形势、获取新知识,从2005年起,魏存成几乎上了北京大学光华管理学院的所有培训课程。石羊集团成立了"战略委员会",经该委员会决策,集团制定学习报销制度,员工外出学习深造,拿到毕业证者可全部报销学费。从2006年起,集团每年投入200多万元,组织高层和各级员工到各院校攻读MBA及EMBA学位。

魏存成尤其善于从历史中学习,将从历史中汲取的知识、思想和智慧融于企业形势研判及经营管理中。"你永远要知道这个时代在向哪里走,这个世界的经济在向哪里发展,我们的行业处于哪个阶段,正在向哪个阶段变化,我们的客户、员工都有什么需求。"此外,石羊集团的企业商学院和企业大学也已启动，为学习型组织提供了重要的组织载体。

5. 战略性人才管理

企业经营发展到一定阶段时，人才瓶颈便会愈加凸显。优秀的企业离不开高水平的人力资源管理，在这方面，石羊集团自然不甘落后。"石羊班"、跨区域高端人才引进、全面有效的激励体系与有竞争力的薪酬等构成了石羊集团的人力资源竞争力。

人才队伍建设方面，石羊集团将外部引进与自主培养相结合，选择行业中最好的人才来匹配发展需求。石羊集团一方面选择有潜力的大学生自行前置培养，另一方面通过各种方式引进经验丰富的高端人才。

外部引进方面，石羊集团并未局限于陕西一隅，而是开放吸纳来自五湖四海的人才，实现了人才全国化吸纳。除了高待遇，石羊集团之所以能吸引到大量高端人才，主要是因为可以实实在在地为员工提供施展才华、实现抱负的工作机会、事业平台和国际水准的技术研发条件。但石羊集团所处行业的高端人才非常稀缺，供不应求，甚至是可遇而不可求，而且也存在与石羊集团文化价值观是否融合等现实问题。基于此，石羊集团人才引进的重点是年轻高潜人才的招募与自主培养，这方面的代表工程是"先下手为强"的"石羊班"。

人才培养方面，从2009年开始，石羊集团与西北农林科技大学、山西农业大学、杨凌职业技术学院等高校相关专业开展校企合作，开办"石羊班"。石羊班的学生从大一入校就进入石羊集团的人才培养序列。与高校相对宽泛的专业教学不同，"石羊班"的教学范围十分聚焦，只专门针对石羊养猪业务对学生开展定制化培训教学。集团在入学开班时进行宣讲，由学生自主选择报名。为避免教材过时、知识更新不足的问题，"石羊班"40%以上的课程由石羊集团资深专家教授，囊括了最新的知识技术和企业生产一线的经验。在学生选拔方面，为了使其能更好地适应养猪场的工

作,"石羊班"更倾向于招募吃苦耐劳、胸怀大志的贫困家庭的学生。

人才激励方面,石羊集团在职业通道、薪酬待遇、精神激励等方面进行了综合设计。职业通道方面,石羊集团力求让员工清晰地识别自己在企业中的成长路径,建立了专业技术序列和行政管理序列的双通道,同时增加职级层次,让员工每年都有新变化。对于表现优异的员工,石羊集团按专业职能分别授予富有特色的荣誉称号,例如针对财务系统的是"金尊羊",针对市场部门的是"开拓羊",针对进步显著的新晋厂长和新员工的是"飞跃羊",针对研发科技攻关人员的则是"创新羊"等。

魏存成提倡企业分享制,"企业能不能发展,核心就在于能不能分享",他希望大家都能共享企业发展的红利。实际上,在20世纪90年代,石羊集团就已完成了公司治理层面的股权分配与激励改革,并在后续发展过程中不断完善相应的产权激励制度,稳定了高层和中层管理队伍。此外,石羊集团整体上崇尚业绩文化,提供公平、公正、公开的事业平台,只要员工业绩突出,就能得到相应的晋升和成长。

6. 战略性企业社会责任

石羊集团是企业社会责任虔诚而坚定的践行者,它一方面参与了不少传统社会公益活动,另一方面也积极开展与企业业务相关的战略性社会责任活动。实际上,魏存成饮水思源,怀着造福家乡的初心,将社会责任管理融入石羊集团的基本业务活动中,并将其提升至战略性企业社会责任的高度。

与传统的企业社会责任相比,战略性企业社会责任是主动的战略性行为,其将社会问题纳入企业的主营业务和内在核心价值中,创造企业和社会的共享性价值,在社会问题得以解决的同时获取可持续竞争优势,使企业更大程度地融入社会。石羊集团既从业务本身强化为社会提供绿色产品的理念,也在发展合作农户的过程中帮助弱势群体脱贫致富。

自 1993 年起，心怀感恩的魏存成便不间断地奉献他的爱心，包括参与汶川抗震救灾、修建希望小学、向社会各界进行爱心捐资等。2012 年，魏存成发起成立"石羊爱心基金"，每年带头进行爱心捐赠，专资扶弱扶贫。

2015 年，魏存成在蒲城县罕井镇拜访了农户李明才。李明才的父母年迈，且都患有慢性老年疾病，无法从事日常劳作。李明才的孩子都没有长大成人，一个上高中，一个读初中。由于上有老，下有小，都需要他照顾，因此他无法外出务工，全家仅靠几亩薄田维持生计。魏存成建议他靠养殖业脱贫，将他纳入"公司+家庭农场"合作体系，集团修整养殖场地，提供鸡苗和疫苗、饲料，待鸡长成后，统一收购。养殖第一年，李明才家就收益 2 万余元。

在魏存成的带领下，石羊集团推广"公司+家庭农场""公司+基地+贫困户""公司+党支部+贫困户"的合作模式，受益农户达 2 万家左右。这些合作模式既拓展了农户的养殖范围，促进其增收，又确保了企业绿色、安全食品的源头供给。魏存成说："我们是从农村成长起来的企业，产业也跟三农有关，所以尽管我的个人素质、商业眼界都不如其他人，但我们愿意努力，愿意奉献自己最大的力量。"

7."领头羊"的领导力：宅心仁厚，融创实干

石羊集团之所以能取得今天的成就，既是全体石羊人奋斗的结果，也是魏存成卓越领导力的体现，中国由此多了一家由优秀领导人掌舵的优秀企业。实际上，无论是石羊集团的经营还是管理，都离不开创始人魏存成不遗余力的塑造。他对工作严格要求，真抓实干，对待下属却十分宽容，敦厚仁爱。

初访魏存成，只见身材高大的他身着朴素的衣衫，脚蹬平底布鞋，神态自然，目光如炬，平易近人。言谈间透露出朴实平和、谦逊实在，却又不失坚毅与笃定。

魏存成生于陕西蒲城乡村，父母因受"文革"冲击，政治地位低下。在这种环境下，魏存成的父母并未就此沉沦，而是放平心态，并教育他"吃亏是福"，他也由此形成了低调务实、大度宽容的风格。在人际交往中，魏存成"厚"以待人，他认为"你感觉对这个人是公平的，基本上这个人就会感到吃亏"。"你啥时候认为自己吃亏了，别人才认为是公平的。永远抱着这种心态，才能把事情处理好。""宝剑锋从磨砺出"，魏存成坚信经受苦难必有后福，因果轮回，时来运转，对未来始终怀有美好的憧憬和希冀。年轻时在部队的经历也赋予了魏存成干练的气质、吃苦耐劳的精神和雷厉风行的行事风格，这些都为他的事业成功奠定了精神基石。

1984年12月初，刚从部队复员回来的魏存成提着简单的行李站在家乡蒲城县东陈镇的街头，他怀着满腔热血回归故土，向往着带领乡亲们脱贫致富……改革开放初期，分田到户，村民有了些余粮，可依旧贫困。1986年，魏存成向战友、朋友、亲戚们筹借4 000元，在东陈村投建了预制厂。此后，他又用预制厂积攒下来的资金投建了纸箱厂，带动周边100多户村民一起务工，好让他们有笔额外的收入，有个逐步致富的营生。这一年他25岁，成了村民心目中致富的榜样。此后，便有了石羊集团的故事——历时30载，魏存成将石羊集团这一民营乡镇企业带进"中国农业产业化龙头企业500强"行列，带动2万多家农户养殖脱贫，带动企业向社会公益捐款捐物2 000余万元。他自己也曾任陕西省九届、十届、十二届、十三届人大代表，先后被授予"全国乡镇企业家""全国粮油创业企业家""全国优秀企业家""改革开放40周年中国食品工业功勋企业家""三秦企业文化领军人物""陕西经济推动力创业人物""陕西省2006年度十大经济新锐人物""陕西省劳动模范""陕西省优秀创业企业家""西安市优秀民营企业家"和"全球秦商杰出人物"等荣誉称号。

三、未来篇：勇毅精进，拓展石羊人的永续事业与梦想

现在的世界，正处在一个快速变化的时代。一方面，不确定、不连续、断层、动荡等都是这个时代的新特征，它让我们不能再用过去的思维来推演未来。实际上，2019年以来的中美贸易摩擦以及新冠肺炎疫情等更是起到了推波助澜的作用。这种趋向恶化的国际环境让中国企业面临巨大的挑战，"活下来"成为第一战略，"适应"成为"硬战略"。另一方面，随着中美对抗形势加剧和逆全球化倾向，中国适时地提出加强独立自主与实现国内国际双循环的战略指导思想：这是中国和平崛起与民族复兴的新时代，它需要中国人民和企业家们埋头苦干加巧干，以迎接这世界百年未有之大变局下的新机遇。

1. 培养永续不断的石羊"创二代"

在魏存成等第一代石羊人多年来的不懈努力下，石羊集团有了今日之成绩。但创业不易，守业更难。

"创二代"一般代指改革开放后第一代创业家的后代，他们秉承企业家精神，或者创造性地继承家族事业，或者完全独立创业。石羊集团的未来不仅要靠规范的企业制度与流程，还必须保持企业家精神，培养"创二代"，大力选拔和培养青年创业与经营管理人才。

青年是整个社会中最积极、最有生气的力量，国家的希望在青年，民族的未来在青年。青春理想，青春活力，青春奋斗，是中国力量、中国精神的重要体现。习近平总书记曾站在国家角度分别从理想、奋斗、创造等方面对青年提出了期望和要求："中国梦是全国各族人民的共同理想，也是青年一代应该牢固树立的远大理想。中国特色社会主义是我们党带领人民历经千辛万苦找到的实现中国梦的正确道路，也是广大青年应该牢固确立的人生信念。""广大青年要充分展现自己的抱负和激情，胸怀理想、锤炼

品格，脚踏实地、艰苦奋斗，不断书写奉献青春的时代篇章。""要充分发挥青年的创造精神，勇于开拓实践，勇于探索真理。养成了历史思维、辩证思维、系统思维、创新思维的习惯，终身受用。"而当代青年人也不曾辜负党和国家领导人的期望。2020年3月15日，习近平总书记在给北京大学援鄂医疗队全体"90后"党员的回信中说："在新冠肺炎疫情防控斗争中，你们青年人同在一线英勇奋战的广大疫情防控人员一道，不畏艰险、冲锋在前、舍生忘死，彰显了青春的蓬勃力量，交出了合格答卷。"

人们常说，"创业容易守业难"。对石羊集团而言，培养和选拔具有"创二代"精神的优秀年轻人才是一件事关企业未来的大事。第一代石羊人面对的创业环境是巨大的市场空白，政策环境宽松，他们的成功依靠的是勤奋、魄力和战略眼光，再加上一些时运。而"创二代"面对的环境并非如此，行业不断走向成熟，没有那么多的机会可以浪费，消费者的基本需求已得到满足，传统市场趋于饱和，这就对年轻的二代石羊人提出了更高的要求，需要他们开拓新市场，发掘新机遇。因此，在人才发展与人才梯队建设方面，石羊集团必须加大对"创二代"高潜青年干部人才和专家人才培养的针对性投入。"创二代"必须胸怀大志，具备十足的饥饿感、危机感与使命感，继续发扬上一代石羊人的创业精神。

2. 以上市促升级：农科板块的规范与发展

上市对于企业的持续发展具有重要意义，可借力资本市场实现凤凰涅槃。石羊集团主营的农科业务板块开启上市准备是其发展史上的里程碑，也是其高质量发展的新起点，是以上市促升级的重要发展契机。

首先，通过上市，石羊集团的农科板块可以获得直接融资渠道，通过资本市场获得更多的低成本资金，加大技术研发投入和扩张力度，为企业谋取更大的发展空间。其次，随着农科板块的上市，石羊集团就会变成受社会关注的公众上市公司，接受证券监管当局严格的监管，这就会促使其进一步加强合规建设，优化公司治理机制和内控体系，有助于建立完善、规范的治理结构和经营管理体制，不断提高运营质量，促进管理升级与服务变革。再次，公开上市可以提升石羊集团的品牌形象、公信力和知名度，间接提高其市场地位，扩大市场销量，提升业务扩张能力。最后，上市公司的股票期权计划或其他内部配股方案对管理层及员工具有极大的吸引力，有利于进一步吸纳、留住优秀人才，产生更强的长期激励效应。

此外，石羊集团农科板块上市后，需要警惕股权稀释与控制权减弱的风险，而这取决于石羊集团领导层的决策权力观和经营控制力。实际上，在中国资本市场上，股价异常波动和企业被敌意收购的风险也时有发生，石羊集团领导层需要学习上市后企业抗击资本市场暗流的经验，保持农业产业化企业的稳定持续经营。

3. 长安花的梦想：战略定位、市场拓展与品牌升级

魏存成说："我们一定要做出中国第一品牌的产品，这是我们的目标！"这充分显示了石羊集团的品牌"野心"与"饥饿感"。

石羊集团的品牌战略主要针对长安花菜籽油系列产品。其品牌拥有者长安花粮油公司拥有丰富的专业制油经验，与石羊集团同龄同步，位列中国食用油加工企业50强，是中国菜籽油加工10强企业。长安花粮油公司在陕西渭南自建工厂，目前有5条灌装生产线、1条450吨的精炼生产线，是陕西最大的食用油生产加工基地。

从客户价值来看，长安花的品牌价值主要体现为三个方面：① 更香浓。其菜籽源自高原地带，那里日照足，昼夜温差大，油菜籽生长期长，所以积累了更多的风味物质，榨出的油更香。② 更纯净。高原地带远离工业污染，水质纯净，空气清新，土壤无农残，这些条件令高原小粒菜籽油更安全、更纯净。③ 更稀缺。高原小粒油菜籽是一种只生长在高原地区的原生油菜籽品种，能适应苛刻而艰苦的生长环境，但产量低，出油率低，

因而更稀缺。在这方面，高端产品的定位可以更好地体现其社会价值。此外，长安花还携手阿里集团建成了全国第一个油品领域的食品安全和品质可追溯系统，也是西北地区唯一一个通过绿色食品认证的食用油品牌。

相较于地处江浙与大湾区等南方地区的企业，北方地区的企业所面对的市场环境发育得更迟缓，在营销方面相对迟钝，缺少南方市场与地域文化的活跃度和开放度。虽然"酒香不怕巷子深"，但主动走出深巷是不是能更上一层楼呢？

长安花并非被动等待，而是努力在品牌宣传上积极主动，目前主要是通过央视报道、长安花品牌体验官走进青海门源、终端陈列宣传、全国百城万店活动、"长安花开香飘万家"系列路演等传统促销方式进行品牌宣传和市场推广，以实现对全国市场的营销覆盖。在未来发展中，长安花在利用新媒体和移动互联网赋能线上营销方面仍有极大的潜力。而从根本上，长安花品牌要基于自身的文化优势，进一步挖掘其历史文化底蕴和品牌价值，以此作为宣传营销的内容重点，实现中国菜籽油第一品牌的目标定位。

4. 迎接时代新技术的挑战：数字化赋能产业，深研产业新技术

当下的中国，物联网、大数据、云计算、人工智能、区块链、工业4.0、智能制造、工业互联网等新概念层出不穷，新一代的信息技术与实体经济和制造业的融合已成为大势所趋。

从需求端来说，过去工业企业更多的是基于相对确定的大规模标准化需求来实现低成本、高效率，而如今是数字化转型2.0时代，企业面对的往往是不确定的个性化、碎片化的需求，它需要新的交付与供应体系，同时需要企业在顾客价值、产品/服务、商业模式、组织等方面进行全方位的创新。

石羊集团在企业文化体系中提出了"三大思维"的理念——数字思维：拿数字说话；成果思维：以成果为导向；内向思维：一切问题找内因。这无疑是与数字化转型的核心思想相契合的。鉴于石羊集团已打通了"油脂加工—饲料—畜牧养殖—食品加工"的一体化全产业链，通过数字化对企业全产业链进一步赋能是其更需要关注的议题。对于某一家工业企业而言，要真正实现内部的集成是困难的，能够将产品设计、工艺设计以及生产制造、生产过程控制、产品测试、产品维护等所有环节都打通的企业极为有限。石羊这样的全产业链企业集团，可致力于设计良好的业务界面，在"数据+算法"定义的世界中，以数据的自由流动和智能模拟来化解复杂一体化产业系统的不确定性，对外部的环境变化做出响应和前瞻性预测，提高全产业链条的协同性与资源配置效率。

如果说数字化转型1.0是基于传统的IT（信息技术）架构和桌面端，那么数字化转型2.0则是基于以边缘计算、云计算、移动端为代表的技术升级。由此，石羊集团不仅要实现业务数据化，还要关注数据的业务化，构建一个快速适应客户需求与市场变化的数字化业务管理系统。更进一步来看，石羊集团可通过数字化赋能推动建构更宏大的生态系统，由点到线，由线到面，由面到体，最终构建企业自身的生态竞争优势。具体地，以"云养殖"为例，运用互联网和信息化手段，从养殖、屠宰、加工到消费终端推行"五位一体"（政府、企业、农业合作组织、金融机构、消费者一体）和"八统一"（种苗、设备、疫苗兽药、信息资源、技术指导、金融支持、优质饲料和产品回购统一）的全产业链发展模式，用大数据进行管理，将现代化的信息技术植入养殖的各个环节中，实现全程可追溯的系统的科学管理体系。在整个体系中植入物联网的相关技术，减少对人的依赖，提升养殖的生产效率和技术水平。

5. 挖掘中华文化潜力，重塑新秦商精神

党的十九大提出了习近平新时代中国特色社会主义思想，它是马克思主义中国化的最新成果。在新时代，中国社会的主要矛盾已经转化为人民日益增长的美好生活需要和不平衡不充分的发展之间的矛盾。以创新、绿色、共享、开放驱动的经济高质量发展就是解决这一基本矛盾的战略要求。今天的中国，无疑比历史上任何时期都更接近、更有信心和能力实现中华民族伟大复兴的目标。但是，"中华民族伟大复兴，绝不是轻轻松松、敲锣打鼓就能实现的"，它要靠一大批政治家、思想家、企业家和人民群众的艰苦努力与奋斗。

学界也倡议：中国已经发展到今天，解构"西方中心论"和"欧美中心论"的意义重大，我们需要以中国人的眼光和话语来观察及评述自己的国家与外部世界，不但要立足传统中国的文化与历史去理解当前的中国发展模式与道路选择，更要实现话语范式的转变，向世界讲述"中国故事"。因此，建构一个全面的、透彻的、基于中国文化传统的国家话语体系至关重要。

陕西地处黄土高原，又曾是十三朝文明古都，它孕育了明清陕西商人以"忠"为核心价值、以"道"为经营理念、以"勇"为行为特色的精神架构。在中国特色社会主义新时代，弘扬新秦商精神，对于促进陕西乃至全国的经济社会发展具有重要意义。在上述背景下，石羊集团所展现出的陕西文化和秦商群体的特殊精神风貌，将构成提升中国文化和中国企业软实力的重要一环。

2018年5月召开的第九届全球秦商大会将新时代下的秦商精神确定为"厚德重道、勇毅精进、融创实干、义利报国"16字，受到了业界的广泛认可。具体来说，包括以下内容：

（1）"厚德重道"是秦商精神的文化根脉。"厚德载物"是中国传统文化中的宝贵精神遗产，也是秦商精神的集中体现。"聚财有道"是按照商业规则、遵循经营之道取得财富。秦商在中国商业史上第一个提出"贾道"的概念，将"德"和"道"注入商业文化，具有做人做事的道德底线、经商准则，以及遵纪守法、依法经营的法治理念，是新时代秦商"不忘初心、牢记使命"所坚守的文化自信。

（2）"勇毅精进"是秦商精神的商道之魂。"勇"是不畏艰难，"毅"是不屈不挠，"精"为精益求精，"进"为敢为人先。这些都集中体现了秦商在商业活动中的开拓精神、创造精神和经营理念。秦商以持之以恒、艰苦奋斗、自强不息、抢抓机遇、精明强干的精神面貌开创和成就了千年商贸伟业，展现了新时代秦商坚忍不拔、百折不挠、追求卓越、迈向成功的聚力法宝。

（3）"融创实干"是秦商精神的发展基因。"融创"为融合包容、创新创造，"实干"乃务实勤勉。陕西是丝绸之路的起点，秦商继承了和平合作、开放包容、互学互鉴、互利共赢的丝路精神，秉承了陕西人特有的诚实朴实、踏实实在的性格特点，恪守了天道酬勤、脚踏实地、实干专注的人生态度，奠定了新时代秦商实业兴邦的发展基因。

（4）"义利报国"是秦商精神的核心价值。"义利"为大义明理，以义博利，秦商始终追求以商兴国、以商护国的家国情怀。"报国"为报效国家，造福桑梓。这是秦商的担当与责任意识和公益奉献精神的体现，反映出形成于秦地的"关学"中"为天地立心，为生民立命"的精髓，弘扬了新时代的秦商精神以及以商报国、恋乡感恩的核心价值观。

广大秦商是陕西乃至全国的宝贵资源和财富，新时代呼唤新秦商精神，新秦商造福华夏大地。新秦商已进入一个快速发展的大好时期，有望

在三秦土地乃至全国、全球舞台上创造出更大的辉煌。我们相信,以魏存成为代表的新秦商企业家,在传统产业稳健发展与有机融合的基础上,会继续秉持专注、开放的精神,恪守正道,回溯历史,前瞻未来,融汇中西,勇毅精进,融创实干,创造中国企业和中华民族更辉煌的未来!

第二节 以战略创新弘扬新时代的秦商精神

魏存成[*]

石羊集团自1992年创建以来,历时30年的艰苦创业、奋力成长,从小到大、从弱到强,目前拥有51家子(分)公司、4170余名员工,先后入选"中国食用油加工企业50强""全国饲料企业30强",荣获"农业产业化国家重点龙头企业""全国守合同重信用企业"、陕西省博士后创新基地等荣誉称号,并三度被陕西省委、省政府评为"优秀民营企业"。我本人也被评为"全国优秀企业家""全国劳动模范"。

回顾30年的风雨征程,如果说石羊集团取得了一些成绩,我认为主要得益于改革开放的好政策、好时代,得益于集团在区域化布局、产业链扩展、品牌化提升等方面的持续战略创新。

在区域化布局上,石羊集团总部由蒲城迁至西安,陆续在陕西、甘肃、山西等省内外地区投资建设生产基地和分支机构,初步实现了以陕西为核心并向全国辐射的战略布局。

在产业链扩展上,石羊集团实施"大食品"发展战略,致力于从产品经营到全产业链经营,将产业链从源头延展至终端。石羊集团与国内外知名企业、高等院校、科研院所合作,前端发展种猪育种,后端发展屠宰加

---

[*] 魏存成,石羊集团股份有限公司董事长,北京大学光华管理学院EMBA校友。

工，逐步建立起了从农场到餐桌的安全食品全产业链。

在品牌化提升上，石羊集团根据发展现状和长远战略，推动品牌经营的全面转型，形成了"石羊"安心肉、"石羊"饲料、"长安花"菜籽油、"邦淇"食用油等知名品牌，石羊商标荣获"中国驰名商标"，"邦淇"牌系列食用油被授予全国"放心粮油"称号，"邦淇"牌食用油、"石羊"牌饲料双双荣获"陕西名牌产品"称号。

在上述三方面的战略引领下，立足于传统行业的石羊集团在30年的风云变幻中保持了充分的战略定力，实现了持续稳健发展。

石羊集团以战略创新引领企业发展，得益于"厚德重道、勇毅精进、融创实干、义利报国"的秦商精神。

"厚德重道"让石羊人具有做人做事的道德底线、经商准则和遵纪守法、依法经营的法治理念，始终低调务实，扎实做事；"勇毅精进"让石羊人不畏艰难、不屈不挠、精益求精、敢为人先，始终艰苦奋斗、自强不息；"融创实干"让石羊人融合包容、互学互鉴、互利共赢、务实勤勉，始终脚踏实地、实干专注；"义利报国"让石羊人大义明理、以义博利、以商兴国、造福桑梓，始终勇于担当、感恩社会。

在看到显著成绩的同时，我始终清醒地认识到，无论是与世界"四大粮商"等跨国公司相比，还是与国内新希望等优秀民营企业相比，石羊集团都还存在产业层次偏低、整体实力偏弱、科技创新不足、新动能培育成长不快、人才要素制约突出、市场竞争力有待提升等短板和弱项。因此，石羊集团将深入汲取秦商的宝贵资源和财富，弘扬新时代的秦商精神，在"十四五"乃至更长时期内，在社会主义现代化新征程中，持续推动战略创新，在三秦土地乃至全国、全球舞台上奋力谱写新时代追赶超越新篇章。

第三节 弘扬新时代秦商精神的"石羊样板"

赵守国*

新时代开启新征程,新时代呼唤新秦商精神。石羊集团30年的发展历程生动诠释了新时代秦商精神,成为陕西乃至全国、全球秦商的优秀代表。

新时代的秦商精神集中体现在"**厚德重道、勇毅精进、融创实干、义利报国**"16字4个方面,石羊集团将其深深融入企业文化、战略创新、经营管理、回报社会的实践中,构建了管用的"石羊文化体系"和"勇当领头羊"的企业精神以及以"爱心、诚信、匠心、创新、品质、效率"为内容的企业核心价值观。

"**厚德重道**"**是秦商精神的文化根脉**。石羊集团深入挖掘和传承这一中国传统文化中的宝贵精神遗产,把"德"和"道"创造性地转化为商业文化,形成了做人做事的道德底线、经商准则以及遵纪守法、依法经营的法治理念。石羊集团以"让生活更美好,让人生更精彩"为愿景,为社会提供安全、健康、便捷的产品和服务,为客户提供有效的解决方案及激励模式,为员工提供稳定的事业平台和广阔的发展空间,以优秀企业文化形成企业的向心力和凝聚力。

"**勇毅精进**"**是秦商精神的商道之魂**。石羊集团一直倡导要经常看到自身的不足,要持续不断地学习,要发扬"争当领头羊"的开拓精神,这些为人处世的理念成为新时代石羊人百折不挠、勇于创新、追求卓越、迈向成功的精神法宝。创新是引领高质量发展的第一动力,在战略创新上,

---

* 赵守国,西北大学经济管理学院教授、博士生导师。

石羊集团有所为有所不为，做自己最擅长的事，始终致力于提升企业核心竞争力；在产业创新上，石羊集团从创建之初就把产业链上的规模扩张放到了重要的战略位置上，围绕做大做强全产业链，因地制宜，向上下游产业链延伸，形成了"油脂—饲料加工—畜牧养殖—食品加工"的纵向一体化产业格局；在制度创新上，石羊集团根据不同时期企业发展的需要，在公司治理方面实施了多轮次产权激励和股份制改造行动，以分享为基础，在中高层队伍中打造事业合伙人理念，激发知识资本和人力资本的创造性、积极性和主动性；在管理创新上，石羊集团倡导数字思维，推动数字化转型，通过数字化赋能构建企业自身的生态竞争优势。

"融创实干"是秦商精神的发展基因。石羊集团继承了开放包容、互学互鉴、互利共赢的秦商精神，秉承了陕西人诚实朴实、踏实实在的性格特点，恪守了天道酬勤、脚踏实地、实干专注的人生态度，奠定了新时代秦商实业兴邦的发展基石。石羊集团坚持以开放促发展，不仅立足于国内，还积极向海外扩展，例如，长安花粮油股份有限公司不仅在陕西、青海、甘肃等高海拔地区建立起了百万亩油菜籽种植基地，而且已在"一带一路"沿线国家和地区进行布局，着力打造哈萨克斯坦和乌克兰的油菜籽供应基地。同时，石羊集团保持战略定力，坚持稳扎稳打，在30年的风云变幻中专注于自己的节奏，不断积累优势，实现了持续稳健发展。在处理政商关系时，石羊集团坚持走正道的品格，不唯官，只唯实，最终赢得了包括政府、客户、合作伙伴在内的多方认可和尊重。

"义利报国"是秦商精神的核心价值。石羊集团始终具有报效国家、造福桑梓的家国情怀，形成了"为天地立心，为生民立命"的担当意识和社会责任。石羊集团饮水思源，怀着造福家乡的初心，将社会责任管理融入基本的业务活动中，将其提升至战略性企业社会责任高度，成为企业社会责任虔诚而坚定的践行者。例如，石羊集团推广"公司+家庭农场""公

司+基地+贫困户""公司+党支部+贫困户"的合作模式，受益农户达 2 万家左右。又如，石羊集团在汶川抗震救灾、修建希望小学等公益活动中，积极向社会各界捐资捐物，并发起成立"石羊爱心基金"，每年进行爱心捐赠，专资扶弱扶贫。

站在"两个一百年"奋斗目标的历史交汇点上，当今世界正经历百年未有之大变局，我国发展面临的国内外环境发生了深刻而复杂的变化。我国经济已由高速增长阶段转向高质量发展阶段，人民对美好生活的要求不断提高，广阔的内需市场将继续激发源源不断的创新潜能。面向未来，在我国开启全面建设社会主义现代化国家新征程、进入新发展阶段、加快构建新发展格局中，石羊集团站在了新的历史起点上。

在新征程上弘扬新时代的秦商精神，石羊集团需要适应并主动融入新发展格局，持续推动战略创新；需要克服新冠肺炎疫情影响，适应大食品产业的新变革、新需求、新模式，在产品创新、经营模式变革等领域取得新成果；需要积极探索互联网模式创新，用数字化转型推动经济双循环；需要步入资本市场改革发展新征程，实现实体经济与金融产业的良性互动。可以相信，石羊人完全能够秉承和弘扬新时代的秦商精神，在危机中育新机，于变局中开新局，在新发展格局下体现新担当、实现新作为、创造新辉煌！

第四节 大道至拙，笃行致远

武亚军

一、战略领导力是石羊集团稳健持续发展的根本

石羊集团的稳健发展离不开创始人和董事长魏存成的战略领导力，它主要体现在以下四个方面：

（1）确立了领导人自身宗旨与百年石羊的企业使命。"一壶油，一块

肉,一辈子",这略显笨拙的"三个一",既是魏存成为自己确立的事业承诺,也是石羊集团农业产业化发展的战略初心;它引领石羊集团确立了"提供绿色产品,共创美好生活,引领行业发展,铸造百年品牌"的百年使命,以及"让生活更美好,让人生更精彩"的动人愿景,为企业的长期可持续发展设定了方向和导航仪。

(2)坚持企业产权制度创新。在企业发展过程中与时俱进,先是确立股份制企业制度,然后根据企业发展需要,不断优化产权与股份结构,吸纳外部职业经理人、管理骨干及技术专家获得企业股份进而成为事业合伙人,形成"以人才促进发展、搭建事业合伙人平台"的组织发展目标。

(3)塑造企业文化系统。领导人适时总结提炼并确立了完备的石羊文化体系,包括使命、愿景、核心价值观及企业精神与企业目标等,为石羊集团的长期发展奠定了"文化软实力"基础。

(4)把控企业发展节奏。领导人把稳健发展、走正道作为企业运营与风险控制的基本原则,长期坚持按市场经济原则处理"亲""清"新型政商关系、以产品品质和高效经营获得市场及客户认可,并且根据自身条件坚持稳健扩张,从而朝着长期可持续经营的百年梦想不断前行。

二、基于爱心和诚信的石羊文化助推企业持续创业与创新

石羊集团把"爱心"与"诚信"作为企业核心价值观的前两项,这意味着它除了追求"匠心、创新、品质、效率"等商业价值,更是把"仁"和"信"作为企业长期发展的基石来对待。正像魏存成所说的:"你如果对企业有爱心,后面一定是责任,对客户、对产品都是一样的。对家庭,对社会,我们都必须负责……"实际上,石羊集团的价值观和文化不仅仅是用来说的,更是用来做的,它包括:从不拖欠供应商和员工一分钱;成立员工爱心基金、尽己所能参与社会捐助等公益活动;根据农村实际和农民

家庭情况,开发"公司+家庭农场""公司+基地+贫困户"等扶贫助农新模式,使得周边上万农户受益。可以预见,在企业创业发展的新阶段,如打造长安花顶级菜籽食用油产品和高端品牌的过程中,以爱心和诚信为基础的石羊文化体系定会发挥越来越大的助力作用。

三、"利出一孔:以价值共享让人才生根"是石羊集团持续稳健发展的核心机制

在某种意义上,石羊集团可以被看作一个通过"知识/劳动资本化"而构建利益分享型企业的西部典范。这不仅表现为石羊集团在早期创业阶段吸收内部骨干进行持股的股份制改造,从而形成了现代股份制企业制度,也表现为其利用股权激励在2006年和2014年连续吸引外部精英、职业经理人及公司内部核心岗位员工成为集团的事业合伙人。在近期的公司产权与内部治理调整中,它又优化了主要业务板块的高管持股结构,避免高管业务间的交叉,使得高管激励与其所负责业务板块的长期发展紧密融合。这是石羊集团上市准备期促进业务板块的管理者激励相容的一项重要举措,也是其尝试"利出一孔"激励原则的新体现。对于非持股的内部新进员工来说,石羊集团通过构建学习型组织、员工培训、奖金分享等多种激励方式使其获得精神与能力方面的提升,从而与企业一同成长。事实上,石羊集团愿景中"让生活更美好,让人生更精彩"的后一句,即主要是针对加盟集团的中高级经理人及企业员工而言的。实际上,不管是股份制本身,还是让专业人员和骨干员工成为集团股份持有者,以及培养青年技术人才并使其获得职位上的不断提升,这些都可以看作石羊集团实施的"利出一孔:以价值共享让人才生根"的价值分配与人力资本培育机制。通过这种"利出一孔"机制,石羊集团可以实现人才的"价值创造—价值考核—价值分配"闭合循环链,从而实现其人力资本的稳步成长。

四、"以义率利、大道笃行"是新时代陕西企业稳健可持续发展的法宝

从石羊集团的发展历程和文化体系中可以看出其"义利并重,以义率利"的典型特质,这不仅反映了石羊集团领导人和这家企业的特点,也反映了中国传统儒家文化潜移默化影响下一批优秀陕西企业的文化底色。我认为,这种"认准方向、踏实苦干、坚持不懈、一往无前"的企业"初心"和"匠心"追求,非常值得经济新常态下追求高质量发展的中国企业家学习,它也是中国特色社会主义新时代陕西企业稳健可持续发展的法宝。

五、"融创实干、勇毅精进",新秦商精神将助推中国本土企业走向全世界

在石羊集团的创业发展新阶段,农科业务板块上市和打造"长安花"食用油全国高端品牌成为其高质量发展的战略助推器。这昭示着深耕传统农业产业的陕西本土企业在企业体制优化和经营创新方面有了新追求及新动力,也标志着陕西本土企业在开放和变革包括国际化发展方面达到了一个新的历史高度。在此背景下,"厚德重道、勇毅精进、融创实干、义利报国"的新秦商精神的提出,对大批陕西企业来说可谓是春雨甘霖、适逢其时。我相信,在中国经济转型发展的新阶段,在习近平新时代中国特色社会主义思想的指引下,以石羊集团为代表的陕西本土企业将在新秦商精神的带领下,走遍全中国、走向全世界,迎接2035年中国社会主义现代化的基本实现和2050年中华民族伟大复兴梦想的实现。

第六章
曲江新区：文化产业的探路人

第一节 "曲江模式"：二十余载的探索与持续创新

张国有　姜万军　张闫龙　王　娜*

一、引　子

2020年4月22日，到陕西调研的习近平总书记在夜幕中走进西安曲江新区大唐不夜城步行街。作为西安古城的"新名片"，作为点击量过百亿的网红街区，作为抗疫复工复产和文化旅游行业恢复运行情况的代表，整条街充满生气，获得习近平总书记的认可与称赞。

习近平总书记早在2015年2月就已视察过西安古城墙文化遗址的保护与发展情况；同年5月14日，西安用一场盛唐气派的入城仪式欢迎印度总理莫迪"入城"，习近平在南城墙箭楼迎接莫迪，两国领导人一同观看了仿古实景演出《梦长安》。作为西安重要的文化"会客厅"，古城墙再一次自信地向世界展示以古城西安为代表的中华古丝路文明及其深厚的历史文化底蕴。

西安城墙、大雁塔、大唐不夜城等早已成为西安的典型地标；"城墙新春灯会""西安年·最中国""不倒翁小姐姐""喊泉"等早已成为西安的爆款IP，曲江新区用实际行动将西安打造成"活""火""获"的新型文化旅游城市，瞩目成绩的获得实属不易。不过，曲江新区并没有止步于此，而

---

* 张闫龙，北京大学光华管理学院副教授；王娜，清华大学公共管理学院研究助理。

是致力于推动全国文化旅游发展，焕发中国千年文化新活力，让文化可体验、可触摸、更自信，以昂扬的姿态面向世界。

二、关于曲江新区

曲江新区是陕西省、西安市确立的以文化产业和旅游产业为主导的城市发展新区，是西安建设国际化大都市的重要承载区，是文化部（现文化和旅游部）授予的首批国家级文化产业示范园区、国家5A级景区以及首批国家级文化和科技融合示范基地之一。曲江新区位于闻名世界的古城西安东南部，辐射带动大唐芙蓉园及大唐不夜城步行街、西安城墙景区及大明宫遗址保护区等著名文化景区，核心区面积共51.5平方公里。经过二十余年的发展，曲江新区通过"文化+产业+金融"的"曲江模式"，建成以文化产业和旅游产业为主导的城市发展新区，使文化推动城市建设，使历史融入城市规划，使人民生活贯穿城市发展，形成文化产业全新的发展格局。2012—2020年，曲江文化产业投资（集团）有限公司连续九年荣获"全国文化企业30强"，成为西北地区最核心的文化企业之一。

三、转折中的不断探索和开拓

曲江新区二十余年的发展，是从初生到青年的茁壮成长，也是从无到有、积少成多的发展。《曲江宣言》出台的2002年无疑是曲江新区转折的重要一年。顺应变革时代大势，响应西安市"大遗址的保护和利用"的号召，《曲江宣言》中提出"半年一小变，一年一中变，三年一大变"的奋斗目标。从此，曲江新区率先尝试文化、产业与城市协调发展新路径，推动人文历史与城市规划和建设相融合，从而进入"大平台、全产业"的跨越式发展快车道。

2002—2020年间，曲江新区锐意变革，抓住机遇，拥抱希望，以"三驾马车：文化+产业+金融"模式加速度推进发展，成绩斐然。

二十余载，从大雁塔北广场到大唐芙蓉园，从大唐不夜城到大明宫遗址保护区，再到楼观生态文化旅游区、渼陂湖水系生态文化旅游区等板块；从2002年接待游客300万人次到如今已增长近40倍，包括5个国家级文物保护单位、3个省级文物保护单位、3个国家5A级景区、6个国家4A级景区……曲江新区已成为新时代焕发秦汉唐文化新活力的主阵地，更加自信地走向全国、走向世界。

二十余载，曲江新区逐步完善产业链，形成以重大项目促发展，板块联动的文化、产业与城市有机融合新态势。从大型文化演出《大唐追梦》到百场大型歌舞剧演出；从国内首个城市发展基金（开元城市发展基金）到集投资、担保、产权交易、保险等于一体的完善支持体系的建立；从西安文化科技创业城到曲江创客大街，再到西安中央文化商务区……文化与现代服务业、金融、科技、创新创业及商业等协调发展，曲江新区已成为融合发展的典范，激发了城市活力。

二十余载，曲江新区充分发挥金融"自输血"功能，为推进产业与城市融合的实现打下了坚实的经济基础。其间，依托曲江文化产业投资（集团）有限公司、曲江文化控股有限公司、曲江文化金融控股（集团）有限公司、西安旅游集团、西安演艺集团等市场化平台，曲江新区积极探索文化遗产、文化场馆、文化IP、文化精品、文化与旅游以及文化与科技深度融合发展的路径。

专栏6.1

五大集团

回顾曲江新区过去二十余年的发展，"曲江模式"的形成有赖于文化产业的蓬勃发展。基于以重大项目推动、产业板块带动、文化产业与现代服务业融合发展的思路，曲江新区设立相应的文化产业培育平台，促进文化旅游、影视、演艺、会展、出版传媒等现代服务产业协调发展，抢占现代服务业发展制高点。

在文化旅游方面，"文化+旅游+金融"奠定了曲江新区发展的基本模式。这一融合发展模式的形成过程主要分为两个阶段：① 文化旅游业融合阶段。随着中国经济发展水平的不断提高，人们对旅游景点文化内涵的要求越来越高，对旅游的精神享受也产生了更高的要求。在这种大背景下，2004年7月，西安曲江新区管委会成立独资子公司西安曲江文化旅游（集团）有限公司，充分挖掘陕西省的历史文化内涵，例如，建立了展示盛唐风貌的文化旅游主题公园——大唐芙蓉园景区。由此，文化与旅游产业不断融合发展，形成新的发展业态。② 新型"曲江模式"出现阶段。随着文化和旅游两大产业在广度与深度上进一步融合，项目推出后效果日益凸显，但是对项目投资资金的需求也在急速增加。为此，曲江新区将金融业融入文化旅游发展，支撑项目资金需求。首先，整合形成了大明宫遗址保护区、西安城墙景区、临潼国家旅游休闲度假区等各具特色的板块集群；其次，完善城市文化旅游配套设施，先后建成曲江国际会展中心、曲江国际会议中心、曲江美术馆、西安音乐厅等。

随着"曲江模式"的逐步形成与成功实践，在大集团引领和政策扶持"双轮驱动"下，影视、演艺、会展、出版传媒联动发展，西安曲江影视投资（集团）有限公司、西安曲江文化演出（集团）有限公司以及西安曲江出版传媒投资控股有限公司等企业快速成长。比如，以影视作品为载体，推出广受好评的大型历史连续剧《大秦帝国》四部曲，其中，《大秦帝国之纵横》荣获第27届中国电视金鹰奖优秀电视剧奖和最佳摄像奖；大力升级文化演出，2019年舞剧《梦回大唐》黄金版在大唐芙蓉园景区成功首演，震撼人心；西安演艺集团剧场演出和文化惠民活动实现常态化；曲江出版传媒投资控股有限公司等出版公司市场化运营成效显著。

最终，凭借"曲江模式"的带动效应，曲江新区的发展活力加速释放，文化产业蓬勃发展，公共文化日益繁荣，文化自信持续提升。

迈向高质量发展
陕西的探索

四、"同心圆"的双重价值定位

知道自己从哪里来,才能更清楚要去往哪里。回顾二十余年的发展,曲江新区党工委书记姚立军对曲江新区的定位提出了两大问题:"基于曲江新区深厚的汉唐历史文化,怎样将这些文化遗产同城市发展和人民生活相结合?在项目大规模投资后,又如何变现?"如何让曲江新区能够持续并高速发展,关键就在于坚持"同心圆"双重价值:社会价值+商业价值。而如何兼顾社会价值与商业价值?曲江新区给出的答案是创新发展理念,"让文化活起来,让历史文化变得可触摸"。

然而,曲江新区这一定位的确立并不是一蹴而就的。曲江新区 2002 年计划开展大雁塔北广场项目时,有"动"和"静"两个方案,而造价却相差数倍。当时,曲江新区必须回答眼前的一大问题:"如果选择动态音乐、喷泉'动'起来的方案,则投资金额高达 5 亿元,那么资金从哪里来?"姚立军书记说,最初的选择虽考虑了资金与商业价值,但最主要还是从人民生活的角度出发。自那时起他们便认定所有的建设与发展都是为了人民,"要让西安人民晚上激动得睡不着觉",这就为曲江新区的"社会价值"定位确定了基调。确定了基础方向,才有了现在拥有"亚洲最美喷泉"的大雁塔北广场。实际上,优先选择了社会价值,就自然而然地会产生商业价值。总投资高达 5 亿元的喷泉广场,以传统思维看待,肯定认为是在浪费钱财。但是,曲江新区的决策者认为,大雁塔公共开放空间所体现的浓郁的大唐风韵一定会带来巨大的商业价值。于是,曲江新区在广场周围规划了近 20 万平方米的商业建筑项目,后来,这些商业项目果然取得了良好的经济效益,也整体平衡了整个项目的投资。[①]

[①] 资料来源:曲江新区管委会,《亲历曲江》,内部资料,第 4—5 页。

自此，无论是大雁塔项目、大唐芙蓉园项目还是大唐不夜城项目，兼顾社会价值与商业价值的定位已经逐步明确，这也开创了"曲江模式"的创新发展理念。融资难，则扩张难、可持续发展难，然而，如果商业发展是基于社会主义核心价值观，初心为民，则其商业价值就会不期而至，而商业又会持续助力文化遗址开发。"同心圆"的双重价值定位，是曲江新区蓬勃、高速发展的根基，不忘为人民发展文化的初心，方能砥砺前行、不负使命。

专栏 6.2

曲江新区公共文化空间（大雁塔文化景区、大唐不夜城步行街）

近年来，曲江新区利用文化遗产构建城市公共文化，以标志性文化遗址大雁塔为核心，连接大唐不夜城步行街，形成集文化、商业、旅游于一体的公共文化区及配套服务区。

公共文化区以"盛唐文化"为核心主题。2002 年最先建成的大雁塔北广场景区占地 252 亩，以"九宫格局"为广场布局，南北高差 9 米，分成 9 级，由南向北逐步拾级，凸显出大雁塔的恢宏气势，重现盛唐宏大之势。位于广场核心的亚洲最大的矩阵式八级叠水音乐喷泉充分展示和再现了大唐文化的灿烂与辉煌，与大雁塔作为盛唐遗存的尊贵地位十分相符[①]，由此凸显盛唐"包容开放"的精神。

与大雁塔北广场相呼应，大唐不夜城项目在大雁塔南部与整个南广

---

① 曲江新区管委会，《创造性保护文化遗产 积极构建城市公共文化空间——以曲江新区为例》，https://wenku.baidu.com/view/b5433e80bceb19e8b8f6ba9e.html，访问日期：2022 年 1 月 28 日。

场连为一体，促进了以遗址保护利用为核心的曲江文化景区的整体品质提升。步行街区总占地约1 000亩，南北长1 500米，东西宽480米，分为六个唐风街坊、一条亚洲最大的景观大道、三大主题文化广场、四大文化艺术场馆、八大文化旅游商贸工程。① 这里有年味最浓的"西安年·最中国""现代唐人街"新春文化庙会等文化活动；有"不倒翁小姐姐""敦煌飞天"等文化艺术表演；有富含秦腔粗犷气质的"喊泉"行为艺术；有街边巷口随处可得的文创工艺品与老陕特色美食；有以李世民为主题的盛世文化艺术雕塑；有坐落于此的陕西大剧院上演的自制史诗级歌剧《图兰朵》、曲江艺术博物馆的"奇妙"体验以及西安美术馆与音乐厅的视听盛宴；有在品质书吧与茶吧度过的悠闲的午后时光；有集精品百货、时尚餐厅与大型连锁超市于一体的文化商圈……曲江新区在打造西安旅游"夜游经济"的同时，让文化历史"活起来"，变成可体验、可触摸的东西，极大地增强了游客的"快乐体验"。

基于文化遗址保护，挖掘主题文化内涵，彰显城市鲜明特色，在集聚化与规模化的项目带动中，曲江新区找到了社会价值与商业价值的平衡点。

五、城墙保护：探索创新发展路径

遍地是遗址古迹的三千年古城西安，如何与现代化融合，在新时代焕发新活力？曲江新区党工委书记姚立军认为"探索"和"创新"是推进老

---

① 曲江新区管委会，《创造性保护文化遗产 积极构建城市公共文化空间——以曲江新区为例》，https://wenku.baidu.com/view/b5433e80bceb19e8b8f6ba9e.html，访问日期：2022年1月28日。

城与新城积极联动的内在精神动力，因此使曲江新区走出了一条大遗址保护与城市建设、民生建设和谐共生的新路径。

2014年，西安城墙·南门历史文化景区正式向市民开放，并被国家住建部誉为"全国历史文化名城保护和城市融合发展的典范"。2015年2月15日晚，习近平总书记登上西安城墙，听取了西安城墙保护工作情况介绍，观看了城墙保护状况。同年5月14日，在永宁门广场，西安以仿古入城式欢迎印度总理莫迪"入城"。西安城墙享誉国内外，被称为"中华文化之门"。但是，景区起初在开发时并不顺利。在传统观念中，人们认为文化遗址保护和周边发展一定存在矛盾，似乎发展商业一定会破坏文化遗址，而全力保护遗址又无法让其焕发活力。曲江新区的决策者却认为，在保留大的历史板块和历史特色的同时，要将文化审美融入周围景区的开发之中，同时带动旅游相关产业的发展，走理性且可持续发展的道路。

曲江新区于2013年计划开始环城墙的综合提升改造，在保护文物、保护历史特色街区、保护城墙水系的同时，充分融合文化遗址保护、历史人文、民生交通等，打造国际化、现代化的综合体，使其成为西安大遗址保护的典范。如今，永宁门周边烟火气十足，集旅游、购物、休闲娱乐于一体，文化体验活动异彩纷呈……历史与现代交汇，城墙已然成为西安的一道靓丽风景线，成为西安面向国际的文化城市名片。

曲江新区走出了人文建设与城市建设统筹发展的新路径，走出了西安城市基于大遗址保护的科学发展之路。西安城墙已经成为全国大遗址保护与城市发展有机结合的范例，其开发和保护遗址的视野、思路与经验值得其他地区借鉴。坚持推动发展思路的转变，创新管理、运营及开发模式，坚持以人为本的理念，坚持走可持续发展道路，探索文物保护与城市建设和谐共生，一直是曲江人不懈的追求。

专栏 6.3 城墙板块

西安城墙于明洪武年间在隋、唐皇城的基础上复建而成，是中国现存最完整的一座古代城垣建筑，更是历史留下的一份属于全人类共有的文化财富。

作为西安古城历史变迁的见证者，西安城墙经历了沧桑洗礼。2012年以来，西安城墙景区以"保护文物、传承文明、弘扬文化、提升城市、惠及百姓"为总体目标，以西安城墙南门区域为试点，探索破解遗产保护与城市融合发展难题。近几年来，西安城墙景区实施了一系列文物保护措施和惠民活动，努力在潜移默化中引导公众更积极地参与到文化遗产的保护与传承中。尤其是2014年9月，西安城墙南门历史文化街区建成开放，实现了文物保护、交通改造、生态建设、文化提升、旅游配套"五位一体"，得到了社会各界的高度认可，被国家住建部誉为"全国历史文化名城保护和城市融合发展的典范"。

在做好遗产保护工作的同时，西安城墙景区引入国际服务理念，不断提高服务标准，旅游、设施、安全、绿化、物业等一线工作均实现了精细化管理，成功晋升国家5A级景区。目前，景区每月向市民发放免费门票，还先后推出"城门挂春联""新春灯会""国际马拉松赛""文物保护亲近月""大唐迎宾盛礼"等多项文化惠民活动和系列特色旅游产品。在2015年举办的第20届中国金钥匙年会暨第13届金钥匙国际联盟年会上，西安城墙景区荣获"中国金钥匙服务精选景区奖""6S管理创新奖"，成为国内唯一获得金钥匙国际服务品牌大奖的旅游景区。

> 西安城墙景区以高标准的服务品质得到国家领导人及外宾的认可和赞许。来自俄罗斯、西班牙、印度等国的嘉宾及社会各界代表陆续来访考察。西安城墙由此被誉为"中华文化之门""中国礼仪国门"。西安城墙已成为名副其实的友谊桥梁,拉近了世界各国民众之间的距离。
>
> 未来,西安城墙景区不仅需要解决古与今、新与旧、修与补的现实难题,更需要破解传承文明、承载城市功能、融入现代城市发展的重大命题。西安城墙景区将通过近年来西安城墙遗址保护传承的创新实践,不断彰显"历史文化名城"品牌,促进历史文化名城保护与城市融合发展,探索城市管理新模式。[①]

六、区域融合的"飞地发展"模式

曲江新区开始采取"飞地发展"模式,依托"曲江模式"的先进思路与经验,与周边地区,如临潼度假区、楼观生态文化旅游区、浐灞湖水系生态文化旅游区展开密切合作,融合区域发展,带动就业,发挥各区人文、地理及其他资源优势,秉承"共建、共赢"的合作理念,探索出"金融主导+城乡统筹"的区域开发模式。

在统筹发展中,人居环境问题一直是"飞地发展"不可回避的问题。如何正确且妥善处理遗址开发和保护与周边居民的利益关系?对此,曲江新区的决策者认为,利益双方之间的关系应该是双赢的,不能为了短期的利益而削弱未来合作的基础。对待合作方,曲江新区一贯将其视为长期合作伙伴,不管是当地的政府、被拆迁的农民、投资商还是工程队,曲江新

---

① 资料来源:曲江新区管委会,《西安城墙景区》,曲江新区管委会官网,2021年5月26日,http://qjxq.xa.gov.cn/zjqj/qyts/5df21c3a65cbd81235fc1bf1.html,访问日期:2021年12月28日。

区都强调兼顾双方的利益。

以闻名世界的"东方大遗址"——西安大明宫遗址——为例,其是曲江新区开发的大型工程之一,且项目中的人居环境问题非常具有挑战性。当时,由于历史遗留问题,西安市大量的棚户区叠压其上,且遗址周边已有成熟的大明宫建材交易市场,如果规划保护并开发遗址,则会牵动数十万群众的生活与就业。同时,由于大面积地进行遗址保护,周边的产业迟迟没有发展起来。既要有效保护遗址,又要妥善安排人民生活与就业,权衡的问题再一次出现在曲江新区的发展中。姚立军书记每每讲述至此,都感叹如何协调好这两难问题,如何平衡两者之间的利益关系,是大明宫遗址区拆迁安置和改造的主要难题。

费时、费力、费钱并没有动摇曲江新区保护遗址的决心。在处理拆迁安置问题时,曲江新区始终以"双赢"思路解决问题,并秉持"妥善安置、以人为本"的工作思路。按照"先规划、边拆迁、边安置"的路径,截至 2016 年,大明宫遗址区相继完成 13 个整村、124 家企事业单位和共计 900 万平方米的旧城改造任务,建成了 10 个集中安置小区,使遗址区 3.7 万户、15 万人的生活条件和居住环境得到了彻底改善;2016 年,火车站北广场周边棚户区和大华纱厂棚户区两个棚户区改造项目相继启动,6 700 余户、2 万余名棚户区群众从中受益。①

依托遗址,传承与发扬传统,美化环境惠及周边群众,改善民生,促进就业,是"飞地发展"以人为本的科学路径。在曲江新区的大规模"飞地发展"中,其实面临越来越大的资金需求,而其自身金融支撑能力有限,特别是存在大量投资问题,为此,招商引资,促进产学研结合,提升生产效率,促进快速发展,必不可少。2017 年,首届世界西商大会系列活动之

---

① 资料来源:曲江新区管委会,《曲江大明宫遗址区以棚改工作助力品质西安建设》,曲江新区管委会官网,2016 年 12 月 30 日,http://qjxq.xa.gov.cn/zwgk/ndzdxxgk/mslyxx/zdcq/5df21c92f99d657750e6e59d.html,访问日期:2021 年 12 月 28 日。

一的"新西安·新西商"光华论坛在曲江新区举行。此次论坛以"理解'新西商'内涵、激发'新西商'活力、传承'新西商'精神"为主题，来自北京大学、实业界、金融界的多位专家学者发表主题演讲，共同为西安发展建言献策。

"人本"与"双赢"，社会效益与经济效益兼顾，保障民生，妥善、集中安置，人文历史与人民生活相结合，是曲江新区在不断进取开拓时总结的宝贵经验，其通过实际项目从根本上改变了大众对遗址保护和城市民生融合的看法。

专栏 6.4

大明宫遗址

唐大明宫遗址是东方园林建筑艺术的杰出代表，被誉为丝绸之路的东方圣殿，更有"千宫之宫"的美誉，自 1961 年起被国务院列为全国首批重点文物保护单位。

近 50 年来，出于历史原因，保护区周边聚集了十多万人口及大量企事业单位。这个临时居住区因在西安火车站铁路以北而被称为"道北"。"道北"是西安棚户区的代名词，居住与生存环境脏乱差。[①]

"道北"的环境与西安城市经济的快速发展极不和谐，同时，棚户区的存在使得大明宫遗址未能得到有效的保护与长足的发展。2007 年 10 月，曲江新区在规划大明宫遗址综合性保护利用时，压在面前的第一座大山就是处理 10 万群众的居住与生活问题。整个大明宫遗址区的拆迁成本巨大，仅核心区域 3.5 平方公里的拆迁费用就接近西安市当年的财政收入。[②] 因此，依靠地方财政并不现实。而且，不仅要考虑

---

① 资料来源：曲江新区管委会，《亲历曲江》，内部资料，第 9—10 页。
② 资料来源：同上。

经济问题,还要考虑劳动就业、居民生活、公共服务等综合性问题。

曲江新区要解决的是摆在眼前的核心问题:资金从哪里来?再进一步,其实更核心的问题是:最大的受益者是谁?这个工程在世界上处于什么地位?曲江新区的答案是,这个工程是"民生工程",是"世界遗产保护项目"。惠及民生与保护遗址的双赢思路确定后,大明宫遗址区改造势在必行。曲江新区本部拿出10亿元,注册西安曲江大明宫投资(集团)有限公司,下定决心改造"道北"居住环境,保护与开发世界遗址。大明宫遗址区综合改造的核心理念获得中国建筑集团等多家国内知名企业数十亿元的资金支持,由此,大明宫遗址区保护改造项目拉开了帷幕。

结合西安市在城市化进程中进行城市改造的成功经验,大明宫遗址区保护改造实行整体拆迁、整体建设,即由市政府主导土地一级开发,为确保整个大明宫遗址区保护改造的整体推进,实行"五统一":统一策划,统一规划,统一拆迁,统一建设,统一管理。①

曲江新区充分考虑拆迁农民补偿和之后的就业问题,对拆迁的补偿分为货币补偿和房屋安置补偿:货币补偿依据由第三方估价机构对房屋进行的估价予以一次性补偿;房屋安置补偿是指为选择房屋安置补偿方式的居民提供易地安置选择。通过就业培训和各种政策安排,让村民在享受到城市发展红利的同时也能解除后顾之忧。②

历时三年,2010年10月1日,大明宫国家遗址公园建成开放。大明宫国家遗址公园按照"保护文物、传承文明、弘扬文化、改善民生、提升城市"的总体原则,立足于改变人居环境、城市面貌和遗址风貌,实现了文化遗产保护开发与城市经济社会共建的双赢。2014年6月,

---

① 资料来源:曲江新区管委会,《亲历曲江》,内部资料,第9—10页。
② 同上。

> 大明宫国家遗址公园作为"丝绸之路：长安—天山廊道的路网"中的一处遗址点被成功列入《世界遗产名录》。2020年12月，大明宫国家遗址公园晋升国家5A级旅游景区。

七、企业文化：自觉学习，燃起热情

曲江新区的另一种"人本精神"就是凝聚一群志同道合、有激情且想干事能干事的人，姚立军书记将其总结为要打造具有"创新精神、敢打硬仗、市场敏锐、踏实肯干"的曲江团队。为实现发展目标，做成事，曲江新区坚持建设"学习型组织"，并以此为原动力。

曲江人的学习体现为读万卷书的感悟。曲江新区管委会在办公大院中设立了书吧，日常工作闲暇之余，许多员工都在这里阅读和学习。在我们一行访问管委会时，许多员工中午吃完饭都会到这间温馨优雅的小书吧里坐坐，这也许早已成为一种习惯。此外，曲江新区对员工文化产业专业知识的掌握程度有严格的要求，并将其纳入年终评估。深耕工作专业，优化知识结构，是曲江新区对每一位员工的殷切期盼。

2014年6月，北京大学光华管理学院西安分院在临潼度假区正式落成，并开设了西安曲江新区市场化管理高级培训班。姜万军院长在开课仪式上阐明：光华管理学院将助推西部高端管理人才培育——将适合中国的管理知识通过实践者的手变成生产力。时任西安曲江新区党工委书记的李元希望通过学习"解放思想，实现曲江新区大发展的三个重大转变——发展模式转变、干部队伍转变、干部行为转变"；通过学习"统一思想，彰显曲江精神"，追求"三个本源——学习本源、创业本源、道德本源"。

曲江人的学习体现为行万里路的发现。在曲江新区，员工们充满热情，且随时随地都在学习。例如，曲江人出差至深圳某品牌餐厅用餐，体验到风味地道、管理规范、环境雅致、独具特色的潮汕餐饮文化后，当即

与老板洽谈如何异地连锁事宜。现在，该品牌已经在曲江池湖畔开业迎客。① 曲江人勇于探索、善于发现且敢于行动，将发展牢记于心，并融入工作与生活的每个环节。曲江人充满热情，思维活跃，大胆创新，勇立发展潮头。

曲江人的学习体现为阅人和分享。曲江新区要求每位员工都要有"智囊团"，且"智囊团"必须在组织之外，这有利于员工吸收新思想，跳出框架看问题。"阅人"并借助他人之力是曲江人学习和进步的一大"法宝"。此外，曲江新区还十分注重员工之间的经验分享，致力于加强不同部门员工之间的合作，相互学习经验，相互影响。公司间、部门间经常安排经验交流、读书分享、主题演讲以及书法、瑜伽等活动。这不仅提升了员工的表达能力，还丰富了其业余生活。基于此，曲江文化产业投资集团将员工的所思所想及经验总结汇编成数万字的文集——《边干边想》。

学习与思考、创新与发展似乎已经自然而然地融入曲江人工作的每个环节。坚持以人为本，坚持有效激励政策，坚持群体决策的理念，坚持末位淘汰机制、奖励机制、升迁机制、群体决策机制，身体力行，曲江新区用热情建设城市，用"人本精神"创造未来。

八、输出管理模式（溢出效应）：合作共赢，迈向未来

努力与创新固然重要，但是顺应潮流，认清大势，把握机遇，才能实现可持续发展。2020年11月20日，国家主席习近平在亚太经合组织第二十七次领导人非正式会议上的讲话中，引用了马来西亚的一句谚语"遇山一起爬，遇沟一起跨"，再次强调"合作、共赢"是时代的主旋律。

曲江新区让陕西悠久的历史文化变得可感受、可触摸，以合作共赢的理念和自信的姿态"走出去"。近年来，"曲江模式"走向全国，助力曲江新区与国内不同区域合力打造中国特色新区，传承并发扬中国传统文化，

---

① 资料来源：曲江新区管委会，《亲历曲江》，内部资料，第15—18页。

带动就业，推动经济发展，成效显著。2018年，曲江文化产业投资集团与杭州青漪文化发展有限公司签订影视合作协议，续写盛唐长安风貌；2018年，在"陕粤港澳经济合作活动周"期间共签订198个合同项目，投资金额达2 376亿元；2019年，与甘南藏族自治州签订打造"扎尕那特色小镇"协议，助力文化交流；2020年，与海口市秀英区合作，打造独具特色、集中连片的热带海岛城市区域生态5A级景区（五源河国家湿地公园—海口石山火山群国家地质公园5A级景区），促进地区文化旅游产业链协同发展。截至2020年年底，曲江新区产业布局已覆盖全国12个省、30多个城市，曲江品牌溢出效应不断放大，未来可期。

西安依托千年古都和陆上"丝绸之路"起点的地理优势，把握历史新机遇，推动中国文化走向世界，与世界共繁荣。2018西安国际创业大会——"一带一路"国际创客论坛开幕，连接世界各国创客，推动国际创新创业合作；2019年3月，以"古韵风华"为主题，中国西安隆重举办"东亚文化之都"评选活动，这是中、日、韩三国人文领域重要成果交流活动的桥梁，也是联通"一带一路"沿线国家和地区的一条文化纽带；2019年5月，丝绸之路国际商协会（西安）圆桌会举行，沿线30个国家和地区的54家贸易投资促进机构、部分省市贸易投资促进机构负责人以及企业代表200余人参加，推动了多边经济贸易的发展。

"让文化遗产走出去，传承、解读与体验，把曲江新区变成感受文化的场所，应该是我们的灵魂"，正如姚立军书记所言，曲江新区依托陕西省丰富的文化资源，建设大型旅游项目，保护开发大遗址，融合区域发展，将文化融入民生、城市建设与经济发展之中，成为传承中华文化、文化旅游协调发展的生力军。

未来，曲江新区将紧抓丝绸之路经济带建设的历史机遇，提升中华文化软实力，保护民族之根，稳中求进，博采众长，改革创新，让"曲江模式"继续在西安市乃至陕西省发挥积极作用，同时秉承"合作才能发展，合作才能共赢"的理念，走出陕西，走向全国，走向世界。曲江新区将以"开放、创新与合作"作为未来发展的主旋律，继续为文化、经济与社会发展做出更大贡献。

> **专栏6.5**
>
> ## 曲江新区的全国战略合作项目一览
>
> 1. 2013年，荆州纪南生态文化旅游区。曲江文化产业投资集团与荆州城市建设投资开发公司合作成立平台公司，打造荆楚文化传承创新发展核心区，开创了曲江文化旅游"走出去"的先河。
>
> 2. 2019年5月，临沂经济技术开发区东部生态城。曲江文旅股份与临沂经济技术开发区就东部生态城开发建设及临沂极地海洋世界收购签署框架合作协议，双方联合开发集旅游景区、商业步行街、高品质教育和住宅于一体的城市发展新区。
>
> 3. 2019年11月，扎尕那特色小镇项目。曲江文化产业投资集团与甘南藏族自治州签订打造"扎尕那特色小镇"协议，助力文化旅游发展。
>
> 4. 2020年7月，山西大同古城运营项目。曲江文旅股份与大同市签署战略合作协议，将为大同古城、文瀛湖等文旅项目的运营管理和后期开发提供全方位服务。
>
> 5. 2020年7月，海南海口文旅合作项目。曲江文旅集团与海口市秀英区达成战略合作协议，全力打造集中连片的热带海岛城市区域生态5A级景区。
>
> 6. 温州雁荡山合作项目。曲江文旅股份与雁荡山管委会、欢瑞世纪共同开发建设雁荡山雁湖景区及索道等项目。

第二节　对曲江新区高质量发展的感悟

姚立军[*]

曲江新区作为国家级文化产业示范区，多年来在文化旅游高质量融合的道路上，以"文化立区·旅游兴区·产业强区"为理念，通过不断学习、探索、创新、实践，积极推动城市文化蓄力前行，主动激发产业发展的强劲动能，形成了"文化+旅游+产业"的发展模式。

特别是2020年习近平总书记的莅临更是给了我们更大的鼓舞，让我们对坚持文旅融合高质量发展的信心更加坚定，让我们对坚定文化自信、焕发文化活力、彰显文化价值、弘扬文化精神的理想更加坚持。

国家"十四五"规划中提出，要推进文化事业和文化产业繁荣发展。作为以文化和旅游产业为主导的城市发展新区，曲江新区将以促进文化旅游高质量融合为己任，通过大项目带动，强化品牌策划营销，加快产品创作，扩大文化交流，着力改革创新，争当全国文旅融合发展的排头兵，奋力奏响新时代文旅深度融合发展的"最强音"。

第三节　"曲江模式"：一种文化新经济模式

邓丽丽[**]

"曲江模式"很有特色，是中国城市经济发展中值得关注和研究的一种文化新经济模式。其特色是以唐文化为核心元素，以城市发展、人民生

---

[*] 姚立军，曲江新区管委会党工委书记。
[**] 邓丽丽，北京大学文化产业研究院动漫游戏中心主任，北京大学光华管理学院MBA校友。

活水平提高为目标,将社会效益与经济效益有机结合,进而形成经济产业链和文化集群效应。

曲江新区的五大集团形成了推动发展的联动效应。曲江文化产业投资(集团)有限公司、曲江文化控股有限公司、曲江文化金融控股(集团)有限公司、西安旅游集团、西安演艺集团等形成联动性整体。文化+产业+金融"三驾马车"联动,有效推动城市文化经济和旅游产业的发展。

曲江新区发展中,我印象最深的是两个新经济发展业态:一是大唐不夜城,二是曲江电竞产业。

大唐不夜城以盛唐文化为背景,以唐风元素为主线,以体验消费为特征,打造集文化、节庆、购物、餐饮、娱乐、休闲、旅游、商务、科技、"互联网+"于一体的都市空间,再现了大唐盛世的恢宏风貌。从2018年开始,曲江新区以大唐不夜城为主会场举办"西安年·最中国"系列春节文化活动,全面打造和提升大唐不夜城步行街,将其作为曲江新区文旅转型升级的切入点。

内容策划是步行街项目创新并持续发展的核心驱动力。创新、创意、文化、内容、运营缺一不可。持续不断的活动策划和组织是大唐不夜城成功的关键要素。作为"西安年·最中国"的核心景区,2019年,大唐不夜城运用"节庆+传统文化+时尚+唐文化情景演艺"的演出模式,演出了2 690场次。为了有效打造"大唐制造"街面商业体系,大唐不夜城开创"大唐制造"品牌,打造文创店铺65家,包含"遇见·Tang大唐不夜城潮文创"主题文创店2家、特色文创市集30家、文创花车33组等多种类型。西安大唐不夜城步行街成为首批"全国示范步行街"。在《2021抖音春节数据报告》中的打卡量位列全国景点首位。

2019年,大唐不夜城接待游客达1.01亿人次,营业收入达112.4亿元;2019年春节期间,66天共接待游客1 700万人次,元宵节当日突破

84万人次。"盛唐天街"再次成为春节期间全国年味儿最浓、人流量最大、关注度最高、传播面最广、点赞率最高的热点和亮点街区之一,成为当年现象级的旅游案例。

2020年"五一"期间,大唐不夜城步行街接待游客41.1万人次。端午小长假,大唐不夜城日均游客量约14万人次,3天时间游客突破40万人次。国庆、中秋"双节"假期,大唐不夜城接待游客264.73万人次,日接待量超37万人次。

作为西安"千年古都·常来长安"城市文旅品牌的重要展示地,大唐不夜城2021年春节假期接待游客154万人次。

"曲江模式"在大唐不夜城的升级改造运营中得到了充分展现,文化、政府、企业、运营四位一体。打造网红经济、文旅经济、夜游经济,解决了大唐不夜城的"流量"与"留量"问题,激发了其商业消费,使城市充满活力。

另一个让我感到印象深刻的是曲江新区电竞产业的迅速发展。曲江新区以电竞游戏产业为突破口,优化产业结构,全力促进转型升级。2018年8月,曲江新区出台《关于支持电竞游戏产业发展的若干政策》,支持从事电竞、游戏、"文化+互联网"产业相关业务的企业,包括原创游戏开发、区块链技术应用、电竞俱乐部、赛事运营、游戏平台、电竞媒体、电竞大数据、游戏硬件生产销售、电竞教育、培训和服务等,按照企业定级,给予办公用房、游戏开发、赛事承办、俱乐部落户、宽带资费、人才公寓租金、高级管理人员购房等补贴,并对自主游戏开发上线、独角兽企业、赛事获奖等给予奖励或补贴。这些难得的办法措施全面激发了电竞产业在西安的发展活力。

近几年来,曲江新区引进了一大批知名电竞企业,包括国内顶级赛事运营公司香蕉游戏公司、英雄体育VSPN、华竞文化,中国老牌豪门电子

竞技俱乐部 WE 电子竞技俱乐部等，以及电竞直播流量主播平台邦达公司、星播客等。这些企业都是根植电竞产业时间长、行业影响力大、具有标杆意义的头部企业，涵盖了游戏研发、游戏发行、赛事执行、电竞游戏直播等电竞产业上下游多个领域。这些企业的引入极大地推动了西安电竞产业的发展，为西安打造电竞产业新高地提供了强劲动力。

近几年，曲江新区还举办了一系列国内外顶级的电竞赛事，比如：英雄联盟音乐节暨颁奖盛典；英雄联盟全球高校冠军杯总决赛；WE 电子竞技俱乐部英雄联盟分部 2018 夏季赛，英雄联盟分部 2019 春、夏季赛；英雄联盟 2019 春季赛总决赛；"王者归来"世界电子竞技大赛 2019 总决赛；英雄联盟 2020 春、夏季线上主场赛；和平精英职业联赛 2019 常规赛及全国总决赛；和平精英全球冠军杯总决赛 2019；和平精英职业联赛 2020 第一、第二、第三赛季及全国总决赛；等等。全年线上线下举办顶级职业联赛 300 余场。

为搭建中国电竞游戏产业高端对话平台、内容原创与技术交流平台、人才教育培养平台、融资创业平台，助力曲江新区打造丝路电竞之都，自 2017 年以来，由西安市政府主办、曲江新区协办的西安电竞产业峰会已连续成功举办四届，该活动已成为西安文化新经济产业发展的一张新名片。

曲江新区着力建设"曲江电竞产业园"和"西安量子晨数字娱乐双创产业园"两大电竞产业园，助力电竞产业发展。从 2020 年开始，由人民体育主办的"电竞·中国"年度盛典已举办两届，西安连续两年获得"年度电竞城市奖"。

曲江新区政府围绕电竞产业链，在全国优先出台扶持政策，引进高端电竞人才、俱乐部、电竞直播服务商、赛事运营商，建造优质电竞场馆、电竞酒店，举行了一系列顶级电竞赛事，在西安形成了电竞产业的闭环机制。目前，西安已经成为中国第三大电竞城市。曲江新区的电竞产业使古都西安以青春、时尚、活力的全新形象在世界游客的面前亮相，文化新经济已成为曲江新区乃至西安文化产业发展的一支新生力量。

一座具有悠久历史文化积淀的城市如何与新经济、新消费、新业态结合是很多城市发展中面临的问题，西安曲江新区做出了有益的探索。我多次到曲江新区进行调研、学习、参观，曲江新区政府各级领导对文化遗产的尊重、对工作的高度投入、对曲江新区经济发展的责任心令人十分敬佩，祝愿曲江新区发展得越来越好！

第七章
陕文投集团：搭平台，促发展

第一节　高质量发展：陕文投的成长与思考

张国有　姜万军　赵锦勇*

一、一家文化企业的诞生与发展

陕西曾因是历史上周、秦、汉、隋、唐的都城所在地而拥有丰富灿烂的历史文化遗产，也因为在近现代史中的独特地位而拥有许多红色文化遗产，还因为其独特的地域民俗文化特点而拥有丰富的旅游载体。然而，如何有效利用这些文化资源，同时又不断提升文化影响力，是一个重要挑战。

面对这样的挑战，陕西省2009年6月9日挂牌成立了陕西文化产业投资控股（集团）有限公司（以下简称"陕文投"）。陕文投是陕西省政府直属的国有大型文化企业，是陕西实施"文化强省"战略的重要市场平台。

名号有了，但企业的经营和管理还需要一步一步具体做出来。曲江品牌的锻造者、时任西安市副市长段先念被任命兼任陕文投董事长。三个月后，在陕西省广播电影电视局副局长岗位任职六年的王勇，经过省委、省政府的公开选拔，正式履新陕文投总经理[①]，开始在经济快速发展和文化

---

* 赵锦勇，北京大学光华管理学院西安分院研究主管。
① 2013年，王勇担任陕文投董事长。

需求不断提升的时代背景下,从无到有地建设一个省级文化投资控股平台。

经过十余年的发展,到2020年,陕文投在影视、旅游、艺术品、文化金融等方面已成就斐然:全国首家电视剧版权交易专业机构、全国首批文化产权交易所之一、创设全国首只艺术品投资基金、西部首个文化保税展示交易中心、西部首个文化金融服务中心、陕西首个旅游商品研发基地……自2009年6月成立以来,陕文投在屡屡创造文化产业领域多个"第一"的同时,还投拍了多部电视剧和纪录片,开发建设了照金红色旅游小镇等十多个重大项目,企业资产规模从17.4亿元增长到近200亿元,形成了覆盖影视生产、文化旅游、文化金融、文创艺术、文化传媒和文化商业六大板块的产业格局。

从电影《推拿》到电视剧《黄土高天》《风起霓裳》,从纪录片《东方帝王谷》到大型红色主题舞台秀《延安延安》,53部电视剧、3部电影、6部纪录片,金鹰奖、飞天奖、银熊奖、金马奖……陕文投不断使"影视陕军"品牌熠熠生辉。

从照金小镇到安康瀛湖再到黄帝陵文化园区,陕文投投资的项目中,7项被列入陕西省"310文化产业工程",8项被列入陕西省"十三五"发展规划,10项被列入陕西省"十三五"文化和旅游融合发展规划,陕文投心怀"诗和远方",推动文化旅游融合发展。

从创设全国第一只艺术品投资基金,到成立文交所、文投小贷、文投担保、投资管理等文化金融企业,再到组建文投金控,陕文投率先在全国搭建起独具优势的文化金融生态圈。

在"文化强省"建设的道路上,陕文投始终坚定文化自信,坚持社会效益和经济效益相统一,不断彰显国有文化企业的责任担当。

陕文投的总资产实现了从17亿元到200亿元的跃升,累计完成投资

284亿元，实现利税19亿元，拥有全资和控股子公司24家，成为陕西省文化产业的中坚力量，成为全国最具影响力的省级文化投资集团之一。

目前，陕文投注册资本24.9亿元，股权结构为：陕西省委宣传部持股66.18%，曲江文投持股25.8%，延安市和榆林市各持股4.01%。

二、在发展中寻找定位

如何用十年时间把陕文投从无到有做成如此规模，并始终保持蓬勃向上的发展活力？陕文投给自己的定位是大型省属国有平台型文化企业。国有企业的属性决定了企业目标应该是"经济目标+社会目标"的"双效"统一，不是追求单纯的经济效益指标，而是以促进陕西文化产业布局和调整为目标；平台型企业决定了陕文投不是一家传统的"管道型"企业——在一个相对封闭的体系内用自己的资源闷头赚钱——而应该构建开放式的平台。透过平台"联通"各种资源，自己发展，也带动"别人"（中小企业等）发展。

陕文投董事长王勇对企业的使命、定位、理念和原则都做了准确的归纳：以"让陕西文化走向全国、让中华文明走向世界"为企业使命，以"陕西文化资源的整合平台、陕西重大文化项目的实施平台、陕西文化品牌的创建平台、陕西文化资本的增值平台"为企业定位，以"挖掘历史文化的当代价值、探索传统文化的现代表达、打造陕西文化的市场品牌、推动中华文化的国际传播"为发展理念，坚持把社会效益摆在首位，努力实现社会效益和经济效益相统一。在企业发展中，陕文投坚持突出文化精品生产、文化景区建设、文化资本运营三个重点。

王勇坦言，这些使命和定位并非一开始就明确且清晰，而是经过不断的探索和调整逐步确定下来的。挂牌伊始，企业性质明确了，企业目标也有了，但是真正作为一家市场主体的企业，需要有获得市场价值的能力；

同时，作为一家国有企业，还需要明确自己在市场和政府之间的作用。企业的发展往往是连续而复杂的，陕文投十多年的发展经历了三个阶段。

2009—2013年是陕文投发展的第一个阶段。按照王勇董事长的归纳，这个阶段的三个关键词是：明确定位、梳理资源、布局产业。

2014—2019年是陕文投发展的第二个阶段。这个阶段由于放权而实现了快速发展并且获得成功发展的一些基础模式，实现了规模上的复制。规模的扩张既带来资产和收入的增加，同时也暴露出原先的业务板块之间的问题，对集团化发展提出了挑战。王勇董事长将这个快速发展阶段归纳为四个重点：规模、品牌、管控、产业发展。

2020年到现在则是企业发展的第三个阶段。经历了十年的高速发展，外部战略和市场环境发生了结构性的变化，陕文投也适时调整，王勇董事长将后面的主题确定为：聚焦三大块，高质量发展。

三、在时代潮流中顺势而为

企业的发展既需要其自身的禀赋和能力，也在于其掌舵者对于时代的把握和顺应。企业是市场主体，一个国家的发展阶段、产业发展的趋势、企业自身的管理能力都将系统性地影响企业的成败。陕文投发展的关键在于主要管理者对国家经济增长趋势和文化产业发展机遇的准确判断，并从中获得巨大的推动力。

在陕文投成立十周年的报告中，王勇董事长对于陕文投之所以能够取得成功的原因进行了系统总结，从中能够判断出，他一直将企业的发展置于时代的大背景下，思考如何顺应时代和国家的要求，并发挥自身独特的优势。

十九大报告指出，"文化兴国运兴，文化强民族强。没有高度的文化自信，没有文化的繁荣兴盛，就没有中华民族的伟大复兴"。十九大为文化产业的改革和发展注入了强大的推动力。回顾陕文投十年的发展历程，王勇董事长认为成功的要素是陕文投不忘初心，始终坚守文化使命。陕文投根植于陕西丰厚的文化沃土，沐浴着文化大发展、大繁荣的时代春风，自觉承担起文化复兴的历史责任，努力"做靓"西部影视，做大陕西旅游，做优文化创意，做强文化金融，奏响了文化产业的时代强音。

陕文投是在文化强国战略和陕西文化强省战略日趋成熟、稳步推进的背景下应运而生的，可谓得天时、得地利、得人和。天时，是文化强国的背景，这种氛围对推动陕文投的成立乃至发展起到了重要作用；地利，是得天独厚的陕西文化资源，这对于国有大型文化企业的设立和快速成长发挥了重要的推动作用，可以说，是陕西丰厚的文化沃土涵养了陕文投；人和，是陕西人民对文化和文化产业日益增长的需求以及各级政府对文化产业关注度的不断提高。基于这样的背景，陕文投从一成立就提出了在文化强省战略中一定要坚守企业的文化理想，即"让陕西文化走向全国，让中华文明走向世界"。

陕文投以建设"文化强省"为己任，在全省文化发展大格局中找准定位，努力成为"陕西文化资源的整合平台、全省重大文化项目的实施平台、陕西文化品牌的创建平台、全省文化资本的增值平台"。在"十二五""十三五"全省重大文化标志性工程中，陕文投承担了照金红色旅游小镇、韩城古城历史文化街区、延安枣园文化广场、安康瀛湖生态景区、榆林统万城国家考古遗址公园、黄帝陵文化园区等重大项目，累计投资上百亿元，打造了一批文旅融合的高品质景区，推动陕西加快由文化资源大省向文化旅游强省转变。在省文化和旅游厅的支持下，陕文投承担了陕西省智慧旅游平台和陕西文化旅游网的建设及运营，在省广电局的支持下，成立了"陕西主旋律剧本原创基地"。陕文投和省文物局、省文化和旅游厅联合成立"陕西中华文创研究院""陕西旅游商品研发基地"，高度融入全省文旅发展战略大局。

正因为对时代特点的把握和对企业发展战略环境的洞察，陕文投投资、建设、运营了照金红色旅游小镇、韩城古城历史文化街区、延安枣园文化广场等文旅景区，实现了在陕西全域的文化旅游产业布局，为其成功奠定了基础。

> **专栏 7.1**
>
> ## 影视板块
>
> 抓好文化精品生产。文化精品对于提升文化影响力、扩大文化传播效应至关重要。就像人们大都愿意看好莱坞电影一样，精品的生产将带动文化产业的整体发展。近年来，陕西的影视作品逐渐大比重占据了央视一套和八套，比如《装台》《黄土高天》《大秦帝国》《大秦赋》《别让我看见》《平凡的世界》《王大花的革命生涯》《大漠苍狼》《我在北京挺好的》，等等，其中有不少都是陕文投出品的。陕西能够成为近年来在央视播放电视剧最多的省份，"影视陕军"能够叫响全国，就是得益于其不断推出的优秀文化精品。
>
> 陕文投依托陕西丰富的历史文化、红色文化及山水自然文化资源优势，以独特的专业艺术创新能力，不断推出精品影视剧作。电视剧《黄土高天》、电影《周恩来回延安》荣获中宣部"五个一工程"优秀作品奖项；电视剧《王大花的革命生涯》《舰在亚丁湾》分揽"金鹰""飞天"两项大奖；电影《推拿》荣获德国柏林电影节"银熊奖"，包揽台湾电影金马奖"最佳剧情片""最佳改编剧本"等六项大奖……
>
> 由阚卫平担任导演、张强任总编剧的电视剧《黄土高天》，作为2018年献礼改革开放四十周年播出季首部重点剧目，于央视一套黄金

时段正式播出。该剧讲述了在中央"一号文件"的指引下，以秦学安、张天顺、秦田等为代表的三代农民和农村干部，以亲历者、践行者、见证者的身份，在改革开放四十周年的伟大变革中，为追求美好生活而艰苦奋斗的故事。该剧播出之后反响热烈，收视率稳居同题材、同时期播出剧目前列，荣获中宣部"五个一工程"优秀作品奖，还获得观众、农业政策专家、影视专家以及相关领导的一致好评。舆论广泛认为，该剧是一部讴歌改革开放四十年伟大变革、反映中国农村深刻变化、弘扬新一代农民创新精神、探寻当代农业发展道路、思索中国"三农"问题的史诗大剧；既是献礼改革开放四十周年的扛鼎之作，更是一部不负天下不负农的咏史之作。

电视剧《恋爱先生》是由姚晓峰执导，靳东、江疏影、李乃文等主演的都市情感剧，讲述了程皓、张铭阳、邹北业三个遇到不同情感问题的男人经过一番努力后，最终都找到了适合自己的另一半，同时也收获成长的故事。该剧以收视率、网播量双料第一的成绩摘下2018年"剧王"桂冠，并荣获2018中美电视节金天使优秀电视剧奖、美国亚洲影视节金橡树优秀电视剧奖等多个奖项，获得了经济效益与社会效益的双丰收。

四、在政策和市场"两轮"驱动中平衡发展

企业是市场主体，企业发展并不能仅仅依靠政策红利的支撑。陕文投作为具有特殊使命和功能的企业，仍然需要在市场逻辑和规则下谋生存、谋发展，充分利用其政策属性和市场逻辑，发挥省属大型文化企业的作用。

王勇董事长总结陕文投发展壮大的重要经验之一，是坚持政策和市场"两轮"驱动，既用足、用活政策，又做真正的市场主体。作为一家国有

企业，只有将自己放在全省乃至全国大局中进行政策研究，寻找创新发展的机会，做到耳聪目明、因势而谋、乘势而上，才能顺应时代发展的潮流。陕文投充分发挥国有企业的政治优势和制度优势，认真贯彻中央和省委的决策部署，全面加强党对企业的领导。陕文投作为全国省级文投标杆，2016年、2017年连续获得财政部大额专项资金重点支持，得到陕西省发改委、财政厅、文化和旅游厅、文物局、广电局、体育局等政府部门的大力支持，与西安曲江新区以及延安、榆林、铜川、安康、韩城等市建立起合作共赢的良好政企关系。陕文投坚持市场导向，在省属国有企业中率先实行"人员能进能出、干部能上能下、待遇能高能低"的选人用人机制和薪酬管理办法，大胆探索混合所有制改革、职业经理人制度和骨干员工持股等改革，用良好的体制机制使集团上下保持了发展活力，推动自身不断提升市场竞争力。

陕文投除了善用政策，还致力于做真正的市场主体。在利用政策性资源的战略优势和市场化手段的激励优势基础上，陕文投让自身的项目不断接受市场检验，创造出独特的比较优势，并且在文化产业领域展现出卓越的绩效和系统能力。企业的本质就是要面向市场，提供市场需要的服务和产品。在这一点上，即便是国有企业，也不能丧失自身作为企业的根本，将自己简单地等同于政府部门，而忽略了市场发展规律。因此，陕文投坚持完善法人治理结构，建立了股东会、董事会、党委会，形成了各司其职、高效协同的管理机制。同时，陕文投坚持以市场为导向开展企业经营活动，追求社会效益和经济效益的双赢，制作既叫好又叫座的文化精品。例如，反映盲人生活现状的电影《推拿》力求传递温暖和正能量，先后斩获第64届柏林国际电影节最佳艺术贡献（摄影）银熊奖、第51届台湾电影金马奖最佳剧情片、第15届华语电影传媒奖等多项大奖。反映见义勇为真实事迹的电视剧《别让我看见》就是向全社会传播正能量：既不能对不法行为视而不见,也不能让见义勇为者流血又流泪。

纵观各个区域的文化投资平台企业,因为文化产业的特殊性,往往政策性红利较多,而市场化的运营能力不足。过于依赖政策扶持则会令企业失去练就自身安身立命本事的能力。王勇董事长一直强调,陕文投首先是一家企业,是需要按照市场化规则和市场逻辑运营的企业,要在这个基础上创新性地去承担各类地方政府的项目。尤其在做许多文化类型的项目时社会效益往往会占主导地位,此时一定要设计好模式并且对相应的补偿和经济项目据理力争,以促进文化项目整体的收益,平衡好市场和政策之间的关系。这方面则体现了陕文投作为文化投资企业的另一个核心能力:对文化资源的价值发现和资源转化能力。

黄帝陵文化园区投资开发便是其"双轮"驱动的实践。地方政府希望快速开发黄帝陵,尝试引进一些商业化运营的措施。陕文投最终说服地方政府,黄帝陵文化园区有其独特的历史和文化意义,不能过度简单化地进行商业开发,而要有规模和品位。在这个过程中,前期的研究规划和后期的投资必然不能少,需要有实力的企业进行投资、开发和管理。但同时,陕文投仍然是一家企业,需要在项目开发过程中保证经济效益,需要有配套的资源和政策。所以在项目谈判中,陕文投对省、市政府也提出了自己的需求。这些需求既是基于其对文化资产投资和管理的能力,也是基于其对文化产业的政策属性和自身国有企业属性进行的综合平衡。

> **专栏 7.2**
>
> **文化旅游——照金小镇**
>
> 陕文投对照金小镇的文旅资源进行了全面开发,将其打造成国家4A级旅游景区、丹霞国家地质公园、中国特色小镇、中国美丽宜居小

> 镇、全国百家红色旅游经典景区、全国爱国主义教育基地、全国国防教育基地、全国青少年教育基地。照金国际滑雪场已成为西北滑雪胜地，照金镇更是喜获"全国脱贫攻坚先进集体"荣誉称号。
>
> 照金景区位于陕西省铜川市耀州区，景区核心区规划面积90平方公里，含照金名镇、薛家寨、杨柳坪现代农业观光区三大板块，距西安98公里，有高速公路专线、机场、高铁站和景区联通，从西安出发，全程仅一小时车程。
>
> 照金，自古乃北地锁钥，亦称石门关，秦时军事要道秦直道过关北上，天下闻名。相传隋炀帝巡游至此，称："日照锦衣，遍地似金"，照金由此得名。
>
> 照金人文荟萃。唐朝书法家柳公权和"药王"孙思邈、北宋山水画家范宽均深得照金的山水神韵、草木精髓，以照金山水为原型的画作《溪山行旅图》更使其成为历代山水画界的朝圣地。
>
> 1933年，刘志丹、谢子长、习仲勋等老一辈革命家在此创建了陕甘边革命根据地。照金苏区作为陕甘边特委和陕甘边区革命委员会的所在地、红二十六军的后方基地，为革命事业的蓬勃发展做出了重要贡献。

五、在文化产业投资中塑造核心能力

经过早期的摸索定位阶段后，陕文投通过各类项目开始塑造自己对于文化投资和文化产业的独特投资眼光及评价能力。在各类项目的历练中，陕文投逐步打造出自己对于文化产业投资和管理的一套核心能力。

王勇董事长认为，文化投资集团真正的核心能力是其作为平台型企业理解和选择真正有价值的文化资源，并且通过自己的投资引领和开发管理

实现文化资产的蝶变。他在回顾陕文投十年发展历程中这一核心能力的塑造和形成过程时认为，陕文投坚持推动文化发展，着力构建具有强大文化影响力的文化产业集团，核心是把"文化是核心资源、创意是核心能力、人才是核心竞争力、资本是核心推动力"作为根本发展理念。陕文投充分发挥陕西历史文化、红色文化的比较优势，创办了文投影视、文投影业、西部传媒、华夏文创、陕西文交所、陕西书画艺术品交易中心、西安电视剧版权交易中心等。这些文化企业经过近十年的发展壮大，不仅成为各自领域内全省的领军企业，而且在全国享有一定的知名度。陕文投着眼于文化旅游融合发展，从2010年起在全省进行布局，陕文投西安公司、延安公司、照金公司、韩城公司、安康文旅、榆林文旅、云创科技、陕文旅共同构建起了陕文投全省旅游产业的强大版图。为适应市场竞争的挑战，陕文投不断延伸产业链，强化企业之间的横向整合，推动产业协同发展，成为一家上下游关联度高、协同效应强、范围经济和规模效应显著的文化企业，成为全国最具竞争优势和发展活力的文投集团。

陕文投通过这些具体的项目和内容，把文化、创意、人才、资本整合到文化资产投资和管理的独特核心能力中。

专栏 7.3

文 化 传 媒

陕西西部广告传媒有限公司（以下简称"西部传媒"）成立于2011年4月，实收资本金1亿元，是陕文投的全资子公司、中国广告协会会员单位、陕西省广告协会副会长单位。

作为广告传媒领域综合性的投资运营管理公司，西部传媒坚持产品服务与资本运作"双轮"驱动，以"让陕西智造走向全国、让中国品牌走向世界"为企业使命，致力于成为中国西部数字广告传媒集团、中国IPO（首次公开募股）上市广告传媒公司。西部传媒的控股子公司陕西金色西部广告传媒股份有限公司于2016年登陆新三板（代码：837033），自挂牌以来，公司经营业绩优良，正在冲击新三板精选层并进军创业板。

西部传媒秉承"开放合作、共赢共好"的经营理念，贯彻"内生孵化"与"外延发展"的经营战略，对内打造有利于广大职工积极性、主动性、创造性充分发挥和人的自由全面发展的环境氛围，鼓励员工创新创业，对外积极推进国有资本与社会资本的融合，推动混合所有制改革，构建数字广告传媒行业的产业孵化平台、人才集聚平台、资源整合平台、企业融资平台和品牌创建平台。目前，公司旗下拥有1家分公司、1家全资子公司、6家控股子公司、3家参股公司以及多家正在筹建的由创业团队主导的轻资产运营子公司，涉及品牌营销、数字营销、会展营销、海外营销、基金运营、投资管理、内容营销、移动互联网媒体运营、户外媒体运营、"互联网+"等多个业务领域，致力于成为以数字驱动的整合营销传播全价值链综合服务提供商。

六、以开放和精品理念引导发展

陕文投坚持"国际视野、国内一流"的精品理念，极大地提升了陕西文化在全国的影响力。其投资制作的电视剧《王大花的革命生涯》《舰在亚丁湾》《叶落长安》《兵出潼关》《红旗漫卷西风》《黄土高天》《好先生》《恋爱先生》《我的真朋友》《风起霓裳》等，在央视、一线卫视和三大互联网视频平台播出，进一步彰显了影视陕军的独特魅力。其提供创意并投资运营的《延安延安》成为用时尚艺术演绎红色革命故事的全国范例。在革命老区照金，其坚持"红色是旗帜、民生是根本、旅游是支撑"的发展理念，将照金打造成享誉全国的红色旅游小镇。自2014年以来，每年平均有150万人到照金接受红色文化的熏陶和教育。2015年2月14日，照金红色小镇接受了习近平总书记的检阅。汪洋、郭声琨、黄坤明等中央领导先后到照金视察，并给予了高度评价和鼓励。

陕文投始终用创新引领发展，努力成为全省文化创新发展的新高地。成立伊始，陕文投就提出"职业化创新是陕文投的核心能力"，要求每家企业都是一个创新的平台，每位员工都成为创新的源泉，每个年度都要评选出全集团的创新大奖。其打造了全国第一个红色文化旅游小镇——照金，推出了全国第一台红色主题表演秀——《延安延安》，创办了全国一流的艺术品大数据评估中心和光谱鉴定实验室，成立了全国第一家文化金控集团，构建了在全国独具特色的文化金融生态圈、艺术金融产业链以及线上线下高度融合的文化旅游发展模式。其在省属文化企业中大胆探索混合所有制改革，使陕文投艺达影视成为全国著名的影视公司，金色西部成为陕西乃至西部最具发展潜力和品牌影响力的广告公司。

专栏7.4　　　　　艺术与科技融合

陕西文化产权交易所有限公司（以下简称"文交所"）与陕西书画艺术品交易中心有限公司（以下简称"书画中心"）分别是经陕西省政府批准成立，由陕文投集团设立的全资和控股子公司。文交所成立于2011年6月，注册资本金5 000万元人民币。书画中心成立于2010年9月28日，注册资本金34 300万元人民币。2013年1月，文交所通过国家五部委认证，成为陕西省属唯一一家官方指定的文化产权交易机构，是陕西省唯一一个文化企业综合服务平台。

文交所秉承"聚合文化资本力量、打造文化金融平台"的宗旨，努力打造一个集文化产权交易、文化产业投资、文化资产备案、文化资产评估等功能于一体的综合性产权交易服务平台。作为国有文化企业产权交易的指定单位，文交所致力于发现国有资源市场价格，完善资源配置，为各类权益合法合规的流转提供专业化的服务。

书画中心立足中西部，放眼全国，着力打造从书画创作到交易、拍卖、收藏、展览等书画艺术品的完整产业链，促进中西部书画艺术品市场的建设和繁荣发展。

文交所、书画中心与中国科学院西安光学精密机械研究所开展合作，以光谱技术、大数据分析为手段，建立起一套科学的书画艺术品真伪鉴定和价值评估系统，并将其作为艺术品金融化投资的核心风控手段。在该风控系统的支持下，文交所、书画中心在全国率先建立了以系统性为特征的艺术金融产业链，构建了以产权交易平台、书画实物交易中心、鉴定评估中心、艺术拍卖、艺术资产管理等机构为主体，涵盖艺术品真伪鉴定及价值评估、金融产品设计与交易、资产管理和退出等各环节的艺术金融产业集群。自成立以来，文交所、书画中心艺术品信托、基金产品交易规模累计超过5亿元，基于艺术品资产的质押融资业务规模突破20亿元，艺术品电子化产品交易规模突破100亿元。

文交所、书画中心一直致力于"文化+金融+科技"的业务研发思路和拓展理念，不断创新、丰富平台业务结构和品种，旨在将自身打造成为国有文化产权、文化资产鉴定评估、艺术品交易收藏展览和文化金融产品的流通中心。

迈向高质量发展
陕西的探索

七、在金融创新中谋求发展

作为具体的产业实践者，文化企业在产业经营过程中积累的运营经验，使其与一般的金融或投资机构相比，能够更好地识别文化产业和文化资产的风险，这也是陕文投以产融结合推动文化金融创新的先天优势。王勇董事长表示，陕文投从一开始就清醒地认识到，文化产业具有创意要求高、投资风险大、回报周期长等特点，金融支持是文化企业成长壮大的必要条件。为了解决自身项目的融资问题，陕文投将融资方式由最初单一的流动资金贷款逐步扩展到流动资金贷款、固定资产贷款、美元贷款、供应链金融、明股实债、国家发改委专项基金、短期融资券、中期票据、公司债等多元化的格局，打通了银行、信托、证券、融资租赁、银行间市场、交易所市场、境外市场等主流融资通道。陕文投已与32家银行开展合作，实现放款25家，综合授信超200亿元，累计取得信贷资金超过480亿元。在债券市场上，陕文投从2012年起在交易商协会连续注册发行短期融资券、中期票据、非公开定向债务融资工具（PPN）等债券产品。陕文投历年完成注册各类债券合计97.5亿元，发行债券15笔，取得资金84.3亿元，无任何违约情况出现。其中，2019年，陕文投设计并注册发行了交易商协会首只"红色中票"，为支持红色文旅产业发展提供了新的融资样板。

为了服务中小微文化企业的投融资需求，陕文投先后成立了信贷、融资担保、投资管理、资产管理、产业基金、商业保理、融资租赁等十余家文化金融公司，以产融结合的路径打造自身文化金融服务体系，不仅为全省的文化企业提供全方位、高效率的金融服务，也实现了对集团主业利润的高效反哺。其中，陕文投信贷公司成立7年来，累计发放贷款66.47亿元，实现利润2.15亿元，连续多年成为全国小贷100强，并成长为全国小贷行业协会副会长单位。陕文投全资子公司陕西文化产业投资管理公司通过战略投资，形成了围绕集团主业的金融产业生态圈，先后投资了文创领域的荣信教育、凤凰画材等企业，旅游产业领域的美豪酒店、恒达文博、宋城演艺等企业，在影视产业领域与咏声动漫、完美世界等企业达成合作。其中，陕文投投资的易点天下、荣信教育分别于 2020 年 12 月和 2021 年 1 月正式通过创业板 IPO 审核会，已登陆资本市场。陕文投旗下还拥有 5 个国家备案的私募基金牌照，正在资本市场发挥积极作用。

> **专栏 7.5**
>
> ## 文 化 金 融
>
> 陕西文化金融投资控股有限公司（以下简称"文投金控"）成立于 2017 年 1 月，是陕文投整合旗下小贷、融资担保、投资管理、资产管理、产业基金、商业保理、融资租赁等金融业务板块独资设立的国有文化金融控股企业，是陕文投运用现代金融工具并结合文化产业特点创新设立的全国首家文化金融控股集团。
>
> 文投金控的成立提高了陕西省文化金融的服务效率，为全省文化产业的发展提供了一个更具综合性、全面性的强大平台。文投金控充分发挥国有文化投资企业的市场能动性，构建起一个联通文化产业资源、政策资源与金融资本的对接平台。文投金控通过开展金融业务，不断加强下属板块的协同效应，发挥"1+1>2"的效用，提高了陕文投金融板块的综合竞争力，增强了其服务省内外中小微文化企业的能力。陕文投对文投金控平台的打造，为后续发力"丝绸之路文化金融试验区"建设打下了坚实的基础，也为陕西建设"文化强省"战略提供了现代化的金融服务。

八、以数字化促进集团转型发展

产业数字化是未来之大势所趋，文化产业尤其面对强有力的冲击。陕文投一方面应对技术和经济的新趋势、新挑战，另一方面也积极响应并贯彻落实中央和省委决策部署，实施文化产业数字化战略，加快发展新型文化业态，以数字化转型推动集团高质量发展。

陕文投清醒地认识到，融入数字经济是集团高质量发展的必然选择，需要集团上下统一思想、拓展思路，全面拥抱数字化，强化对数字化转型和数字化发展的理解与认识。文化产业的数字化有其特殊性，尤其陕西的文化产业发展更具有自身的特点，既要保持历史性、传承性，还要体现创新性和市场性。对于这方面，陕文投董事长王勇在战略上有独到的思考。他指出，第一，拥抱数字经济，既是拥抱当下，更是拥抱未来，要树立坚定不移走数字化转型发展的决心和信心，坚定步伐迈向数字化发展之路。第二，深刻把握数字化产业发展的核心和关键。科技是核心支撑力，要把"文化+科技"作为高质量发展的重要抓手，加深对大数据的认识和运用，强化文化IP打造，构建数字化文旅新业态，持之以恒打造文旅精品，加强集团数字化协同。第三，要把数字化转型作为推动集团高质量发展的重要驱动力和保障。要把"数字化转型"摆在集团"十四五"规划的突出位置，切实抓好数字化转型发展重大项目建设，加大开放合作力度，从体制机制、战略目标等多方面推动数字化转型。

在陕文投的战略中，数字化是面向未来的重要战略措施，要通过数字化转型来促进其文化产业中核心优势的凸显，在内容、渠道、业态等方面形成市场优势，并且要从战略发展的角度全力推动数字化转型。不仅要与主营业务紧密结合，落实到具体项目、实际举措、团队管理上，还要积极寻找行业头部企业、知名团队，开展多种形式的合作，借助专业力量，在较短的时间内实现转型见效。

> **专栏 7.6**
>
> ## 数字化转型
>
> 2021年1月6日至7日，陕文投召开"拥抱数字经济 畅想陕西文旅"数字化转型专题研讨会。研讨会特邀腾讯、阿里、美团、华意明天、易点天下等全国知名企业高管做主旨演讲。陕文投领导班子成员、总助级高管、集团中层干部和各二级公司主要负责人在集团主会场参会，各公司高管班了成员在集团分会场参会，各公司同时设立分会场，干部员工通过网络直播方式参会。各位嘉宾分享了数字经济、数字科技、文化旅游的发展趋势和实践经验。陕文投聘请他们作为集团的数字化转型高级顾问。
>
> 目前，陕文投正在围绕陕西智慧旅游谋篇布局，做大文章：数字智慧文旅展示中心建成，"游陕西"App、陕西演艺线上平台、陕西文化旅游网等数字化产品的丰富性和便捷性正在吸引越来越多的C端（消费者、个人用户端）用户深度体验。陕文投已经成立了由董事长、总经理挂帅的数字化转型领导小组，设立了集团数字创新发展中心。

九、以企业文化创造基业长青

2009年6月陕文投挂牌成立时，当时在场的真正可以称为"文投人"的只有陕文投创始人、首任董事长段先念一人。到了2009年年底，陕文投在册员工总共只有48位。十多年来，陕文投实施人才兴企战略，坚持高标准选拔人才，严把进人关；坚持以人为本，努力塑造积极向上、团结友善、风清气正的企业文化。朝气蓬勃的人才队伍是陕文投十年成长的动力之源，优秀的企业文化是陕文投发展的兴盛之本。

迈向高质量发展
陕西的探索

陕文投面向社会源源不断地吸纳各路精英，吸引了一批行业优势领军人物加盟。十多年来，近百名员工走上了集团中层干部、子公司高管乃至集团总助级高管的岗位。其中，不满40岁便被提拔担任集团中层管理干部的员工有90余名。为培养后备人才，加强集团人才梯队建设，陕文投每年赴全国重点高校开展校园招聘，面向985、211院校优选有志青年学子加入，累计吸引56名管培生加入，连续八年被智联招聘评为西部地区"十佳雇主单位"。值得一提的是，为了保障自身能持续"造血"，陕文投建立了相对完善的财务工作体系，打造了一支有品牌、有形象的陕文投"财务人"队伍。十多年来，陕文投财务系统工作人员的平均年龄为34岁，有中高级会计师86人，注册会计师、注册税务师合计14人。其中，1人入选全国会计领军人才，1人入选首届全国大中型企事业单位总会计师（高端班），6人入选省级会计领军人才，1人入选市级会计领军人才，各项指标均居省属企业前列。

陕文投始终坚持"对党忠诚、勇于创新、治企有方、兴企有为、清正廉洁"的国有企业好干部标准，严格按照《党政领导干部选拔任用工作条例》基本要求，将党管干部原则与市场化用人机制有机结合起来，持续探索"干部能上能下、员工能进能出、待遇能高能低"的现代企业选人用人机制。集团破除传统国有企业选人用人机制，坚持干部聘用管理制，实行负责人薪酬与业绩强挂钩、干部分层分类培训，落实"末位淘汰"刚性约束，探索职业经理人制度，为集团实现高质量发展提供了坚强的组织保障。

陕文投珍视员工、爱惜人才，用文化自信滋养发展的土壤，用事业平台激发干事创业的活力。十年如一日，陕文投坚持客观公正评价员工，公开公平选拔干部，"忠诚干净有担当、优异的才干、优良的业绩、良好的品德"是干部提拔的根本条件。陕文投是高度竞争的市场化平台，所有文投人都是经过精挑细选的优秀人才,每一位都是陕文投宏伟事业的开拓者、建设者、见证者,都有机会成为推动陕文投基业长青的栋梁之材。陕文投倡导阳光、清新的企业文化,上级与下级、干部与员工、文投人与合作方始终秉持真诚、友善、简单、透亮、清爽的人际关系。文投人礼貌周到、谦卑为人,是因为他们更懂得对文化的敬畏、对理想的执着、对事业的挚爱。文投人老老实实做人、清清白白干事,是因为他们追求有体面的生活、有尊严的人生。十年沉淀的企业文化是文投人凝聚力的源泉,是陕文投最为宝贵的精神财富。企业文化的塑造为陕文投的持续发展提供了系统动力,保证了其在战略、组织等层面能不断新老更替却仍然保持使命如炬。

十、重新思考企业家精神

陕文投是一家省属国有大型文化投资集团,其所处的行业和所有制使其对企业的领导者和创造者有更复杂、更全面的要求,这也为那些在中国当下产业发展背景下思考企业家精神的人提供了新的视角和素材。

传统的企业家是需求的发现者、风险的承担者、创新的实现者、市场资源的配置者,往往也是企业剩余价值的控制者。他们既有做好企业的信念上的动力,也有创造和控制企业经济价值的动力。

陕文投的企业领导人,将其从一个理念愿景变成一家有资产、有业绩、有利润的企业,显然具有卓越的企业家素质和能力。但像王勇董事长这样的国有企业中的企业家,显然不同于理论上抽象的企业家,他们除了具有理论上的企业家精神共性,还需要满足社会、时代和行业背景提出的更高要求。

他们所管理的企业首先是政府和市场的衔接者。国有企业具有特殊的属性和使命,同时也有与政府的特殊关联,需要帮助政府履行一定的市场

化职能，与政府之间具有比一般企业更亲密的政企关系。其次，文化作为具有公共品性质的商品，不同于一般的交易商品，因此，作为企业管理者还需要思考如何围绕政府的职责实现企业市场化的路径探索。王勇董事长认为，早年在广电系统的工作经历加深了他对于宣传和文化传播工作的理解，以及对于政府工作目标中优势和局限的认知，使他能够在国有企业的工作中充分利用市场化的方法，成为发展文化和创造市场价值的推手。

王勇董事长认为，相对于民营企业，国有企业的企业家承担了更多的责任，受到了更多的约束，同时也更缺少货币化的激励，但优势是平台更大，能够去做更大的事业。在陕文投，正是因为对文化事业的兴趣和责任，一批有识之士才聚集到这个平台上，一起发挥能量。这种对于事业荣誉感的追求也是对企业家的重要激励，并不亚于简单的货币回报。

第二节　我对陕文投案例的一点补充

王　勇[*]

2016年，北京大学光华管理学院西安分院把陕文投确定为光华管理学院的实践教学点，使我在和光华管理学院师生的互动交流中不断获得管理企业的智慧。这一次由张国有、姜万军两位教授带队的调研组对陕文投十多年的发展做了一次全面深入的梳理，专家们以独特的专业视角对陕文投的成长进行了分析、归纳和总结，形成了《高质量发展：陕文投的成长与思考》教学案例报告。这份报告真实地描述了陕文投的成长轨迹，也昭示出陕文投令人可期的发展前景。作为陕文投的主要创始人和管理者，我感谢北京大学光华管理学院各位老师的辛勤付出。

---

[*] 王勇，陕西文化产业投资控股（集团）党委书记、董事长。

第七章
陕文投集团：搭平台，促发展

陕文投是文化体制改革的产物。在文化大发展大繁荣的国家战略背景下，2009年，陕西省委、省政府决定斥资22亿元，打造全国最大的文化投资市场平台，推动陕西由文化资源大省变成文化强省。很庆幸，经过组织的严格挑选，我成为陕文投的第一任总经理。当时，西安曲江新区已经是闻名全国的文化产业示范区，曲江新区管委会主任兼西安市副市长段先念由省委委派兼任陕文投党委书记、董事长。段先念主任带领曲江新区成功发展文化旅游产业的宝贵经验和品牌影响成为陕文投扬帆起航的强大引擎。事实上，在陕文投起步的几年，除了段先念董事长的卓越领导，曲江新区管委会和曲江文投在资本、人才、管理等方方面面也给了陕文投巨大的支持。

依托曲江新区创建的陕文投能否复制"曲江模式"？这是我任陕文投总经理后面对的第一道命题。曲江新区是西安市政府20世纪80年代末在雁塔区行政区域内划出的20多平方公里的开发区，因唐长安城曲江池遗址而得名。"曲江模式"的本质是依托文化资源开发大景区，用文旅景区带动周边土地升值，以地产反哺文化旅游。"曲江模式"无疑是一种成熟的文旅产业发展模式。然而，"曲江模式"有两个前提条件：一是在快速发展的大中城市拥有可连片开发的土地资源，并承载着独特的文化资源。二是政府与企业一体化运作，土地一、二级联动开发。如果能够成功借鉴曲江经验、放大曲江效应，无疑是陕文投最希望选择的发展路径。然而，陕文投作为一家文化企业，既无土地资源，也无法与政府实施一体化联动。这使得陕文投根本不具备复制"曲江模式"的基础条件，因此必须另辟蹊径，探索自身的发展模式。陕文投坚持把文化作为核心资源，把创意作为核心能力，通过打造文化精品，实现自身的良性发展。这条路虽然艰难漫长，但陕文投信奉文化产业发展的"长期主义"，只要坚持走，就一定走得通、走得好。

陕文投究竟定位于做投资还是做产业？这是我们当年面临的另一个重大战略选择。伴随着这个问题，我们思考了两三年，最终选择了"产业+投资"混合型发展战略。作为文化投资公司，选择优秀文化企业进行战略或者财务投资，是陕文投成立之初的首选方向。然而，长达一年多的时间里我们却没有投资一个项目。原因是：传统大型文化国有企业我们不愿投，发展定位不清、竞争优势不明显的中小文化企业我们不敢投，省外虽有好的文化项目我们却不能投。于是我们调整方向，孵化和培育自己的文化产业。首先，依托陕西优质的资源禀赋，我们组建了陕文投影视公司、陕西书画艺术品交易中心、华夏文创、西部传媒等一批文化企业，目前它们都已经成为在全国兼具知名度和影响力的文化企业。其次，服从全省文化旅游融合发展战略，建设一批文旅大项目。结合陕西省"十二五""十三五"规划，依托历史文化、红色文化和自然山水文化的独特资源，陕文投打造了一批文化景区，如全国第一个红色旅游小镇照金、延安枣园文化广场、韩城古城历史文化街区、黄帝陵文化景区、安康瀛湖生态旅游景区等。最后，在培育文化产业的同时，陕文投着力延伸文化产业链，构建了牌照齐全、特色鲜明的文化金融板块。依靠行业影响力，陕文投先后成立了陕西文化投资管理有限公司、陕西文化产业投资基金等文化金融企业，面向陕西和全国投资了一批优质文化项目，陕文投全资子公司陕西文化产业投资管理公司荣获"融资中国2016—2017中国文化产业十佳投资机构"称号。陕文投金融板块依托独特的文化视角和专业的投资能力，先后投资了易点天下、英雄互娱、荣信教育、恒达文博、咏声动漫等一批行业头部企业，形成了"运营+投资"的混合型集团特征。

是固守国有企业传统还是创新发展走新路？陕文投作为省属国有文化企业，随时都可能走传统国有企业僵化守旧的老路，这是我们一直最为警惕的。陕文投一成立，我们就坚持市场化用人机制，干部员工全员聘用，所有人员档案委托曲江人才交流中心管理，彻底打破了传统国有企业的"铁饭碗"。无论过去是公务员还是事业单位的工作人员，一旦到陕文投来都必须首先转换为市场化身份，从体制机制上保证"人员能进能出、干部能上能下、待遇能高能低"。作为处于充分竞争行业的文化企业，陕文投必须始终保持创新活力才能生存和发展。我们提出"职业化创新是陕文投的核心能力"，坚持高标准选人用人。我们打破论资排辈，在选人用人和薪酬分配上坚持"差异化才是最大的公平"。陕文投把内部培养与外部引进有机结合，吸引了一大批优秀人才不断加盟，用新的人才、新的观念持续优化自身的创新环境和发展环境。2020年9月，在国有企业深化改革的大背景下，陕文投一次性出台深化改革、转型发展的五份文件，从二级公司高管层激励性薪酬制度，到对外开放合作引进社会资本，再到管理层持股、员工创办企业等，进一步深层次释放改革活力，推动企业创新发展，短短半年多就呈现出很大的政策效应。陕文投这些年还围绕文化与金融融合发展、文化与科技融合发展、数字化转型等不断进行探索。此外，经过十多年的快速发展，陕文投也面临着文化企业收入不稳定、投资回报周期长、政府债务化解难、税收负担过重、资产负债率高等诸多问题。我们期待与北京大学光华管理学院的师生们一起破解这些发展难题。

党的十九届五中全会通过的《中共中央关于制定国民经济和社会发展第十四个五年规划和二〇三五年远景目标的建议》明确提出到二〇三五年建成文化强国的宏伟目标。陕西把文化旅游与能源化工、装备制造作为三大优先发展的万亿级产业重点培育，这必将为陕文投加快发展、做大做强提供巨大的政策红利和市场机遇。"行百里者半九十"，陕文投是扎根在陕西这片中华民族文化热土之上的现代文化企业，十余年的发展仅仅是一个良好的开局。我期待一代代文投人坚守"让陕西文化走向全国、让中华文

明走向世界"的初心和使命担当,始终不渝地把打造文化精品作为核心竞争力,努力使陕文投成为全国一流、基业长青的优秀企业。

第三节 国有文化企业的担当:传播中华文明,增值国民经济

邓丽丽

国有文化企业如何在文化产业中承担创新责任、发挥引领作用,陕文投提供了很好的范例,值得特别关注。

2009年6月成立的陕文投,注册资本为24.92亿元。11年后,到2020年年末,集团资产总额200多亿元,净资产从成立之初的11亿元增长到50多亿元,净资产率达25%;累计完成投资280多亿元,实现利润总额9.6亿元,纳税近14亿元,投资利税率达8%。仅十余年的时间,陕文投就逐渐形成了以影视生产、文化旅游、文化金融为核心主业,以艺术文创、文化传媒、文化商业等为支撑的产业格局,发展成为全国最具影响力的省级文化投资集团之一,能有这样的成就,非常了不起。

在这了不起的背后,是陕文投一贯坚守的立企之命。陕文投作为中国的文化企业,其立企之命有两个:首先是文化传播,即"传播中华文明",立志要"让陕西文化走向全国、让中华文明走向世界";其次是文化效益,就是作为企业要使文化能够增值国民经济,助益社会发展,与国家同频,与地方共振。我多次到陕文投考察、调研、学习,接触到的陕文投的事情无论大小,都能反映出其使命在其中的影响。

传播中华文明、增值国民经济,陕文投是通过建设好四个平台分步推进的。一是建设好陕西省文化资源整合平台,以省为基地,用创意整合各种文化资源,为我所用;二是建设好重大文化产业项目实施平台,将资源转化成项目,一个个落地实施;三是建设好文化品牌创建平台,推进品牌

的生成、培育、专利保护等,扩大文化项目的持久性生存和持久性影响;四是建设好国有文化资本的增值平台,使握在手中的国有资本不流失,在文化产业中不断发挥作用,并保值增值。我觉得这四个平台的建设对陕文投十多年资源整合、项目实施、品牌建设、资本增值的有序有效发展至关重要。

首先,陕文投整合影视资源,搭建从影视剧策划创作、投资制作、营销发行到版权交易的产业链,用精品剧彰显"西部影视"品牌,创造了良好的经济效益和社会影响。其次,陕文投整合书画艺术品资源,构建从收藏、展览、拍卖、艺术衍生品到艺术金融的产业链,用市场力量推介、提升"长安画派"的影响力,取得了很好的效果。最后,陕文投整合文物资源,创建陕西中华文物创意产业研究院、陕西旅游商品研发基地等,研发和销售一系列的文物衍生品。在项目实施、项目带动方面,陕文投形成了全省的文化旅游产业项目布局,投资打造了照金红色旅游景区、延安枣园文化广场、韩城古城文化街区、安康瀛湖生态旅游景区、黄帝陵中华始祖堂等景区项目。陕文投的工作和发展,有板有眼,扎实有效。

我曾多次访问陕文投,它给我留下了深刻的印象。陕文投在发展中有独特的竞争力,其中一个就是其在文化领域的金融创新。长期以来,我认为最需要做但不容易做好的就是文化领域的资本融合和金融创新,而陕文投近些年却做得有声有色。陕文投有一种强烈的意识,那就是文化是核心资源、创意是核心能力、人才是核心竞争力、资本是核心推动力。文化旅游产业是风险高、投入大、周期长的创意产业,需要依靠金融的长期支持。这样的认识促使陕义投推动传统金融工具的创新应用,不断革新融资模式。例如,陕文投与三十多家金融机构建立紧密的合作关系,创办了投资管理、文投小贷、文投担保、文投基金、文投租赁、文投资管等文化金融企业,同时,运用短期融资券、超短期融资券、中期票据、企业债等直接融资方式降低融资成本。2019年10月，陕文投成功发行全国首只红色文旅债券（金额4亿元，期限3年，票面发行利率5.98%），以此来支持集团开发的红色文化旅游项目。同时，陕文投积极对接资本市场，其全资子公司陕西文化产业投资管理公司共管理基金8只，总规模达到21亿元。此外，陕文投还成功投资了易点天下、英雄互娱、荣信教育、恒达文博、咏声动漫、凤凰画材等多家高成长性企业。陕文投创新发展文化金融，着力构建产融结合的良好生态，以及在文化领域多渠道、多角度的金融模式，给我留下了非常深刻的印象。

陕文投紧跟时代步伐的另一个方面就是用数字赋能企业，以数字化转型推动集团的高质量发展。目前为止陕文投已经建设了四个平台，产业数字化平台是其着力建设的第五个平台。在这个平台上，陕文投狠抓实施。在数字旅游领域，陕文投建成了陕西省旅游产业运行监测与应急指挥平台，改版陕西文化旅游网，连通全省170多家景区，吸引了37个演艺场馆入驻，呈现了73场热门演出，实现"线上购票选座、线下扫码入场"。陕文投目前正在推动的应用数字技术的项目有六项：一是重点建设西咸沣东秦文化园项目中的秦文化演艺馆、丝绸之路美术馆、丝路电影科技馆、丝路电竞馆、数字影视创意基地等。二是建设陕西省智慧旅游平台，以"全省一张网"为建设核心，升级全省智慧旅游监管应用平台，建设文旅大数据分析应用中心，打造陕西全域旅游指挥平台等。三是面向用户打造"游陕西"App矩阵，开展智慧旅游样板景区试点建设，推动陕西文化旅游产业迭代升级。四是建设书画大数据平台，创建西安书画艺术品光谱技术实验室，完善针对书画作品的数字化、标准化鉴定评估体系。五是建立以大数据技术分析为核心要素，针对不同艺术家、不同类型作品的科学定价体系，推动书画大数据评估平台的市场化应用。六是建设影视大数据评估平台，建成并完善基于影视数据标准的大数据库。上述一系列数字产业化、产业数字化的文化建设均体现出其前瞻性思维。

从陕文投的案例中可以充分看出，一家企业的成功，与领导人的导引作用分不开，与管理团队的管理效能分不开。2020年，陕文投员工共计1 800余人，硕士及以上学历的169人，有海外留学经历的36人，中高级职称的146人，平均年龄36岁，这说明集团团队年轻化，人才储备充分。集团十多年的发展正是大团队积极努力的结果。

我多次访问、请教过陕文投的王勇董事长以及集团的其他领导者。我深刻感受到集团领导者的素养，包括眼光、胸怀、能力、品格等对一家企业发展的影响。领导者及团队的素养会影响到企业的使命、愿景、战略、风气。陕文投十多年的长足进步以及辉煌的业绩都与集团领导者及其团队息息相关。这一点令我印象深刻。希望陕文投能够继续坚守国有企业的使命，倡导清新简约的企业文化，保持积极向上的发展活力，成为传播中华文明、增值国民经济的典范。

第八章
实景舞剧《长恨歌》：持续改进，追求至善

第一节 《长恨歌》文化品牌的崛起

肖 婷 姚新垣 游 博[*]

一、文化创新基础观

唐朝有着中国历史上规模空前的统一与强盛、包容与创新，有着独一无二的国际化程度和世界影响力，在文、史、宗、哲、建筑、医学、数学、天文地理、百工技艺等社会科学和自然科学的传承及发展上均有重大突破，是一个承前启后、大放异彩的辉煌时代，在世界文明史上亦占有重要位置。

苏轼曾评说："君子之于学，百工之于技，自三代历汉至唐而备矣。故诗至于杜子美，文至于韩退之，书至于颜鲁公，画至于吴道子，古今之变，天下之能事毕矣。"（《东坡题跋·书吴道子画后》）唐代的创新是全面的，不僵守古制，且在消化、吸收其他文化内容的同时，保持着自己的特性，因此古今均对唐代文化推崇备至。

西安——古称长安，是汉、唐等13个朝代的国都以及"丝绸之路"的起点，也是隋唐时期全球最大的国际化都市。举世闻名的兵马俑、秘藏佛指舍利的法门寺、全世界现存规模最大的古城墙、汉武帝长眠的茂陵、唐高宗与武则天合葬的乾陵、杨贵妃沐浴的华清池、收藏历代碑帖的碑林、

---

[*] 肖婷，北京大学光华管理学院助理教授；姚新垣，陕西华清宫文化旅游有限公司董事长；游博，北京大学光华管理学院访问学者。北京大学光华管理学院硕士研究生李浩、景群平、王鹏洲对资料整理和案例编写亦有贡献。

第八章
实景舞剧《长恨歌》：持续改进，追求至善

玄奘大师讲经的大雁塔、纪念义净大师的小雁塔以及数不胜数的其他历史文化遗迹都存在于西安这座文化名城。

在建都长安的历代都城中，尤以唐长安城规模最为宏大。唐长安城是中国古代历史上也是当时世界上规模最大、布局最规范、建筑最宏伟的一座都城。为了体现统一天下、长治久安的愿望，当时的建造者在规划城池的过程中运用了"天人合一"的思想观念。唐朝时期，中国社会经济处于上升阶段，正是在这样的时空背景下，先进的唐文化孕育而生。在开放包容的社会风气下，中华文明与世界各国、各民族文化进行了大规模频繁的交流融合，不但使中国向外输出了大量的文化与技术，还使我们从外族文明中汲取了诸多元素，从而形成了更加兼容并蓄的中华文化。唐文化主要有三大特点：一是文化体系庞大完整，发展程度高；二是民族政策与对外政策极具开放性；三是靠近民众，重现实，不僵守古制。

中国首部大型实景历史舞剧、"中国十大未来文化遗产项目"——《长恨歌》就选址在陕西西安的华清宫内（如图8.1所示）。华清宫坐落于西安骊山北麓，自古以来便是王宫贵族游玩享乐的温泉圣地，更传颂着唐明皇与杨贵妃的爱情故事。

图 8.1 华清宫

图片来源：陕西华清宫文化旅游有限公司。

舞剧《长恨歌》以唐明皇与杨贵妃的爱情故事为主线，重现了白居易长诗《长恨歌》中的动人篇章。舞剧全长70分钟，将历史与现实、自然与文化有机交融在一起，更以整个骊山山体为背景，以九龙湖做舞台，以唐代建筑形式的亭、榭、廊、阁、殿、石舫为舞美元素，打造出"高高骊山上有宫，朱楼紫殿三四重"的依山环水、殿宇恢宏的真实意境。《长恨歌》自2006年由陕西华清宫文化旅游有限公司推出以来，经过十余年的精雕细琢，已成为陕西文化旅游的"金字招牌"，网上好评率高达99%以上，成为来西安必看的演出之一，堪称西安人待客的文化盛宴（《长恨歌》剧照如图8.2所示）。华清宫景区先后接待了数十位国家领导人和外国元首、上百位文化和艺术界名人等，不仅如此，《长恨歌》还有效带动了当地酒店、餐饮、交通、休闲、康疗旅游产业的发展，十余年间接贡献超过10亿元，成为传统景区突破发展的成功范例。

图8.2 《长恨歌》剧照（1）

图片来源：陕西华清宫文化旅游有限公司。

二、范式转换获取竞争优势

繁荣开放的唐文化不仅在中国文化史上，在世界文化史上也称得上是

第八章
实景舞剧《长恨歌》：持续改进，追求至善

卓越典范。英国学者威尔斯在谈及中国盛唐时说：当西方人的心灵为神学所缠迷而处于蒙昧黑暗之中，中国人的思想却是开放的，兼收并蓄而好探求的。

面对我国丰富的历史文化遗产，如何在消费升级的大背景下充分利用这些资源，在保护的同时进行开发，如何进行文化创新以带动旅游业的发展，实现经济价值，已经成为文化产业和旅游产业发展的重要课题。在我国，"旅游演艺"这种旅游产品最早就发源于陕西西安，由陕西省歌舞剧院古典艺术剧团于 1982 年推出的《仿唐乐舞》至今仍是西安市长盛不衰的经典演出剧目之一。

近年来，陕西省更加重视文化产业的发展，出台了一系列促进文化产业发展的改革办法和实施措施，对全省经济增长的支撑和拉动作用显著提升，推动了文化产业的跨越式发展。在政策和财政资金的大力支持下，全省文化产业快速发展，增加值不断提高。2004—2017 年，全省文化产业增加值年均增长速度达到 22.4%，2017 年，文化产业增加值已高达 911.1 亿元，占全省 GDP（国内生产总值）的比重也相应快速提升（如图 8.3 所示）。

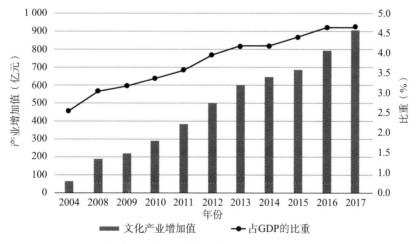

图 8.3　陕西省文化产业增加值及占 GDP 的比重变化情况

资料来源：陕西省统计局。

具有丰富历史文化资源的陕旅集团在推动文化产业发展、促进文化和旅游融合方面，一直走在全国前列。集团旗下的陕西华清宫文化旅游有限公司为了使游客不仅能欣赏到静态的自然景观，更能体会到辉煌巅峰的唐文化，便以骊山为背景，运用全新的概念，将大规模的高科技艺术灯光、水上升降舞台、独特的烟雾效果与真人歌舞表演相结合，创造出绚丽梦幻且令人震撼的视觉效果（如图8.4所示），形成了具有不可复制性的文化创新产品——实景舞剧《长恨歌》。该剧不仅再现了灿烂辉煌的唐代风貌，还有效地结合人文历史景观，展示了一个帝王与贵妃跨越时空的爱情悲剧，反映了一个王朝由盛及衰的历史，演绎了一个将爱情绝唱作为盛世终结的经典故事。《长恨歌》成功地将资源优势转化为文化体验优势，成为陕西文化产业创新中最具成长活力的文化IP之一，对西安乃至陕西旅游经济的发展起到了巨大的推动作用。

图8.4 《长恨歌》剧照（2）

图片来源：陕西华清宫文化旅游有限公司。

（一）文化创新业态

观光时代的大多数景区，包括很多具有垄断性资源优势的5A级景区，普遍缺少文化体验，"我国悠久的、丰厚的、多元的……文化"，往往只停留在导游的介绍上，不会被游客记在心里，游客旅游体验较差。而实景剧的出现，对当地那些听得见看不着的文化进行了场景化的呈现，赋予静态场景以动态律动、优质景观以文化情感，推动景区的自然与人文景观相得益彰地完美呈现。

2004年公演的《印象·刘三姐》具有里程碑式的意义，为后来的中国实景歌舞剧创作开了先河。演员与观众面对面的情感交流和心灵沟通，是一种活生生的、直接有效的交流，观众为剧中人物的命运所吸引，随人物的喜怒哀乐而动怀，这是其他文艺形式所难以替代的。

近年来，旅游演艺行业开始向成熟期发展，进入转型升级、提质增效的阶段。主要表现为：旅游演艺节目从"你演我看"的观赏式向场景、演员与观众互动的沉浸式转变，如《又见平遥》《寻梦牡丹亭》《桃花源记》等，同时，众多文旅企业集团如宋城集团、华侨城集团、华夏文旅集团等都把旅游演艺作为主业，并与主题公园、旅游小镇等融合发展，逐渐向上下游领域延伸，向游、住、食、康、娱、购和会展等业务链拓展。

在旅游和文化产业大发展、大繁荣的背景下，旅游演艺已从几台戏演变为一个带动旅游业和文化产业共同发展的新兴行业（如表8.1所示）。2019年，为着力推进旅游演艺转型升级、提质增效，充分发挥旅游演艺作为文化和旅游融合发展重要载体的作用，文化和旅游部发布《关于促进旅游演艺发展的指导意见》，标志着旅游演艺正式作为一个新颖的文旅融合业态得到重视。

表 8.1　中国旅游演艺行业的发展阶段

探查参与期（2004—2007）
2004 年《印象·刘三姐》推出以后迅速在全国引起巨大反响，刺激了国内旅游演艺的消费需求和资本市场的投资。但由于创作周期较长，以及受到当时消费水平、市场范围、技术条件等因素的制约，旅游演艺的发展处于探查参与阶段，投资规模较小，总体增长缓慢。这期间，旅游演艺的新增数量仅为 23 个，年均增长 6 个，年均行业总投资规模仅 5.22 亿元
快速发展期（2008—2014）
在《印象·刘三姐》《长恨歌》的成功效应影响下，中国旅游演艺呈现出强劲的发展态势。2008 年后，随着游客消费市场需求结构的转变、旅游体验模式层级的升高、高科技的发展、景区开发规范性的提高，尤其国家旅游局（现文化和旅游部）A 级景区评定办法的出台和实施，景区管理者在开发过程中对文化的重视程度大大提高，绝大多数的 5A 级景区都有了自己的演艺团队 　　在此期间，政府相关文旅融合发展政策的颁布和实施为旅游演艺的发展营造了良好的外部环境，引导社会、企业、私人资本流入旅游演艺开发领域，其投资数量、投资规模等均较以前有了大幅提升，处于爆发式增长阶段。这期间，旅游演艺新增数量为 202 个，年均增长 29 个，约为探查参与期的 5 倍，年均行业投资规模为 22.83 亿元，并初步形成"印象""又见""千古情"等品牌系列
成熟巩固与创新突破期（2015—2018）
由于快速发展期旅游演艺粗放发展，同质化现象严重，缺乏吸引力、不可持续的发展实践以及前期投资巨大（大投入、大制作、大场面）且后期设备维护成本高的累积影响，《海棠秀》《印象·海南岛》《泰山千古情》等一批旅游演艺难以为继，相继关停，实景演艺行业的投资者初次感受到市场的残酷 　　2013 年《旅游法》出台前，许多实景演艺项目采取与旅行社、旅游机构协同合作的方式，该法出台后，将实景演艺与景点门票捆绑销售的做法被禁止，这极大地减少了实景演艺的观众数量 　　这期间，旅游演艺新增数量为 58 个，年均增长率为 19.3%，年均行业投资规模为 20.13 亿元。与前期对旅游演艺纷纷进行大规模粗放式投资相比，这一时期的投资热度有所下降，投资逐步趋向理性。同时，旅游演艺发展更为规范化、市场化，市场向好。市场期待创新且扎实的经营管理模式

资料来源：余玲等，《中国实景演艺旅游资源时空格局研究》，《地理科学》，2019 年第 3 期，第 394—404 页。

陕西是历史文化大省，陕西旅游业从业者在推动文化产业发展、促进文化和旅游融合方面，一直走在全国前列。20世纪80年代，在法国"红磨坊"旅游模式的启发下，陕西西安创建了"中国式餐饮+演出"剧院式餐厅——唐乐宫。唐乐宫剧院推出的《仿唐歌舞》至今仍是长盛不衰的常驻经典演出。

从80年代西安的《仿唐乐舞》算起，我国旅游演艺行业的发展经历了起步、初步发展、全国快速发展、转型升级发展四个阶段，历时40年（如表8.2所示）。

表8.2 中国旅游演艺行业发展的四个阶段

阶段	特点和主要标志
起步阶段 （1982—1995）	以室内剧场演出为主，境外观众居多，行政式招待与市场演出兼而有之。1982年，西安面向入境游客推出《仿唐乐舞》；1986年，朝阳剧场被北京市指定为"旅游演出定点场所"，主要面向入境游客，演出其看得懂的杂技、武术和京剧折子戏《三岔口》《三大样》；1988年，西安创建中国第一个剧院式餐厅——唐乐宫剧院，被誉为中国版的"红磨坊"
初步发展阶段 （1995—2004）	面向国内外大众游客，开启主题公园剧场或专业旅游剧院演出，实行商业化运作。1995年深圳华侨城旗下中国民俗文化村的《中国百艺晚会》、1996年世界之窗的《欧洲之夜》始创大型广场定时露天演艺。1997年杭州宋城景区的《宋城千古情》始创主题公园室内剧场定点定时演出。随后，2001年张家界的《魅力湘西》和曲阜的《杏坛圣梦》、2002年丽江的《丽水金沙》、2003年昆明的《云南映象》、2004年北京的《功夫传奇》等相继出现
全国快速发展阶段 （2004—2015）	实景演出迅速扩展到全国各地，多种旅游演出涌现出来，由专业团队策划、演出和经营，初步形成旅游演艺的几个品牌。2004年的《印象·刘三姐》标志着实景演出开始登上旅游演艺舞台，随后引发实景演艺热潮，旅游演艺向大众化、专业化、多样化方向迈进。旅游演艺场所与节目从几个增加到二三百个，形成印象系列、山水系列、千古情系列三大品牌，同时还有一批独具地方特色的实景演出，如西安的《长恨歌》、登封的《禅宗少林·音乐大典》等

（续表）

阶段	特点和主要标志
转型升级发展阶段（2015年至今）	近年来，旅游演艺行业开始向成熟期发展，进入转型升级、提质增效阶段。主要表现为：旅游演艺节目从"你演我看"的观赏式向场景、演员与观众互动的沉浸式转变，如《又见平遥》《寻梦牡丹亭》《桃花源记》等。同时，众多文旅企业集团把旅游演艺作为主业，将其与主题公园、旅游小镇等融合发展。2019年文化和旅游部发布《关于促进旅游演艺发展的指导意见》，标志着旅游演艺正式作为一个新颖的文旅融合业态得到重视

资料来源：王兴斌，《旅游演艺 从兴起到繁荣》，中国经济网，2019年7月15日。

旅游演艺市场可被进一步划分为实景旅游演出、主题公园旅游演出、剧场表演旅游演出三大类（如表8.3所示）。

表8.3 旅游演艺市场划分

类型	特点	代表剧目	优劣势
实景旅游演出（2018年市场占比26.4%）	以旅游地山水实景为依托打造的实景演出产品	《长恨歌》，《印象·丽江》《印象·大红袍》等印象系列，《禅宗少林·音乐大典》等山水盛典系列	优势：历史文化特色十足，难以复制 劣势：受气候、夜景等影响，演出场次有限，收入有限
主题公园旅游演出（2018年市场占比46.8%）	通过演出与游园优势互补、共同打造的复合型旅游演出项目	以《宋城千古情》为代表的"千古情"系列、华侨城集团的《金面王朝》等	优势：主题公园游客转化率高，盈利水平高，且能大幅带动周边地产、旅游产业发展 劣势：初期投资较大，门槛较高，已呈垄断态势
剧场表演旅游演出（2018年市场占比26.8%）	在剧场内针对旅游人群所打造的旅游演出产品，主要展示当地文化特色歌舞、戏剧、曲艺、杂技等	杨丽萍的《云南映象》、天创国际的《功夫传奇》等	优势：门槛低，各地政府较为支持，增加景区吸引力 劣势：易复制，实现盈利较难

其中,实景演出是一种鲜活生动、具有较强观赏性和娱乐性的文化旅游产品,其使沉寂的、静态的历史文化变成了立体的、可感受的娱乐体验,使受众能够更身临其境地感受文化、触碰历史。

作为国家5A级旅游景区的华清宫,曾是周幽王烽火戏诸侯、唐明皇和杨贵妃的爱情故事的发生地,以李、杨之间的爱情和华清宫为主要背景的白居易诗作《长恨歌》更是脍炙人口。这些传统的旅游资源与多样的现代元素融合在一起,构成沉浸式的场景,让观众从传统的"被动观演"逐步转变成"主动参演"。这些独具特色的旅游文化资源,使华清宫景区具备了发展文化创意产业的独特资源和优势条件。随着虚拟现实、全息投影、人工智能等现代科技的高速发展,文化的呈现有了更多的可能,此类与科技紧密结合的沉浸式旅游演艺将会越来越受到游客的青睐,这些技术的发展和成熟必将推动实景演艺向更高的层次发展。

(二)文化精准创新

2018年,西安地区的旅游演艺行业呈现出"811现象"——80%的项目亏损、10%的项目持平,在只有10%的项目实现盈利的情况下,尤其是省外类似项目如《印象·海南岛》《泰山千古情》等演出也票房失利的情况下,《长恨歌》却越战越勇,一路领跑(如表8.4所示)。华清宫景区门票曾降价高达20%,但当年综合收入不但没有减少,反而同比增长达26.35%。不过,很多人只看到了《长恨歌》成功的辉煌,却很少注意到打造《长恨歌》时做出的多项创新。

表 8.4 西安地区 2018 年主要旅游演出

名称	中华千古情	长恨歌	唐宫乐舞	梦回大唐	梦长安	秦俑情	驼铃传奇
出品方	宋城演艺	陕旅集团	陕旅集团	曲江文艺	国艺中联	中国泛海文化传媒	华夏文旅集团

（续表）

名称	中华千古情	长恨歌	唐宫乐舞	梦回大唐	梦长安	秦俑情	驼铃传奇
节目类型	室内演出	山水实景	室内演出	室内歌舞剧	室外行进式迎宾表演	室内演出	室内演出
首次公演年份	预计2019	2007	1988	2007	1996	2018	2017
座位数	预计3 000+	2 600	600	606	564	1 838	3 000
门票价格（元）	—	238	218	198	260	238	248
每天演出场次（场）	—	2	1	1	1	4	旺季3~5
携程评分及点评数	—	4.7/5.0分 8 730条	4.0/5.0分 214条	4.1/5.0分 441条	4.4/5.0分 157条	4.1/5.0分 131条	4.3/5.0分 103条
表演内容	挖掘周、秦、汉、唐丰富的文化IP，展现中华文化发展脉络	《两情相悦》《恃宠而骄》《生离死别》《仙境重逢》	《万岁乐》《白纻舞》《大傩》《霓裳羽衣舞》《秦王破阵乐》《游春图》《春莺啭》《踏歌》	《梦幻霓裳》《梦邀秦王》《梦浴华清》《梦萦西域》《梦游曲江》《梦回大唐》	大唐迎宾仪式和《梦长安》多媒体城墙实景文艺演出	通过一个复活的兵俑唤醒兵马俑军团，穿越时空，再现大秦历史文化场景	《岁月再现》《送君千里》《狼道遇险》《异国风情》《祥雨洗尘》《迎郎归来》《华夏盛世》

资料来源：兴业证券相关报告。

第一，文化汲取促进创新。汲取国内外先进文化以丰富自己的文化内涵，是中国新文化创造的传统。中华文化就是在与不同文化的对话与融合中发展起来的。而作为中国封建时期文化顶峰的唐文化，更深刻地影响了邻国以及全世界。一枝独秀、难以复制的舞剧《长恨歌》，其情感穿越千年，成为盛唐文化传承的最佳载体之一（《长恨歌》剧照如图8.5所示）。

第八章
实景舞剧《长恨歌》：持续改进，追求至善

图 8.5 《长恨歌》剧照（3）

图片来源：陕西华清宫文化旅游有限公司。

这部历史舞剧并不仅仅是讲述唐明皇和杨贵妃的爱情故事，更深具文化内涵。其反映出中国古人对"天人合一"的追求，在真实模拟场景中直击观众内心，给人以深刻的震撼，引发观众的情感共鸣，唤起他们对爱恨与政治的思考，并通过再现万国来朝的盛况巧妙激发民族自信和文化自信，唤醒人们最普遍的民族情怀，具有强烈的思想性。

第二，科技进步助力创新。巨大的骊山原本只是呆板的背景，《长恨歌》创造性地在整个骊山上装点了5 000多盏可变色灯源形成满天星空，创造出恢宏闪耀的梦幻夜空，形成强烈的视觉刺激，此外还配以对面山涧的一道沟壑和滚滚而下的森林瀑布，这些设计都强烈地推动了舞剧剧情的发展（如图8.6所示）。同时，《长恨歌》以湖畔、杨柳、龙船、宫殿亭阁等为实景点缀，地面装置了专门的迷雾灯光，让舞台画面呈现出仙境般的效果；池水中，安置了火焰表演升降台，让舞台效果更为壮观（如图8.7所示）；巨幕上，投影的是唐代大型壁画作品。《长恨歌》打造出"与骊山共舞""与星空对话"的露天实景，将真山、真水、真故事、真

195

情感以艺术化的方式呈现出来，可以说为历史插上了腾飞的翅膀，为观众提供了一场恍若梦境的试听盛宴，使他们觉得自己就像在与历史人物进行跨时空对话一般。

图 8.6 《长恨歌》剧照（4）

图片来源：陕西华清宫文化旅游有限公司。

图 8.7 《长恨歌》主舞台区与升降看台

图片来源：陕西华清宫文化旅游有限公司。

第三，表演精进保障创新。艺术的价值不在于向世人灌输什么，而在于当世人心底有所渴望、有所期待、有所彷徨抑或有所疑惑时，都能在艺术上找到共鸣之处。观看一部《长恨歌》舞剧，无须说不同的人会因此产

第八章
实景舞剧《长恨歌》：持续改进，追求至善

生不同的情感，即使是同一个人，在不同的年龄段，也会做出不同的解读。

白居易的诗作《长恨歌》主要从"爱之恨"的角度来倾诉爱情的悲切，整首诗的艺术核心是"恨"的抒发，其中"此恨绵绵无绝期"的悲剧式结尾与国人普遍偏好的大团圆结局背道而驰，尤其在节日欢乐的气氛中更显悲情。基于此，陕西华清宫文化旅游有限公司并没有单纯地重现历史事件，而是在坚守艺术规律的前提下，结合观众的偏好，将舞剧《长恨歌》的结尾一幕变成了唐明皇梦中在天上与杨贵妃相会的圆满结局，并且通过《杨家有女初长成》《一朝选在君王侧》《夜半无人私语时》《春寒赐浴华清池》《骊宫高处入青云》《玉楼宴罢醉和春》《仙乐风飘处处闻》《渔阳鼙鼓动地来》《花钿委地无人收》《天上人间会相见》这相对独立却又层层推进的十幕剧（如图8.8所示），丰富了舞剧的深层次内涵，营造出强烈的空间效应。这种极富时代特征的表演风格，更加鲜明地展现出盛唐时期的文化精神与内涵，使沉浸式体验更丰富，进而使受众更为投入地从中探寻"天人合一"的价值与意义。这样就使故事的讲述更为生动，情感的抒发更富有张力，远超观众期待，使演出大获成功。

精雕细琢的舞剧《长恨歌》已成为游客来西安必看的演出之一，堪称西安人待客的文化饕餮。总结《长恨歌》的特点就是"斯山为大幕，斯水做舞台，斯地真历史，借我入戏来"。一位游客在网上评价道："《长恨歌》的灯光、舞美、造型、布景都别具匠心，唯美的水幕电影、华丽的演出服饰、醉人的曼妙舞姿、多变的舞台造型、梦幻的背景灯光无不深深吸引和震撼着每一位观者。总有一些爱情跨越古今，让观众为之流泪，总有一些故事成就传奇，让世界为之动容，这就是《长恨歌》！"正如陕西华清宫文化旅游有限公司党委书记姚新垣所说，这是一台"与星空对话，与骊山共舞"的绝美演出。这样的表演在华清宫景区里每年都会定期上演。自2007年公演后，年度演出场次由最初的163场增加到2019年的355场，观众由

图 8.8 《长恨歌》十幕剧照

图片来源：陕西华清宫文化旅游有限公司。

11万人次骤增到2019年的78万人次。2020年，在疫情防控的大局下，《长恨歌》成为2020年全国旅游演艺首开项目，年度演出达251场，收入过亿元。

三、蓝海战略之路径探索

在竞争日益激烈的实景演艺赛场上，《长恨歌》处于什么位置？2004年正式公演的《印象·刘三姐》打造出全球第一部全新概念的山水实景演出，开创了实景演艺的先河，2017年其所在公司却因经营不善而破产重整，之后，《印象·丽江》《印象·西湖》《印象·海南岛》的票房都遭遇了不同程度的失利。

舞剧《长恨歌》历时十余载，却常演常新。该领域专业机构道略演艺产业研究院2018年的数据显示，中国旅游演出整体市场为58.96亿元（如图8.9所示），其中翘楚《长恨歌》自2007年公演至2021年年底，累计演出4 000余场，吸引观众600多万，营业收入和净利润均实现快速增长（如图8.10所示）。截止到2021年，《长恨歌》所获得的收入已经累计超过13.3亿元。美团点评平台2018年10月至2019年9月全国旅游演艺项目20强排行榜显示，《长恨歌》的消费金额和消费数量均排在全国第4位。据道略咨询的统计，2018年全国实景演艺节目的票房总收入是15.6亿元，其中《长恨歌》获得1.63亿元。与宋城演艺的"千古情"系列和北京印象创新艺术发展公司的"印象"系列相比，陕西华清宫文化旅游有限公司仅靠《长恨歌》一部舞剧的演出就占据中国实景演艺市场10.4%的份额。

图8.9 中国旅游演出整体市场份额

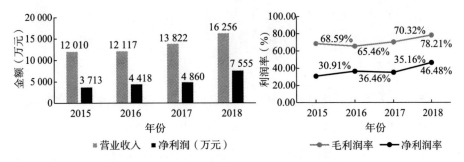

图 8.10 《长恨歌》演出历史收益

资料来源：Wind，兴业证券相关报告。

这些成就来源于陕西华清宫文化旅游有限公司在过去二十余年的发展中不断探索、不断创新，先后打造出三条增长曲线，成功实现了三次飞跃（如图 8.11 所示）。第一曲线是基于华清宫景区的观光旅游业务，这条曲线自公司成立以来就一直在不断发展，通过充分的市场化运营和持续的投资建设，公司实现了第一次飞跃。但随着景观资源的不断开发和接待能力的挖掘，受到景区物理空间的限制，单纯的景区观光旅游业务增长逐渐进入瓶颈期。

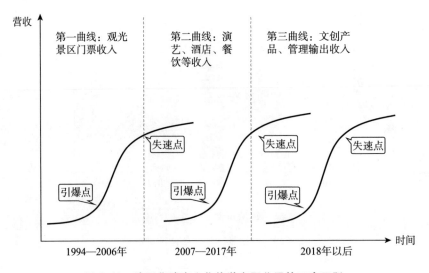

图 8.11 陕西华清宫文化旅游有限公司的三次飞跃

第八章
实景舞剧《长恨歌》：持续改进，追求至善

面对困境，陕西华清宫文化旅游有限公司及时启动了第二曲线，在2006—2007年投资1.2亿元打造了中国首部大型实景历史舞剧《长恨歌》，并且在之后的十余年中坚持投入，在内容编排、人才培养、技术升级、营销推广、质量提升、打造标准等各个方面精耕细作。2016年，陕西华清宫文化旅游有限公司又倾力推出了西安事变大型沉浸式实景影画《12·12》。《12·12》是全国首创的影画节目表现形式，填补了当时《长恨歌》在冬季无法演出的空白。《长恨歌》经过十余年的培育发展，已经成为陕西华清宫文化旅游有限公司不可或缺的收入来源，2017年非门票类收入已经接近总收入的40%，公司实现了第二次飞跃。

不过，陕西华清宫文化旅游有限公司并没有满足现状，而是未雨绸缪，继续寻找和打造新的增长曲线。2018年，公司确定华清尊荣旅游"五九"发展方略，即以尊荣客户、尊荣产品、尊荣服务、尊荣品牌、尊荣文化为五大支点，实施品牌彰显计划、产品晋级计划、产业多元计划、营销"五九"计划、服务提升计划、文创拓展计划、运营创新计划、人才锻造计划以及组织变革计划等九项任务，为推进华清尊荣旅游发展构建行动纲领。可以看出，陕西华清宫文化旅游有限公司希望通过培育新动能实现第三次飞跃。

《长恨歌》现已成为陕西文化旅游的"金字招牌"。2020年，在因新冠肺炎疫情导致全国旅游业受创的情况下，陕西华清宫文化旅游有限公司主营的产品《长恨歌》依然获得1.059亿元收入，在国内实景演出行业中排名第一。《长恨歌》先后入选《国家文化旅游重点项目名录——旅游演出类》项目，荣获"中国休闲度假5U奖"，被国家工商行政管理总局（现国家市场监督管理总局）商标局认定为"中国驰名商标"等；陕西华清宫文化旅游有限公司入选首批"创造未来文化遗产示范项目单位"。2017年，《长恨歌》团队受邀参加塞浦路斯国家旅游局的商务会谈活动、帕福斯工

商联商务会谈活动、土耳其旅游集团活动等；2018年4月，陕西华清宫文化旅游有限公司成为陕西省旅游服务质量示范培训基地，同年5月，成为中国旅游演艺国家标准培训基地，同年10月，《长恨歌》团队受邀参加"哲学与诗歌对中法两国公园与花园艺术的影响"第四届中法论坛，亮相法国城堡圣地——香波堡；2020年8月，陕西长恨歌演艺文化有限公司姚新垣团队荣获西安市首届"市长特别奖"，同年11月，入选"2019年中国实景旅游演艺十强"。不仅如此，《长恨歌》还有效带动了临潼当地酒店、餐饮、交通、休闲、康疗旅游产业发展，2007—2020年间，为地方财政直接贡献3.16亿元，间接贡献超过10亿元。

四、智慧型研发创新

（一）标准化战略

提高服务生产率通常需要权衡取舍，而更好的服务通常需要更大的劳动强度和更高的成本。管理者一直在努力为客户提供更好的服务和减少劳动力来削减成本之间进行权衡取舍。

为了提高服务生产率，广泛使用科技比如人工智能来减少劳动力的使用是许多企业的共识。但是，更多地使用科技并不总是能够带来更高的服务质量，并且技术提供服务的有效性受限于技术水平的先进程度，而这又受限于企业的可用资金。与主流观点不同，《长恨歌》的创新实践表明，服务"标准化"也是提高服务生产率的关键战略决策变量，即标准化服务是服务生产高质量发展的基石。

可能有人会疑惑，《长恨歌》是一件艺术作品，怎样实现标准化呢？《长恨歌》标准化的意义又是什么呢？其运营者姚新垣是这样看的："艺术创作的演绎形式一定是百家争鸣、百花齐放的，我们把能标准化的标准化，乃至制度化、经验化、可实施化，为大家提供基本的操作模式，比如旅游演艺的管理、服务标准等,都是可以标准化的,可以走捷径,但是艺术创作是没有办法标准化的。"可以看出,《长恨歌》的经营者不仅把其当作一件艺术作品,更多的是当作产品去打造,从形式、内容、品牌、体验、服务、反馈等方面进行全方位的思考和提高。据此,《长恨歌》创造性地设计出 300 余项岗位服务标准、触点管理规范,打造高质量服务。"游客走出景区时的感官感受、满意程度就是产品的质量,我们不可能,也没有机会进行退换。"ISO9001 质量管理体系、ISO14001 环境管理体系和 OH−SAS18001 职业健康安全管理体系等也被其融入标准化服务打造过程中,实现了"一个体系、一套标准、一体运行"的标准化管理。

陕西华清宫文化旅游有限公司和《长恨歌》的标准化经历了三个阶段。第一阶段是建立企业标准,提升自身产品服务质量。在此过程中,陕西华清宫文化旅游有限公司制定了各类管理标准、服务标准、工作标准 252 项。例如,如何实现白天参观和夜间演出的快速转换,如何在演出旺季实现 3 000 名观众的有序入场,如何顺畅保障各类演出设备的安全运行,所有这些都是企业标准化建设的新课题。经过标准化建设提升,《长恨歌》演出团队能做到在 30 分钟之内完成对 3 000 名观众的安检入场;一晚双场时,能够做到 15 分钟之内完成 3 000 名观众的转换;如果突降大雨,能够在 5 分钟之内给全场观众发放完雨衣。而这一切的细节都是在标准化建设工作中不断打磨出来的。

第二阶段是推动地方标准出台,进一步促进企业标准规范化。随着企业标准化建设的深入开展,陕西华清宫文化旅游有限公司越来越认识到好的产品更需要有严谨细致的标准来支撑。在陕西省技术监督局、陕西省旅游局的指导和推荐下,该公司对《长恨歌》的管理经验进行总结提炼并将其转化为标准规范格式,同时,还积极参与陕西省地方标准的编制工作。在陕西华清宫文化旅游有限公司的积极推动和参与下,2012 年《演出服务

规范》作为陕西省地方标准正式立项，2013年7月，《演出服务规范 第1部分：旅游景区实景演出管理》（DB61/T 578.1-2013）、《演出服务规范 第2部分：旅游景区实景演出设施管理》（DB61/T 578.2-2013）、《演出服务规范 第3部分：服务接待》（DB61/T 578.3-2013）三项标准正式颁布，成为国内首个演出管理地方标准，为陕西省地方标准的建设和发展做出了积极贡献。

第三阶段是推动首个旅游演艺国家标准诞生，树立行业服务标杆。《长恨歌》标准化不断实践探索的这十年，正是中国旅游演艺作为文化创新产业形成的热潮期。但是，由于实景演出是一个新兴的领域，除部分行业标准及地方标准中涉及个别与演出相关的安全和设备机械标准外，国家、行业或地方均未出台关于演出管理的标准，也没有对演出设备、设施以及服务接待进行规范和要求，演出节目质量和现场服务管理参差不齐。在这样的背景下，陕西华清宫文化旅游有限公司率先提出了实景演出国家标准的立项申请。2016年，首个国家层面的实景演出类标准《实景演出服务规范 第1部分：导则》（GB/T 32941.1-2016）、《实景演出服务规范 第2部分：演出管理》（GB/T 32941.2-2016）和《实景演出服务规范 第3部分：服务质量》（GB/T 32941.3-2016）三项国家标准正式发布，对提升全国实景演出整体产业质量、保障消费者权益、促进实景演出产业链的延伸和健康可持续发展起到了很好的引领作用（如表8.5所示）。

表8.5 《实景演出服务规范》相关内容概述

三项标准	相关内容
第1部分：导则	提出了实景演出的相关术语和定义，并对选址、规划、研发、标识导引、安全、卫生、经营管理、考核评价等提出了原则性要求 选址和规划主要从三个方面予以考虑：一是安全考虑，选址避开自然灾害多发地和污染源，不扰民，便于实施消防和紧急救援等；二是市场考虑，应依托景区、度假区等资源富集区和游客量大的城市；三是演出质量考虑，场地文化内涵和演出主题契合，视觉景观体系完整

（续表）

三项标准	相关内容
	研发原则主要从两个方面提出要求：一是主题要充分挖掘本土文化，二是由专业的团队进行可持续的创新和市场对接 由于实景演出客流量的瞬时性，安全是实景演出的重中之重，标准从制度性要求、设施安全、消防安全、应急预案和安全服务等方面对实景演出企业提出了具体要求。此外，标识导引完善、卫生环境良好、有专门的经营管理团队及完善的培训制度和考核制度也是导则提出的原则性要求
第2部分：演出管理	主要对演出设施设备、演出过程和演出质量考核评价提出了相应要求 设施设备主要包括日常使用管理和专业维护管理两个方面；演出过程管理则从演出前准备、演出过程和演出结束全维度对所有演职人员提出了质量要求 演出质量考核评价包括两个方面：一是定期的内部考核评估，二是不定期的观众满意度调查并及时调整优化
第3部分：服务质量	主要对服务设施和服务过程提出了具体要求 服务设施主要对停车场、服务中心、检售票处、观演区、辅助服务设施、环境卫生设施等提出了基本要求 服务过程要求则包括服务人员基本素质要求、检售票服务要求、现场服务要求和服务改进与投诉处理等

资料来源：根据相关资料整理得到。

标准化战略实施后，不仅推动经营收入有所增加，更促使从华清宫景区到陕西华清宫文化旅游有限公司的转型升级，打破了华清宫作为传统型景区仅依靠门票经营的瓶颈，使其迈向轻、重资产协同发展的新境界，从原有的单一的旅游景区发展成为涵盖演艺、酒店、文创及管理输出的复合型集团化发展的综合类旅游企业。截至2021年，公司品牌价值评估达到8.26亿元。

建立标准之后，如何保护标准的知识产权不被模仿和抄袭？《长恨歌》团队充分利用知识产权手段，把其多年发展过程中积累的独有技术转化为专利，嵌入标准，为标准穿上"防弹衣"。《长恨歌》共申请注册了15个商标，同时，陕西华清宫文化旅游有限公司对自主研发的亚洲最大LED（发

光二极管）软屏、可伸缩隐藏座椅等十多项技术申请了专利保护，共组织申报了16项专利，其中发明专利1项、外观设计专利2项、实用新型专利13项，初步为《长恨歌》标准体系穿上了"防弹衣"。

目前，陕西华清宫文化旅游有限公司累计整改景观细节问题2 000余条，完善各项管理制度近200项，其编制的《从业人员服务行为规范手册》已经成为许多旅游企业的模板，先后有山海关、扬州瘦西湖、山西晋祠等30多家景区企业，以及出品《禅宗少林》《敦煌盛典》等作品的20多家演艺单位慕名前来学习。正是这种对标准化建设的不懈坚持和追求，使得公司先后被评为国家文化产业示范基地、第三批全国文明单位、国家级和省级服务业标准化"双试点"单位、第三届全国旅游服务质量标杆单位。根据陕西华清宫文化旅游有限公司成功经验编写的《古今结合的文化创新和商业探索——〈长恨歌〉文化品牌的建立与发展》案例荣获2021拉姆·查兰管理实践奖——企业社会责任实践奖。拉姆·查兰管理实践奖是中国管理实践的至高荣誉，这说明《长恨歌》模式在国内演艺管理实践推广中已经处于顶尖地位。

（二）差异化战略

随着全国旅游演艺的愈加火热，各地纷纷效仿上马新项目，截至2018年，全国已有305台演出。在如此多的项目中，《长恨歌》如何脱颖而出，始终保持对游客的吸引力？如何避免实景演艺落入俗套？如何提升观众的沉浸式体验？如何区别于竞争企业，降低自身的可替代性？如何帮助景区可持续发展？差异化是设置对手进入壁垒，提升自身竞争地位，创造出"人无我有，人有我优"异质性产品或服务的关键战略。

《长恨歌》创作团队认为一定要从无法复制的本地历史文化中挖掘并创造性地使用文化IP。陕西华清宫文化旅游有限公司领导班子抓住了华清宫的独特历史，他们认为，"过去三千年的历史长河中，在华清宫这个园区里确实发生了众多的故事，其中很多都是惊天动地的……唐代大诗人白居易留下的叙事长诗《长恨歌》，画龙点睛地把华清宫历史中最经典的东西浓缩和提升了。所以我们觉得在这上面做文章，会是非常好的一个亮点"。

《长恨歌》创作团队为了使故事更丰富，讲述更生动，表演更富有张力，让观众在视觉、听觉和情绪上都能够获得更立体化的艺术感受，在紧扣"爱情"这一艺术创作的永恒主题的同时，创造性地把"大唐盛世""安史之乱""鹊桥传说"这些潜藏在中国人共有的历史文化记忆中的元素全部加入《长恨歌》，让历史故事与现实场景叠加重合，运用声、光、电等高科技手段（如图8.12所示），实现了动态文化演出与静态旅游资源的巧妙嫁接，让躺着的历史站了起来。当游客置身于剧场中时就像是在与历史人物进行一场跨越时空的对话，感慨油然而生。

图 8.12 《长恨歌》高科技特效总控室

图片来源：陕西华清宫文化旅游有限公司。

同时，《长恨歌》创作团队把表演场地专门设置在同样不可复制的九龙湖景观区，以华清池为主要舞台表演背景，二者相结合，自然形成了十分巧妙的空间立体画面。创作团队利用现代科技在表演大幕上设计了骊山，将唐代宫殿的辉煌与奢华直观地展现在观众面前（如图8.13所示）。地面上装置了专门的迷雾灯光，让舞台画面呈现出仙境般的效果；陕旅集团自主研发的灯效设备、亚洲最大的LED软屏、水下舞台，使舞台效果更为壮观；此外，还在九龙湖上打出绚烂的舞台灯光，灯光的设计参考了国际舞台剧艺术的呈现形式，令色彩呈现与剧情发展层层衔接，使得人文景观与自然景观相得益彰。

图 8.13 《长恨歌》剧照（5）

图片来源：陕西华清宫文化旅游有限公司。

（三）价值网络

1. 构建文化传承矩阵

"春寒赐浴华清池，温泉水滑洗凝脂"，在编剧创作阶段，为了使唐朝贵妃的形象在多个艺术塑造手段下鲜活起来,《长恨歌》团队巧妙运用现代科技把迷雾灯光、水中升降舞台、升降喷火设备等技术元素添加到场景中去,使表演者在完美的艺术舞台氛围下充分展现唐朝"贵妃出浴"的妩媚之美,用美妙的舞姿和酷炫的科技使得"浴池"之朦胧得以衬托"贵妃"之娇媚(如图8.14所示)。舞台导演对舞美等方面进行了反复的推敲和尝试,使得塑造出来的人物鲜活、生动而真实。

图 8.14 《长恨歌》剧照(6)

图片来源:陕西华清宫文化旅游有限公司。

此外,《长恨歌》在国内首次使用美国拉斯维加斯火海技术、瑞士超高亮度大型影像投影机、意大利香氛效果系统,还凭借高科技把骊山设计成大幕,将唐代宫殿的辉煌与奢华令人震撼地呈现出来,不仅满足了观众对于艺术表演的情感追求,同时也提升了其在欣赏过程中的实景体验,从而在艺术文化表达与艺术体验上都达到了极高的水准,令观众在舞剧的引导

下从古代到现代，从现代到古代，不知不觉间实现古今穿越，在观看历史故事的同时，体会着人自身的精神力量。而在这一切精彩的艺术呈现背后，是创作团队的用心和匠心。

除此之外，舞剧《长恨歌》设计团队还创新使用了模块操控方式，将一贯高雅的舞剧从封闭的室内剧场转移到广阔的自然环境——世界知名的历史景区华清宫内，以震撼的视觉艺术打造了一场让游客能沉浸式体验的文化盛宴。科技非但没有喧宾夺主掩盖文化的光芒，反而把古今极其自然地结合在一起，从而给甲天下的华清宫赋予了一种文化道场的魔力。

2. 创新战略杠杆

任何媒介中的艺术都有跨越自身边界去寻求新表现的可能性的趋势。"天人合一"作为中国传统思想的核心理念之一，在其漫长的演化过程中形成了"万物皆备于我""上下与天地同流""人群与物与天，寻本而言，则浑然一体，既非相对，亦非绝对"的世界观。唐文化博大精深，作为其中重要组成部分的唐代人的包容、创新闪耀着思想的光辉和智慧的光芒，是中华优秀传统文化中的珍贵遗产。实景演艺时代，沉浸式体验改变了受众的观看体验，同时也催生出《长恨歌》的文化呈现方式。

"天人合一"的思想存续于不断演变的历史长河中，既在过去，也在现在，更在未来。《长恨歌》通过绚丽的舞台效果展现出泱泱大唐的政治开明、民风开放，让今人念起曾经的辉煌，激起"三秦子孙"思考如何发展和传承盛世文化、如何能与大唐盛世再次"相遇"。

《长恨歌》的文化意义远远超出舞剧本身。它激活了唐文化的源头活水，不断创造出跨越时空、富有永恒魅力的文明成果。《长恨歌》在开掘唐文化之源中，汇集时代浩瀚之江河，激发"三秦子孙"的民族力量，筑牢华夏文明的根基，立足整体世界的本位，而亦不忽视各个体的能动作用，促使传统的"天人合一"观向现代文明理念转换。

五、多元组合创新

《长恨歌》模式成功后,以陕西华清宫文化旅游有限公司为代表的陕旅集团并没有止步,而是不断创作新剧目,打造新的增长点:华清御汤酒店相继荣获"中国国际饭店业十佳好评热选饭店""中国极致酒店""中国最佳服务设计酒店""中国特色酒店建设突出贡献奖"等11个奖项,收入突破5 000万元;华清文创中心2018年的经营收入已高达1 200万元,其中"比翼情侣银饰"文创产品获得"2018中国特色旅游商品大赛金奖","唐宠系列"荣登"2018第三届博鳌旅游奖年度旅游产品榜";凭借独有的山水立体式展示特色,首届华清宫唐宫灯会大获成功,接待游客近20万人次,成为陕西旅游东线重要的旅游产品,填补了景区冬季夜游市场的空白(如图8.15所示)。

图8.15　华清宫景区、华清文创、华清御汤与大型实景话剧《12·12》剧照

图片来源:陕西华清宫文化旅游有限公司。

陕旅集团投资的《出师表》《法门往事》《延安记忆》《红色娘子军》《封神演义·炫战》等实景演出剧目也都陆续公演。近年来,陕西华清宫文化旅游有限公司更先后与山海关老龙头、鸣沙山月牙泉、贵州荔波小七孔、白鹿原影视城、少华山、大荔县文物旅游局等十余家旅游企业及旅游管理部门合作，输出传统景区转型升级的华清经验。

2018年6月，华清宫管理团队进驻河北易水湖景区，同年9月，与浙江绍兴柯岩风景区达成合作意向，在其景区内打造了一台以"鲁迅"为主题的室内旅游演艺项目，该项目创下了陕旅集团文创公司成立以来最大单体合同的纪录，金额达1 500万元。2019年2月，华清宫管理团队与平凉市政府、崆峒山大景区管委会达成一致，签订了首个5A级景区托管项目——崆峒山核心景区托管协议，委托期限30年，可以说管理团队已经成为陕西华清宫文化旅游有限公司探索产业转型的精锐先锋。同时，陕旅集团联合意大利都灵的Mediapolis Engineering公司共同在威尼斯投资了实景演出剧目《马可·波罗》，这是陕西乃至中国旅游演艺产业"走出去"的破题之作。

陕旅集团以创新精神探索出一条"大华清宫"品牌发展战略。围绕"建设大景区、发展大旅游、打造大品牌"的战略目标，建立"一母五子"的品牌体系，即以华清旅游为母品牌，以华清宫为景区，以华清演艺、华清御汤、华清文创、华清管理为子品牌，以"唐汤"为文化符号的华清旅游品牌体系。以"建立一所基地"为核心，以"制定一套标准体系"为目标，以"组织演艺项目推广"和"演艺项目咨询"为抓手，全面推动陕西旅游演艺产业做大做强。

此外，陕旅集团仍不断推动文创产品再创新。以文创产品的形式推广传统文化不失为一条好的途径。文创产品的魅力在于它不仅能满足人们的日常使用需求，还能让人们关注到那些精美的文物以及精湛的传统工艺，更能让人们了解到文物背后的故事乃至中国的传统文化。文创产品在发挥其符合大众审美的独特艺术美感的同时，让中国优秀的传统文化以现代工艺品为载体得到传播。《长恨歌》文创产品种类繁多，形成了唐宠系列、唐仕女系列、爱之翼系列、比翼系列、唐宫御器系列、盛唐纹系列、梨园乐舞系列、万国来朝系列等14个系列,涵盖了旅游纪念品(包括手办、钥匙扣、书签等)、服饰(包括T恤、帽子等)、家具陈设(包括摆件等)、首饰(包括项链、耳饰等)、创意生活(包括U盘、手机壳等)等多个种类近千款具有知识产权的文创产品。这些文创产品将传统文化元素与生活日用品完美结合,再叠加现代美术设计(例如卡通化)对《长恨歌》元素进行二次开发,极大地丰富了游客的文化体验,激发了其购买需求。《长恨歌》文创产品始终把创意研发放在核心位置,注重产品整体格调的统一。陕旅集团的文创团队是一支年轻的设计团队,一方面从游客的需求出发,对其消费喜好进行大量的调研和数据分析,对景区的历史脉络及独有的文化资源进行解析,另一方面力求在把握传统文化脉络的同时,注重探索现代的表达方式,以求唐文化创意的多元呈现。其文创产品在追求商品实用化的同时又增添了文化气息。精致的唐风产品不仅能让人眼前一亮,而且十分符合现代人尤其是年轻人的审美需求。

华清宫景区的各系列文创产品通过精心设计以及现代创意加工,取得了极大的成功。2018年、2019年销量连续突破40万件,销售收入累计达1 900万元。在文创产品取得巨大经济效益的背后,是游客对于唐文化更多的关注与喜爱。被深锁在华清宫的文化从历史中走了出来,进入游客的日常生活中,拉近了现代人与唐文化的距离,不仅激发了大众对唐文化的热爱,更使人们越来越关注曾经辉煌的唐文化的传承与发展。

不仅如此,陕旅集团还建立了培训基地,对外培训人才。陕西华清宫文化旅游有限公司建立了国家级演艺标准化技术研究平台,并成为中国旅游演艺国家标准培训基地以及陕西省旅游景区服务质量示范培训基地。

陕旅集团更及时抓住了国家"一带一路"倡议的战略机遇,积极探索走出国门。其作为文化产品输出的《长恨歌》模式与标准,在意大利与当地文化融合,打破固有模式,打造出"意大利版《长恨歌》"——《马可·波罗》实景剧，以现代手法重现其恒久的艺术魅力，唤醒国人的文化自信，感召世界游客的文化审美，为构建多元文明、和谐共生的国际新秩序贡献属于中华文化的力量。

六、开辟式创新

北方的大部分景区由于冬季天气寒冷、自然景观单一、出游习惯影响等因素，每年的10月到次年的2月就会进入旅游市场的"半休眠"状态，近两年加上疫情的反复无常，问题更加严峻。北方的大型实景演出如《鼎盛王朝·康熙大典》《禅宗少林》《大宋·东京梦华》在每年10月底起纷纷停演，到次年4月才能开演，间隔时间长达近半年。如何打破淡季客源不足的局面，盘活冬季旅游市场，成为整个行业急需攻克的难题。

《长恨歌》团队作为国内旅游演艺引领者，对于实景演艺的研发与探索从未停止，团队秉承开拓创新理念，重磅推出《长恨歌》的升级版——冰火《长恨歌》（如图8.16所示）。冰火《长恨歌》通过塑冰、造雪、火海艺术加上舞台的艺术布景对舞美进行创新，通过提升设备抗寒性，增加舞台防冻防滑的技术创新，营造出霜雪铺陈、寒冰倒挂的逼真景象，白天夜晚各有风情。"温暖观看全程"也是《长恨歌》团队进行的创新之一，通过免费为观众提供冬季暖心套餐等创新服务，减少他们在交通、住宿中不必要的担心，提升其满意度与项目体验的美誉度。

在疫情与冷冬的重压之下，《长恨歌》团队将季节劣势转化为优势，变"冷资源"为"热经济"，推动了区域夜经济的发展，实现了北方冬季实景演出零的突破和自我超越，打破了北方冬季实景演艺行业休眠的局面，开创了北方冬季旅游体验的新方式，再次对行业起到引领示范作用。

这部经十余年精雕细琢的《长恨歌》，这块陕西文化旅游的"金字招牌"，不仅成为游客到西安必看的演出之一，还改变了以前陕西旅游"白

图 8.16 冰火《长恨歌》剧照

图片来源：陕西华清宫文化旅游有限公司。

天看庙，晚上睡觉"的单调局面。从 2007 年《长恨歌》公演至 2021 年年底，先后有数十位国家领导人和外国元首以及上百位文化、艺术界名人观看。《长恨歌》带来的经济效益也十分可观，其演出收入从 2007 年的 781 万元递增到 2019 年的 1.82 亿元，前三年的增幅均超过 100%，后面几年的平均增幅也超过 35%。2020 年在疫情防控的严峻形势下，《长恨歌》票房收入居全国旅游演艺第一位。2021 年西安旅游市场整体趋冷，但在国庆期间，《长恨歌》打破历史纪录，开启了单日 4 场的演出模式，5 个月的演出收入达到 1.33 亿元。这正是市场惯性及高质量发展下文化自信、品牌自信的体现。

《长恨歌》之所以能持续增长，取得如此的成功，与它标准化和差异化相结合的创新发展路径是分不开的。标准化使它作为一件艺术作品能够持续保持高品质，而差异化则使它作为一件艺术作品能够保持内容和形式的创新，不断吸引观众。在《长恨歌》成功后，其创作和运营团队并没有止步，而是不断创作新剧目，打造新的增长点。陕旅集团2012年在延安圣地大剧院打造出大型歌舞剧《延安保育院》，已演出近1 500场，广受市场赞誉；2016年以西安事变为背景创作出大型实景影画沉浸式演出《12·12》，目前票房收入已占全国沉浸式演艺票房收入的6.8%，并荣获"2019年中国红色旅游演艺五强""2019年中国独立剧场旅游演艺十强"；陕旅集团投资的汉中诸葛古镇景区的《出师表》、法门寺景区的《法门往事》、三亚槟榔河中央景区的《红色娘子军》、岐山周原景区的《封神演义·炫战》等实景演出剧目也都陆续公演；2021年年底，华清宫长恨歌艺术团原创舞蹈《我们看见了远方》荣获第七届陕西舞蹈荷花奖大赛表演奖。可以看出，陕旅集团已经将这套人文类旅游景区与文化演艺相结合的打法练到了炉火纯青的地步。这种文旅结合相互促进的发展思路也在陕西省文化产业发展中起到了重要作用。"十三五"期间，陕西省在全省建设了30个重点文化产业项目，总投资超过600亿元。其中既包括岐山西周文化、秦兵马俑文化、汉长安城大遗址、黄河壶口文化等十大文化旅游景区项目，也包括汉唐帝陵文物旅游线路工程，这些都为陕西文化旅游产业的发展注入了强劲动力。通过这些努力，陕西省文化产业增加值占GDP的比重已经超过4%，在全国各省（自治区、直辖市）中排名第6位，使陕西成为真正的文化产业大省。

从2014年起，陕西开始举办"丝绸之路国际艺术节"。每年的金秋时节，为期半个月的"丝绸之路国际艺术节"都会在古都西安盛大召开，其间，演出、展览、论坛、巡演等各种类型的活动轮番举办，来自全球100

多个国家和地区的上百位艺术家共聚西安，再现盛唐长安的繁盛景象。陕西充分利用自己在中华文明、中国革命、中华地理中的精神标识和自然标识，通过一系列活动和项目建设，实现了文化产业的高速发展，同时也使中华文化传播到了世界各地。

随着"一带一路"建设的深入推进，在我国大力弘扬文化自信的背景下，中外人文交流呈现快速化、多元化、品牌化发展的趋势，如何讲好中国故事，提升中国在世界上的影响力，是摆在所有文化行业从业者面前的问题。2020年以来，全球新冠肺炎疫情给休闲娱乐业带来巨大冲击，究竟在后疫情时代应如何发展，需要认真思考。陕旅集团在挖掘历史文化、创新文化传播等方面的实践是值得借鉴的。倘若全国各地都能够充分挖掘自身的历史文化资源禀赋，通过更丰富、更创新的形式去传播中华文化，相信在不久的将来全世界的人民都能够感受到中华文化的永恒魅力。

附：白居易《长恨歌》

长恨歌

汉皇重色思倾国，御宇多年求不得。

杨家有女初长成，养在深闺人未识。

天生丽质难自弃，一朝选在君王侧。

回眸一笑百媚生，六宫粉黛无颜色。

春寒赐浴华清池，温泉水滑洗凝脂。

侍儿扶起娇无力，始是新承恩泽时。

云鬓花颜金步摇，芙蓉帐暖度春宵。

春宵苦短日高起，从此君王不早朝。

承欢侍宴无闲暇，春从春游夜专夜。

后宫佳丽三千人，三千宠爱在一身。

迈向高质量发展
陕西的探索

金屋妆成娇侍夜，玉楼宴罢醉和春。
姊妹弟兄皆列土，可怜光彩生门户。
遂令天下父母心，不重生男重生女。
骊宫高处入青云，仙乐风飘处处闻。
缓歌谩舞凝丝竹，尽日君王看不足。
渔阳鼙鼓动地来，惊破霓裳羽衣曲。
九重城阙烟尘生，千乘万骑西南行。
翠华摇摇行复止，西出都门百余里。
六军不发无奈何，宛转蛾眉马前死。
花钿委地无人收，翠翘金雀玉搔头。
君王掩面救不得，回看血泪相和流。
黄埃散漫风萧索，云栈萦纡登剑阁。
峨眉山下少人行，旌旗无光日色薄。
蜀江水碧蜀山青，圣主朝朝暮暮情。
行宫见月伤心色，夜雨闻铃肠断声。
天旋地转回龙驭，到此踌躇不能去。
马嵬坡下泥土中，不见玉颜空死处。
君臣相顾尽沾衣，东望都门信马归。
归来池苑皆依旧，太液芙蓉未央柳。
芙蓉如面柳如眉，对此如何不泪垂。
春风桃李花开日，秋雨梧桐叶落时。
西宫南内多秋草，落叶满阶红不扫。
梨园弟子白发新，椒房阿监青娥老。
夕殿萤飞思悄然，孤灯挑尽未成眠。
迟迟钟鼓初长夜，耿耿星河欲曙天。

第八章
实景舞剧《长恨歌》：持续改进，追求至善

鸳鸯瓦冷霜华重，翡翠衾寒谁与共。
悠悠生死别经年，魂魄不曾来入梦。
临邛道士鸿都客，能以精诚致魂魄。
为感君王辗转思，遂教方士殷勤觅。
排空驭气奔如电，升天入地求之遍。
上穷碧落下黄泉，两处茫茫皆不见。
忽闻海上有仙山，山在虚无缥缈间。
楼阁玲珑五云起，其中绰约多仙子。
中有一人字太真，雪肤花貌参差是。
金阙西厢叩玉扃，转教小玉报双成。
闻道汉家天子使，九华帐里梦魂惊。
揽衣推枕起徘徊，珠箔银屏迤逦开。
云鬓半偏新睡觉，花冠不整下堂来。
风吹仙袂飘飘举，犹似霓裳羽衣舞。
玉容寂寞泪阑干，梨花一枝春带雨。
含情凝睇谢君王，一别音容两渺茫。
昭阳殿里恩爱绝，蓬莱宫中日月长。
回头下望人寰处，不见长安见尘雾。
惟将旧物表深情，钿合金钗寄将去。
钗留一股合一扇，钗擘黄金合分钿。
但教心似金钿坚，天上人间会相见。
临别殷勤重寄词，词中有誓两心知。
七月七日长生殿，夜半无人私语时。
在天愿作比翼鸟，在地愿为连理枝。
天长地久有时尽，此恨绵绵无绝期。

迈向高质量发展
陕西的探索

第二节 我看《长恨歌》项目

张 宏[①]

舞剧《长恨歌》作为陕西省文化旅游的金字招牌,在全国旅游演艺市场大规模亏损的情况下,长演不衰,成为我国实景演出的经典之作。借助实景演出项目,华清宫景区从单纯的景区文物古迹观赏式旅游升级为借助沉浸式舞剧呈现历史文化的体验式旅游,并逐步发展为旅游演艺的管理输出成熟品牌。我们欣喜地看到,"以旅游为体、文化为魂、标准为矛、专利为盾"的《长恨歌》标准化模式,为实景演出行业建立了标准,树立了标杆。

从文旅产品角度来看,《长恨歌》实景演出在以下几个方面发挥了其独特的优势:

文学性是作品成功的灵魂。优秀传统文化能够穿越漫长的时间和纷繁复杂的社会时代,以其独特的精神内涵影响后世。白居易的《长恨歌》作为中国文学史上最著名的叙事长诗之一,被后人奉为长篇歌行中的绝唱,是独具艺术审美价值的中华文化遗产。诗中讲述的唐明皇与杨贵妃的爱情故事不仅在中国口耳相传,也同样感动着世界各国的读者。用现代审美讲述历史故事,表现历史人物,还原历史景象,这不仅是艺术创作上的一次大胆探索,更是用艺术作品"激活"历史遗迹的一个成功案例。

体验性是作品成功的法宝。观众体验感是文旅产品的核心。将文学经典《长恨歌》在历史故事发生地西安骊山、华清池改编为实景舞剧,以势造情,以舞诉情,在真实山水间讲述真实故事,在故事发生地回观千年历史,以沉浸式效果让无声的古迹"活灵活现",带领观众穿越千年,重返唐朝盛世。全剧利用现代舞台科技,将历史与现实、自然与文化、人间与

---

① 张宏,中国电影家协会分党组书记、驻会副主席,北京大学光华管理学院 EMBA 校友。

仙界、传统与时尚有机交融,使沉寂的历史"活"化,成为华清宫留住游客最为重要的"法宝"。

准确的市场定位是作品成功的关键。历史文化景区对年轻群体吸引力不足,原因在于大多数景区仅靠导游讲解,略显枯燥无味。从中国旅游演艺消费群体调查看,消费人群以26～35岁的年轻人为主,而《长恨歌》实景演出正符合当下年轻群体对自助游、深度游、打卡游的消费喜好。情节生动、场面宏大而又富含历史文化底蕴的旅游演艺,无疑增强了旅游过程中的体验感、互动感。《长恨歌》品牌化、标准化的产品定位提升了消费者的品牌预期和消费信赖感。

延展性赋予了作品持久的竞争力。文化产业与旅游产业具有强关联性和天然耦合性,文化是旅游的灵魂,旅游是文化的载体。《长恨歌》实景演出使华清宫景区的经营收入从2007年的不足8 000万元跃升至2019年的7.6亿元。实景演出有效带动景区餐饮、住宿、交通、购物等产业延伸,形成良性联动经济效应,使华清宫景区实现了单一门票经济向综合性全产业链景区的转型发展。同时,景区产业链向区域消费、就业等领域辐射,对提升西安旅游产业的创意内核与价值、扩大陕西文化产业的消费市场与传播效应发挥了积极作用。

在总结成功经验的同时,《长恨歌》项目要想实现可持续发展,还应聚焦在如何将其模式向全国拓展、持续推动文创产业延伸上。《长恨歌》已成为西安乃至陕西的旅游品牌,应立足景区与实景演出,在文创+旅游、文创+公共服务等领域深耕细作,在更多衍生项目、衍生产品上发散性创新,使延伸领域更加开阔,有针对性地提升文旅产品品质和城市形象。让旅游演艺更规范化,是《长恨歌》项目要面对的一个长期课题。

希望《长恨歌》项目继续根植当地历史文化,顺应时代发展、大众审美、消费习惯等变化,与时俱进、常变常新,在给观众、游客带来新体验的同时,实现产业新增量。

第九章
榆阳区的"三变"探索

第一节 农村产权制度的再造:"榆阳模式"

张闫龙　姜万军　周黎安　王　路*

清风细雨救万民(祈雨调)①

南无救万民哟

清风细雨哟

救万民

天旱了呀火着了

地下青苗晒干了

晒干了

经历了千万年的地质运动和雨水冲刷,陕西北部形成了千沟万壑的黄土高原地貌(包括塬、梁、峁、沟等)。悲情的陕北民歌《清风细雨救万民(祈雨调)》向我们倾诉着这片土地上曾经的荒凉与苦难。植被的破坏导致严重的水土流失。自宋代以来,干旱和饥饿构成陕北历史的主要元素。谁能想到这样一片荒凉之地却成为中国近代革命的发源地之一。恶劣的自然

---

* 张闫龙,北京大学光华管理学院副教授;周黎安,北京大学光华管理学院教授、副院长;王路,北京大学光华管理学院案例中心研究员。

① 霍向贵编,《陕北民歌大全》(下册),陕西人民出版社,2006年,第445页。1979年采于绥德县,该曲由杨光珍唱、艾普记录。

第九章
榆阳区的"三变"探索

地理环境形塑了陕北人民坚韧不拔的精神品质。他们或者默默忍受或者声嘶力竭,同新民主主义革命一道迈进中华人民共和国的历史。

改革开放四十多年来,陕北地区同中国其他地区一样在经济上取得了巨大的发展,早已解决了饥馑问题,特别是20世纪90年代陕北地区探明的石油天然气资源使一部分地区的经济实力大大增强。

不过,陕北广大的农村地区仍然以耕种放牧为生,绝大多数仍未爬出陕北的沟沟坎坎。更深层次的问题仍在发酵。随着城市化进程的加快,广大的农村地区开始陷入"空心化"状态,年轻力壮者或者奔向城市或者辗转他乡,土地抛荒问题日渐严重。榆林市榆阳区赵家峁村原村主任赵双娃说:"2012年以前,我们村大多数青壮年劳动力进城务工,留守人口多为老人、妇女和孩子,全村大多数耕地闲置荒芜,农民经济收入的80%来自外出务工,产业发展几近处于停滞状态。"《陕西日报》记者乔佳妮总结道:"多年来,(赵家峁)村集体经济一穷二白,耕地闲置荒芜,村庄'空壳'、集体'空心'、居民'空巢'的'三空'现象十分严重。"

事实上,这并非一个赵家峁村所遇到的危机。中国绝大多数的农村地区都面临着"空心化"问题。这一现象同时引起关注"三农问题"的研究者们的注意,他们或从人口学角度,或从经济学角度,抑或从其他学科领域的角度进行研究和探索。随着研究的深入,越来越多的学者愈发认识到对农业生产转型和农村土地制度变迁进行研究的重要性。①

一、榆阳区"三变"改革的背景

多年来,榆阳区的党政领导班子为实现区域发展,积极探寻农业、农村、农民发展新路径和新模式。2012年11月13日,《榆林日报》大篇幅刊登了时任榆阳区区长苗丰撰写的文章《"十大农业"在榆阳:关于榆阳区

---

① 周祝平,《中国农村人口空心化及其挑战》,《人口研究》,2008年第2期,第45—52页。

农业科学发展路径的思考》。文章指出:"城乡一体化发展是解决'三农'问题的根本途径。榆阳区作为榆林乃至陕西的农业大县区之一,发展现代特色农业的资源优势、区位优势、立地优势、市场优势得天独厚,建设陕北粮仓基础厚实、前景广阔。""在全面建成小康社会的新征程上,面对加快产业结构调整、统筹城乡一体化发展、构建资源开发与环境保护和谐关系的新形势、新任务,如何推进榆阳农业大区向农业强区的转变,实现农村发展、农业增效、农民增收,已成为区域经济转型跨域的重大课题。"①

难上加难的是榆阳区生态环境较为脆弱,区内自然环境比较复杂,分为北部风沙草滩区、东南部山区工矿开采区以及河谷川道区。② 如何有效地统筹不同地区的整合发展呢?通过深入调研和思考,文章同时总结了榆阳区包括发展现代农业、特色农业、综合农业、生态农业、文化农业在内的十大农业模型:

(1)发展现代农业。着力解决以土地流转为重点的生产要素整合,如实现榆阳北部的风沙草滩区"绺绺地"的细碎化整合和合作化经营。在此基础上,为实现以机械化程度为代表的现代规模农业做好准备。

(2)发展特色农业。结合榆阳区的地理条件,集中力量做大粮、薯、菜、羊、猪、杏等体现榆阳比较优势的主导产业,着力实现"一村一品"农业。在此基础上,树立品牌意识,向产业下游延伸,掌握市场的话语权和定价权。

(3)发展综合农业。榆阳区要牢固树立"大农业"理念,打破部门、乡镇边界,整合捆绑涉农项目,充分发挥综合效益,如水利、电网、农网

---

① 《"十大农业"在榆阳:关于榆阳区农业科学发展路径的思考》,《榆林日报》,2012年11月13日。
② 榆阳区属于生态脆弱地区,经过长期不懈的北治沙、南治土、齐治水,区域生态实现良性逆转,林木覆盖率由中华人民共和国成立初期的1.8%提升到如今的45.4%。然而,随着陕北能源化工基地建设的加快,资源开发与生态环境保护之间的矛盾加剧,矿区采空区塌陷、地下水系和地表植被破坏以及工业污染问题日益突出。

的建设和升级。进一步地,探索发展粮畜结合、果畜结合、林下养殖等立体农业,最大限度地挖掘综合效益。

(4) 发展生态农业。榆阳区要树立绿色发展理念,大力发展生态友好型农林牧业。如在"十二五"期间,北部风沙草滩区要实现人工种草10万亩、恢复天然草场6万亩,南部山区要实现水保造林9.2万亩。在此基础上,争取在3～5年内发展大扁杏5万亩、长柄扁桃12万亩、沙棘50万亩,实现三大经济林产业的新突破,使之成为区域发展特色农业、现代农业的基础和支柱。

(5) 发展文化农业。榆阳区要升华对农业文明的认识,充分挖掘区域特色农业的文化内涵,在此基础上充分发展包括旅游、区域品牌在内的其他高附加值文化经济。如大力发展"杏树林红叶文化节",带动包括农家乐在内的休闲体验农业和生态观光农业。

通过对农业类型的梳理,榆阳区逐渐明确了未来农业发展的方向。不过,发展现代农业需要的不仅是清晰的战略,更重要的是实施改革的配套资金和纵深的区域经济基础。事实上,通过多年来加速区域工业化、城镇化发展,榆阳区的工业经济已经具备了反哺农业的物质基础。2012年,榆阳区GDP达到401亿元,财政总收入82亿元,地方财政收入17.3亿元。城乡居民收入水平分别达到26 701元和10 001元。主要经济指标较2010年翻了一番。

此外,榆阳区城乡经济发展不平衡的趋势也很明显。2012年,榆阳区一、二、三产业的分布比例为5.5%、60.8%、33.7%。"一产滞后、二产当家、三产短板"特征明显。

针对第一产业发展滞后的问题,榆阳区围绕现代农业发展逐渐发力,近年来大力探索农村集体资产管理方式变革,先后树立了赵家峁村、三道河则村、广济南村等一批"三变"改革典型示范村,在此基础上实事求是,因地制宜，整区推进农村集体产权制度改革，组织梳理并形成了被称为"榆阳模式"的农村"三变"改革经验。

二、赵家峁村集体产权制度改革探索

为应对日益严重的土地抛荒、长期贫困等问题，2013年榆林市榆阳区赵家峁村党支部书记张春平率先行动起来，他决心效仿现代企业的股份制，在村集体经济中大手笔推行资金入股的股份合作模式。

（一）赵家峁村简介

赵家峁村位于榆林城东南35公里处，归榆阳区管辖。赵家峁村下辖5个村民小组，总户数216户，总人口747人，全村总土地面积13 480亩，耕（林）地面积5 300亩。2012年，赵家峁村人均纯收入不足3 000元（同期陕西农村居民人均纯收入5 762.5元），是个典型的省级贫困村。

赵家峁村主要种植小米、玉米、马铃薯、果树等农作物，产业收益率不高。村民们回忆，2012年，赵家峁村大部分村民还居住在20多年前的砖窑或者土窑里，甚至人畜不分离，居住条件恶劣，以至于青壮劳力纷纷逃离，外出打工。然而到了2017年，赵家峁村人均可支配收入却猛增至12 880元。同期，陕西农村居民人均可支配收入10 265元（全国13 432元）。短短数年间，赵家峁村的居民收入何以实现成倍增长？

（二）能人、董事长、党支部书记

赵家峁人脱贫的起点要追溯至2013年，这一年村民张春平众望所归当选为赵家峁村党支部书记。张春平早年间就外出经商，彼时为陕西信昌建设工程有限公司董事长兼总经理。致富不忘乡邻，当选村党支部书记以前，张春平先后向村里捐款100多万元，用于助学和修路。但杯水车薪，赵家峁村的贫困状况并未得到有效改善。

2013年6月，正值赵家峁村"两委"换届，一些在村中有声望的长者甚至镇党委、政府纷纷鼓励引导张春平回乡带领乡亲们一起脱贫致富。张春平起初也有顾虑,一来企业经营已耗心力,分身乏术;二来赵家峁村的状况比较糟糕,多年来脱贫工作一直没有起色。但是作为一名共产党员,这时候置之不理似乎也不太妥当。

"要么不干,要干就要干出个样子。"张春平下定了决心,并给自己定了三个目标:修路架桥、改善民居、发展产业脱贫致富。当选之日,他向乡亲们拍了胸脯:"村里的事就是大家的事,以后不管遇到什么问题大家商量着办。"为了保证管理透明,他随即主持村民大会,通过民主投票选举了13位德高望重的村民代表,组成赵家峁村民议事小组,独立于村委会和村党支部。

(三)改革设想

如何迅速地行动起来成为当选村党支部书记后的张春平首先思考的问题。放眼望去,赵家峁村最大的资源,除了耕地就是荒山。对于怎样有效利用这些土地资源,张春平首先想到的就是温室大棚、养殖农场等现代农业项目。这些项目都是他过往参观考察过的可行项目。但是随着设想越来越具体,发现的问题也越来越多。

在发展步骤方面,是采用"先富带动后富"的梯次形式,还是采用"齐头并进"的发展策略?以何种组织形式开展?是通过组建私营企业的方式还是集体经济组织的方式?另外,项目启动资金和土地的规整问题怎么解决?赵家峁村的这些土地资源就和陕北其他千沟万壑被撕裂的黄土一样,细碎零散(陕北人称之为"绺绺地"),土地经营权散落在各家各户,难以整合。资金方面更是难以想象,村集体还欠着2万元的外债。

与张春平预料的情况基本相同,赵家峁村积重难返,他刚动了改革的念头,问题就接踵而至。关于农场经营,事前他也和部分村民交换了意见。他说:"你们入多少(钱的股),挣了是你们的,赔了我给你们包起。"

一些有经济实力的村民表示愿意参与,而更多的村民则选择观望。但是,如果只有极少部分村民富裕起来,又不是张春平的初衷。

管理集体经济不像私人企业那般灵活,需要平衡和统一意见。张春平很快将问题汇总起来,并先后提交给村支部委员会、党员大会、村民议事小组和全体村民大会集体讨论。大家讨论资金筹集方式以及如何规整土地、土地流转整合等问题。争议由此引发,大家意见各异。最关键的问题是村民们和集体都没有资金,而土地流转在政策层面并没有可供参考的现成的操作规定。

一切又重新回到起点。出任赵家峁村村支书的三个月内,会议开了不少,却没有真正形成认同和行动。张春平开始反思。小农经济的遗存根深蒂固,难有大局视野。他决定先行动起来,用事实说话,让乡亲们亲眼看到现代农业的成果,彻底打消内心的顾虑。

(四)政策环境和政府支持

同时,为了寻求顶层政策的支持,张春平带着疑虑找到了时任榆阳区区长苗丰。听闻赵家峁村的张春平想带领全村搞现代农业项目,并且这次居然要成立农场(企业),他决定去赵家峁村看看具体情况。2013年9月3日,苗丰区长带领分管农业的副区长和全区涉农部门负责人深入赵家峁村实地调研。通过实地勘察和了解村民的反馈,榆阳区委、区政府领导对赵家峁村的创举表示支持和肯定,并认为:"从土地流转、股份农业合作入手的方向是对的,在保障农民利益的前提下,可以大胆尝试,相关部门要全力给予支持。"

党的十八大以来,以习近平同志为核心的党中央延续中央对"三农问题"极其重视的传统,在历史的新时期,在保持稳定的基础上,进一步加强改革的措施。2013年7月22日,习近平总书记来到武汉农村综合产权交易所,了解涉农产权尤其是土地流转交易情况,并鼓励说,这是有益的探索。习总书记高度重视的土地流转，正是党的十八大以来农村土地制度改革的一个核心环节。榆阳区也是在这样的契机下，全力支持赵家峁村的改革探索工作。

（五）改革初步探索

2013年9月29日，在张春平的组织下，12位有经济实力的村民自愿自筹资金432.5万元，正式成立榆林市榆阳区红雨农业发展有限公司，注册资本为500万元，企业类型为有限责任公司（自然人独资）。公司以每年100元/亩的价格流转村民土地960亩，其中一半的土地集中于赵家峁村一处偏僻的荒山上，主要用于种植桃树和葡萄以及建设养殖小区及温室大棚。

公司建成之后，经过一个冬季的土地休整和基础设施建设，一些刚开始持观望态度的村民或以资金或以土地的形式加入进来。赵家峁村因此成立了金润园、丰景两个种植养殖合作社。赵家峁村开始显现出农村集体经济产权制度改革的雏形。经过几个月的观察和反复评估，2014年10月，榆林市农业局将赵家峁村的改革实践上报陕西省农业厅，并推荐赵家峁村为陕西农村集体产权制度改革的省级试点。陕西省农业厅高度重视，很快批准了试点申请。同期，整个陕西省共有9个省级试点村。赵家峁村是唯一一个传统村落试点村。虽然有地方政府的政策支持，但实际上对于下一步该怎么具体实施的问题，没有人讲得清楚。苗丰说："大家都是摸着石头过河。"

虽然还不知道具体要怎么改革，但有了省、市、区各级的支持，赵家峁村人一时喜不自胜。村民大会上，张春平介绍说，未来赵家峁村将会涉及更多股权改革的内容，目的就是带领大家奔小康。村民们纷纷叫好支持，"能人就是能人，能通天哩"。

（六）集体经济股份制改革及挑战

经营集体经济能不能利用现代企业制度分股确权？经过前期的试点，张春平和"三委"班子成员一起商议，决定将股份合作社的做法推广到全村四个组，资产清算范围涉及全体村民和集体经济。榆阳区为了抓好赵家峁村的改革试点，专门成立了榆阳区农村集体产权制度改革办公室，统筹改革进程，并明确了"确股确权不确地"的改革总原则。

凭借在企业经营管理方面的经验，张春平将清产核资问题定为改革的第一步。榆阳区农村集体产权制度改革办公室副主任刘红金介绍，赵家峁村的集体资产非常简单，仅有5 300亩耕地、5个小型水坝以及28.6万元的账面资金余额。资产结构简单有利于股权折算。

但是，股权折算哪有那么简单，问题只有在真正实施时才能显露出来。农村的情况远比想象中要复杂得多。从管理性质上讲，农村单位以村民自治为主。这就意味着，在涉及集体管理的问题上，每个人都有发言权。涉及每个人的利益时，大家必是锱铢必较。

1. 股民界定

赵家峁村在改革试点过程中，本着"宜宽则宽"的原则进行股民界定，综合考虑户口、土地、政策、风俗、贡献等因素，目的就是尽可能化解冲突。同时，为了降低界定工作的复杂性，赵家峁村将改革的基准日定在2015年10月1日。基准日之前核定的人口既是村民又是股民，基准日之后的新增人口将不再享受股民身份，股民身份只能通过继承和（村内）转让获取，即"增人不增地，减人不减地"。

女户、倒插门、外嫁、婚娶、户口回迁、户口迁离的学生、服役战士、服刑人员、事业单位正式职工等，各种情况不一而足。股民界定问题开始变得复杂起来。如何处理这些琐碎敏感的身份界定纠纷，成为压在村干部肩上的重担。

2. 股权比例争论

股权比例设置问题则更加敏感。2015年年初,赵家峁村利用京津风沙源治理二期工程生态移民项目,使村民们搬进了新居。该项目的移民区占地面积96亩,建筑面积16 486平方米,修建住宅112套,安置群众617人,每套上下两层144平方米。该项目累计完成投资1 800多万元,其中中央财政补助6 000元/人,共计370万元;区级配套资金8 400元/人,共计518万元;每户出资5万元,共计560万元;剩下350多万元,由村党支部书记张春平垫付。

情况一直在变化,2015年,赵家峁村又启动了休闲度假村项目,充分利用该村的地表水资源、荒坡、林木资源发展旅游业。搬进新居的村民留下了原有的旧居(窑洞)准备发展旅游。这部分资源应不应该折算成股?又该占多大的比重?

一切都没有预演和彩排,也没有现成的可供套用的改革模板。由股权比例设置问题引发的混乱也因此产生了。2015年4月,赵家峁村举行全体村民大会,第一次正式在村民大会上集中讨论股权设置问题,公布设置方案。方案中将股权分为土地股、资金股、人口股、劳龄股四种股,其中资金股占44%。张春平记得:"44%这个数字一经公布,会场当时就炸开了锅。"即使是"三委"会成员也是意见相左,各执一词。部分村干部和村民甚至吵作一团。资金多的干部和村民希望资金股占比较高,人口多的村民希望人口股占比较高。整体上各有各的考量,都不肯罢休,村民大会也因此不欢而散。

等到5月的时候,针对发展旅游业折算"旧房产"入股的方案,村民大会上再起波澜。"这地方我都不想待了,谁还会来?"部分反对房产股的村民说道。后经榆阳区委组织干部和村民去省内的袁家村、马嵬驿等地参观学习,房产入股发展旅游的基调才确定下来。五类股权是固定下来了,

可围绕股权比例的争论还在继续。毕竟农村属村民自治,党委和政府都不便用强,还是避免上访和维稳更重要,只能静待村民内部达成一致。

几百人在一起开村民大会,要商量出一个所有人一致认可的方案,几乎是不可能完成的任务。从最初一个月开一次村民大会到半个月开一次,再到一周开一次,村民大会越开越频繁。所有人都很焦虑,所有人又都不肯妥协。

改革陷入无限循环的怪圈。张春平心里也开始打起了退堂鼓,吵成这样,不如算了。干部们也时常被戳脊梁骨,干群矛盾变得紧张起来。经过20世纪90年代强制计划生育、摊牌杂税等引发剧烈的干群矛盾之后,赵家峁人因为股权改革问题似乎即将再次引爆干群冲突。

(七)挑战的化解

到了最为紧张的时候,张春平回想起自己返乡的初衷,不正是作为党员身先士卒带领群众脱贫致富吗?"既然产权制度改革是维护广大群众和集体的利益,那我们就不能让群众吃亏。"赵家峁村最广大的村民手中握有的资源主要就是人口和土地。要让村民们都富起来,难道不是要让那些绝对贫苦的乡亲都脱贫吗?想到这些,张春平开始做起了返乡能人们的思想工作,力劝他们降低资金股所占比例,展现回馈相邻的奉献精神。

事实上,资金股的来源主要由赵家峁村改革最早期成立的红雨农业发展有限公司的股东组成。其中赵家峁村股份经济合作社理事长赵卫军入股资金最多,共计65万元。其次是张春平入股的20万元,以及村主任赵双娃入股的15万元。按照最初的设想,资金股在股份经济合作社成立之后,不得提现,只能在合作社同意的情况下在村内进行流转交易。资金股被限制,也是为了防范集体资产意外流失,损害大部分村民的利益。

经过长达半年逾60次的村民大会讨论,股权比例设置方案终于迎来曙光。所有人一致认同人口股和土地股合起来不低于60%的基本原则,资金股最终大幅降至23%的比例，进而旧房产股、劳龄股等占比较低的股权比例问题依次得到解决。"确股"方案最终完成，即设立五种股权，其中土地股占比38%、资金股占比23%、人口股占比22%、劳动贡献股（劳龄股）占比5%、旧房产股占比12%。

（八）股份经济合作社

1. 现代管理制度确保管理规范

股民界定和股权设置落定之后，此次改革终于走完了最艰辛的半程。说是半程，是因为即便是现代股份制企业也存在着管理上的内在缺陷，如关联交易、大股东联合起来打压小股东等问题。如何更好地维护所有股东的权益、规范管理运作机制成为一个重要的议题。

为确保合作社规范永续运营，防止集体资产流失，赵家峁村股份经济合作社设立股东代表大会、董事会、监事会。股东代表大会由全体股东代表组成。以原村民小组或家族为单位，1名股东代表由10名股东以推荐方式产生，任期3年。董事会、监事会、法人代表等均由股东代表大会产生，向所有股民负责。机构设置和监管办法均参照上市公司章程。

与上市公司不同，作为合作社重要资产的不动产不能直接用于交易。为避免失地农民问题和土地性质扭曲，合作社章程规定，其下辖土地性质为集体所有，将不得用于任何商业抵押。这是合作社经营的最基本原则之一。但为了解决融资和流动性问题，股民可以其掌握的股权收益为抵押向银行贷款等。具体的融资流程一般以地方政府为担保，以股票预期收益为抵押标的，向相关商业银行贷款。

2. 一种新型组织形式

赵家峁村的改革迅速引起围观。赵家峁村股份经济合作社究竟是个什么性质的组织？是企业吗？还是又要搞人民公社了？其他地方的民众不了解，相关职能部门一开始对此问题也是一头雾水。据《赵家峁村股份经济合作社章程》记载：赵家峁村股份经济合作社是经榆林市榆阳区工商分局登记，经营期限为长期的一种新型组织形式。合作社由630个自然人股东组成，按照计划管理和民主管理的原则，实行独立核算，自主经营，自负盈亏。股东以其股份多少对合作社承担责任，合作社以其全部资产对本社的债务承担责任。经营范围包括种植、养殖、农副产品加工及销售、农业观光旅游、住宿服务、餐饮服务、土地整理、产权评估、产权流动服务，登记资本为1 890万元人民币。

（九）改革的成果

2017年3月16日，赵家峁村股份制经济合作社正式成立，并举行揭牌暨股权证颁发仪式。发放股权证意味着此次产权制度改革试点工作圆满完成。经过三年多的摸索、碰壁，赵家峁人用行动完成了一次巨大的创举。经过产权制度改革，生产关系被理顺了，其意义不亚于小岗村人摁下的血手印。张春平也顺利实现了当初给自己定下的工作目标。

如今的赵家峁村已建成百余套新型住宅及设施农业区、时令水果区、现代养殖区、水上游乐休闲区等十多个休闲游乐景点，成为初具规模、远近闻名的休闲度假村（如图9.1所示），2019年被农业农村部评为"中国美丽休闲乡村"，实现了脱贫致富的梦想，2021年村民人均可支配收入达到23 125元。

图9.1 赵家峁村集体产业掠影

三、赵家峁村的改革经验

通过梳理赵家峁村的改革历程,可以总结其成功的三条重要经验。

1. 能人牵引

赵家峁村的成功改革与能人张春平个人的努力和魄力不可分割。所谓能人,指的是具有管理经验、个人声望以及经济实力和广泛人脉的翘楚。

2. 政策支持

在政策并不明朗的情况下,实施改革一定是要承担政治风险的。好在陕西省有土地流转试点计划,赵家峁村的改革得到了榆阳区委、区政府以及相关部门的大力支持,这才得以顺利开展。

3. 方案巧妙

(1)此次试点改革,赵家峁村采用的"确股确权不确地"模式,巧妙激活了集体资产的流动性,实现了集体利益与个人利益的平衡,让改革的成果最大限度地惠及于民。所谓"不确地",即把村民手中的土地经营权转化为股份之后,将不再明确每一户农民具体经营哪块土地,所有入股土地均由赵家峁村股份经济合作社集中进行流转经营。

(2)赵家峁村此次改革创新性地设计了五种股权:土地股、资金股、人口股、劳动贡献股(劳龄股)、旧房产股,最大限度地平衡了大多数村民的利益诉求,为其他地区的股权分类提供了经验。

(3)董事会—监事会—股东大会"三驾马车"确保集体资产规范管理,最大限度地保护了集体资产和村民利益。

通过精妙的组织设计和努力,赵家峁村此次集体经济制度改革建立起了"归属清晰、权责明确、保护严格、要素流动"的产权和生产关系,完成了"资源变股权、资金变股金、农民变股民"的"三变"改革。

四、赵家峁村经验的推广

无疑,赵家峁村此次改革试点的收效很明显。许多希望通过产权制度改革实现致富梦想的村庄也开始探头过来,纷纷到现场学习观摩。榆阳区总计有488个村庄,剩余的村庄如何进行产权制度改革,成为榆阳区委、区政府高度重视的问题,他们开始考虑能否将赵家峁村改革的实践经验推广至全区。风沙草滩区村落怎么实施改革?一些没有耕地的城中村又该如何实施改革?这些自然资源和民情迥异的村庄能否像赵家峁村一样,顺利实现农村集体经济产权制度改革?

农村集体经济产权制度改革是牵涉到农民切身利益的问题,不容许任何的失败。因此,榆阳地区的各级党政干部面对产权制度改革的心态一直很矛盾,既要大刀阔斧迎头赶上,又要小心翼翼唯恐失策。

赵家峁村的集体经济产权制度改革方案能不能推广到全区,需要考虑两个问题。第一,自然环境和资源分布条件是否满足?赵家峁村最初以传统村落改革为典型被陕西省农业厅遴选为试点单位,传统村落意味着以农耕为主业或唯一产业,且集体资产以耕(林)地为主。第二,是否适宜发展其他产业?从农耕产业转型升级为其他产业涉及外部资源和内部资源的整合问题。从赵家峁村的经验看,改革既需要乡村能人,也需要一定的民众基础。事实上,榆阳区的很多村庄都无法完全符合赵家峁村的特征,它们或缺少乡村能人,或没有耕地,或缺乏其他产业发展的资源条件,那么,这些村庄究竟该怎么改革?

五、因地制宜的北部风沙草滩区改革实践

榆阳北部的风沙草滩区(如图9.2所示)紧邻毛乌素沙漠。为了鼓励民众自发参与到治沙防沙工作中,地方政府规定:凡当地居民通过自身努

力获得的林地，其承包经营权均归属开发者个人。数十年以来，该地区坚持治沙防沙，收效显著。

图 9.2 俯瞰榆林北部风沙草滩区

（一）三道河则村简介

榆林市榆阳区三道河则村就处在北部的风沙草滩区域。该村距离榆林城区26公里，全村有四个居民小组，共计267户771人，总土地面积26.6平方公里，其中耕地面积2 757亩，水域面积580余亩，林地面积3.83万亩。全村经济以种植玉米和养殖业为主，兼顾养鱼、花卉等特色产业。2016年全村人均可支配收入达13 038元。

与赵家峁村不同的是，三道河则村经济基础较好，特别是林地资源非常丰富。同时，三道河则村有丰富的水利资源，有大小300多个鱼塘。但三道河则村耕地面积相对较小，只有赵家峁村耕地资源的一半左右。耕地资源紧俏，在集体产权制度改革中，耕地流转过程中遇到的阻力就大。

（二）"一户一田"：耕地流转的新形式

为了避免耕地流转折股带来的社会风险，三道河则村在学习赵家峁村经验的同时，因地制宜采用了"一户一田"制，成为榆阳区第一个"一户一田"试点村。所谓"一户一田"，即农民互换土地经营权，生产经营耕地由原来的若干块变成一整块，以利于现代农业规模经营。相较于赵家峁村将所有集体资产量化折股的土地流转方式，三道河则村的"一户一田"制改革相对保守得多，并未将耕地折股量化，但这样也避免了很多麻烦和争议，如曾经在赵家峁村闹翻天的股权比例设置问题。

即便如此小心翼翼，三道河则村的改革仍然一度扰得村民们心神不宁。这也从侧面说明，村民们对土地问题仍然非常敏感，并非所有村庄都适宜赵家峁村一改到底的改革模式。三道河则村党支部书记薛振祥认为，其中的道理很简单：当初"大包干"分配土地时，大家都是锱铢必较，吃不得一点亏。这次"换地"则再次激起了投机心理与平均主义的碰撞。征询意见时，大部分村民都同意；等到真正实施时，各种问题又层出不穷。耕地质量差一些的农户表现积极，耕地质量相对较好的农户则表示反对。面对改革进程中的反反复复，三道河则村专门在村委会成立了"一户一田"作战室，力图坚决完成此次改革试点工作。

为了解决村民担心拿到"差地"的问题，在区、乡两级党委的指导下，村里提出"村干部、党员同志带头拿差地，剩下的好地再由村民分配"的方案。薛振祥说："这也体现了我们党员干部舍小家顾大家的精神。"同时，明确在此次改革中坚持"家庭承包经营制"不变、"农村土地集体所有制"不变、"以原二轮土地承包村民小组为单位整合"原则不变、"二轮土地承包人口基数"不变、"土地发展现代农业用途"不变——五个不变的总原则。

在具体组织实施过程中，三道河则村以小组为流转单位，每组由村民小组内的所有成员选出7人左右的工作小组。工作小组负责丈量土地，按照地力条件定出好、中、差地，再由村里统一收回抓阄分配。区委、区政府为了抓好此次试点工作，提供给三道河则村100多万元配套资金，用于土地修整和管道铺设以及修建水、电、路等配套设施。修整后的土地由原有的1 864块变为188块，单块最大的28亩、最小的3亩，耕地质量明显提升。

2016年以来，三道河则村实施土地整合"一户一田"制，发展特色养殖，兴办农家乐推动乡村旅游，改变农业供给方式，增加农民增收途径，促进全体村民走上小康道路。2017年年初，榆阳区出台的文件中明确提出实施"一户一田"改革，并将其作为全区集体产权制度改革的重要内容，每村还整合210万元涉农资金予以保障。

(三) 产权制度改革工作六步法

三道河则村在进行集体经济产权制度改革的过程中，充分借鉴了赵家峁村的产权制度改革模式。除了根据村情民情做出部分调整（以"一户一田"的耕地改革取代赵家峁村的耕地量化折股模式），基本上遵循了赵家峁村产权制度改革模式，即赵家峁村在产权制度改革过程中总结出来的产权制度改革工作六步法。

产权制度改革工作六步法基本上可以归纳为以下几个步骤：

第一步，清产核资，盘点家底有多少。

第二步，成员界定，确认集体经济组织成员身份（界定股民）。

第三步，股权设置，按照村民意愿合理设置股权。

第四步，制定章程。

第五步，注册合作社。

第六步，发放股权证。

提到农村集体产权制度改革学赵家峁村，薛振祥说："可是三道河则村没有能人、没有老板，不是矿区，也没有煤矿，到底什么样的改革适合我们？"这个时候区委、区政府将三道河则村确定为试点村，通过行政手段介

入并领导产权制度改革试点,无疑成为其改革的中坚力量。

推进改革期间,区委书记和榆阳的乡镇、村级两级党支部的一把手签订了产权制度改革三级责任书,谁在规定的时间内没有完成产权制度改革的规定工作谁就要为此负责。区委书记如果没有完成,就要在全区的党代表会议上做检查;乡镇书记如果没有完成,就会被取消评奖评优资格并做检查等;村支部书记如果没有完成,也要遭受相应的惩罚。这样一来,产权制度改革工作就成为名副其实的"书记工程"。也是在书记的领导下,三道河则村在完成"一户一田"改革的基础上,进一步朝村集体股份经济合作的目标努力。

(四)成立股份经济合作分社

既然要成立股份经济合作社,首先就要确定合作社的集体资产。既然耕地通过"一户一田"改革已经满足了流转和规模经营的需要,那么暂时也不需要收归集体管理运营。三道河则村将此次产权制度改革的重点放在林地经营上,标的资产为3.83万亩林地。将3.83万亩林地量化折股,其中,每100元折合1股,每亩林地折合人民币200元。林地总价折合人民币7 660 000元,即总计76 600股。但是,即便耕地资源不进入股份经济合作社,股份经济合作社仍然要面临股权分配的问题。

20世纪80年代进行家庭联产承包责任制改革时,生产队将管理经营的土地按人头分包给农户,在实施的过程中分别以村—组—户为分配层次,即生产队将土地分包给村集体(这其中还包含着宅基地、集体土地等土地类型),村集体再将土地分包给村小组,最后由村小组将土地下放给农户。在实际的实施过程中,以人口数为参考进行分配,并进一步明确了"增人不增地,减人不减地"的改革原则,旨在明确承包经营权,尽可能减少土地纠纷。

三道河则村要想成立村集体股份经济合作社首先就要解决同样的问

题——公平。所以，三道河则村股份经济合作社首先设立了人口股，并将其股权权重定为60%。同时还设立了7%的扶贫股、30%的林地管护股和3%的机动股，林地管护股以1982年林地分包给各家各户的面积大小为基础进行设置，机动股以集体林地宅基地和其他资产为基础。这样做的目的就是保证将此轮产权制度改革的收益尽可能地让渡于群众，使他们摆脱贫困。不同于赵家峁村，三道河则村并没有设立资金股，一来该村没有能人，二来资金股可能引发人资矛盾。

除此之外，三道河则村在股权设置的基础上还实施了分社制度，即以村小组为单位设立股份经济合作社分社，由总社实行统一管理，自负盈亏，以各小组为单位单独核算。这些都是参照旧制"大包干"时期的改革传统。

（五）改革基准日与股东核定

2017年11月30日为三道河则村产权制度改革的基准日，股东资格界定遵循"依据法律、尊重历史、照顾现实、实事求是"的原则。股东身份核定参照赵家峁村的相关规定。与赵家峁村不同，三道河则村对股东身份实行动态管理，每三年动态调整一次（如图9.3所示），目的是避免村民产生紧张感。这种紧张感直接表现为一些危险的操作，例如部分进行产权制度改革的村庄实施一次性界定股民身份，导致部分居民在确立改革基准日之后，冒险剖宫产、假结婚，乱象频出。

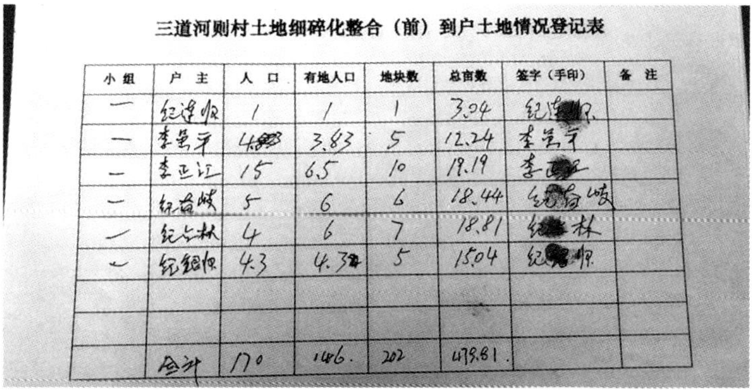

图9.3 三道河则村土地细碎化整合（前）到户土地情况登记表（部分）

（六）风沙草滩区的改革成果

通过因地制宜的农村集体产权制度改革与探索，三道河则村在短短两年时间内就实现了村庄经济的快速发展。截至2019年10月，三道河则村完成"三改合一"76户，其他村民也在积极响应。通过土地流转，三道河则村实现了土地资源的优化配置。现在的三道河则村在种粮大户的带头下，大力发展大田西瓜、水稻以及螃蟹养殖等特色产业，调整了产业结构，农民的生产生活水平明显提升。

在此基础上，三道河则村充分响应榆阳区发展文化农业的指示，积极发展农业生态旅游和休闲体验旅游产业。2019年6月1日，三道河则村正式对外开放了草滩旅游风景区。依据地理位置，尊重自然资源，三道河则村打造的苍鹭湖、草滩蒙汉园、沙滩浴场等游乐项目吸引了众多游客前来观赏消费，在提高村民收入的同时让大家尝到了产权制度改革的甜头，村民们对发展集体经济更有信心了。成功举办的"大美榆阳·梦湾水乡" 2019金秋旅游季活动成为三道河则村一张靓丽的名片。①

六、城中村改革实践

广济南村对股民身份的界定虽然在实现形式上不同于三道河则村，但从管理的效果来看，二者殊途同归。为了避免引起民众的争议，顺利实施集体经济股份制改革，广济南村以分步式股权界定、股民界定为改革手段。

（一）资产切块分步实施工作法

如果说赵家峁村是传统的农耕村、三道河则村是典型的北部风沙草滩村，那么广济南村就是典型的城中村。与农耕村、风沙草滩村不同，随着城市化进程的不断推进，现在的城中村往往已经没有耕地了（以往的耕地

---

① 参见张涛、陈慧佳、何思佳，《榆阳区孟家湾乡三道河则村：产业升级助力乡村振兴》，《三秦都市报》，2019年10月25日。

已经改为建设用地）。其本身的资源状态决定了城中村的集体经济产权制度改革必须走出一条创新的道路来。

其实，广济南村早在2006年就已经启动了相应的集体经济产权制度改革，只是在组织形式上不同于村股份经济合作社。广济南村当时采取"资产切块，分步实施"的改革办法，确定初次改革以"国贸购物中心"为标的资产。股权配置为村集体占51%，村民占49%，核定股东522人。2007年7月，榆溪商贸有限公司成立，由村支部书记担任董事长、村委会主任担任总经理、监委会主任担任监事长，颁发股权证522本。

自2015年赵家峁村实施改革以来，榆阳区农村集体经济产权制度改革工作稳步推进。2017年广济南村再次迎来集体经济产权制度改革的东风以及棚户区改造的契机，并被榆阳区委、区政府确立为产权制度改革试点村。

2017年8月，榆阳区委、区政府印发了《关于稳步推进农村集体产权制度改革的实施意见》。根据文件要求，广济南村也采取产权制度改革"六步工作法"。

广济南村以2017年12月31日为基准日，界定集体经济组织成员613人。在股民界定的过程中，广济南村坚持"生不添，死不减"的原则。面对股民身份界定方面易出现的矛盾和问题，例如女户问题、假结婚等问题，负责产权制度改革的村委班子只能见招拆招。以假结婚为例，按照产权制度改革章程，因婚姻落户本地的女性可以享受股民待遇，但必须在五年内不离婚，或三年内育有婚生子女。广济南村对股民身份如此重视，肯下大力气进行梳理，其中还有一个复杂的背景：股民身份和棚户区拆迁补偿交织在一起。

（二）城中村里的集体建设用地

如果说广济南村的清产核资情况与其他类型的村庄有所不同的话，那么一定是因为该村集体资产拥有众多商业地产和建设用地。出于历史原因，广济南村遗留了一些长期困扰村民的集体产权归属问题。在榆阳区城镇化推进过程中，广济南村农用地全部被征用后，村里的商业楼逐步增加，房产资源迅速增值。集体产权权属不清等问题导致矛盾重重，一度成为村里的一个大包袱。①

这些集体资产整体估值数十亿元，运作和管理起来难度很大。一直以来，广济南村都在寻求一种合理合法的组织形式来运营集体资产。此次集体产权制度改革试点给广济南村指出了解决的方案——村集体股份经济合作社。

那么问题来了！如此多的资产（其中一部分已经开发为商业物业，一部分为拆迁过程中空置的建设用地）如何进行估值？又如何进行股权分配？是一次性全部折股量化，还是分步实施？考虑到空置的建设用地拥有巨大的市场价值潜力，广济南村决定分步实施产权制度改革，采取"切块改革，成熟一块、股改一块"的办法。所以，广济南村的居民同时拥有数本股权证书。

同时，为了保证公平合理地进行清产核资，村委领导班子邀请第三方评估审计公司进行此项工作，并确定第一轮集体资产改革的范围是榆溪大酒店、商贸家电市场、榆溪名邸1~2层商业楼、溪水华庭1~3层商业楼。根据第三方的评估，这些资产总价值为1.5亿元。人民路商业门市、桥头娱乐园、人民路与长城路十字商业楼、返还的110亩建设用地及镇属董事会股份等其余集体资产作为下一轮改革的范围。

在股份配置方面，广济南村也走出了一条特色道路。为了保证村集体经济中的集体成分，广济南村将所有股份分为集体股和认购股两类，其中

---

① 《探索经营性资产股份制改革 做大做强村集体经济》，搜狐网，https://www.sohu.com/a/272913211_355330，访问日期：2022年1月28日。

集体股占20%，认购股占80%。认购股即人口股，实行按股分红。村集体的收益将继续用于村集体公用事业和村民的福利待遇，其余收益在全体村民范围内进行二次分配。到2017年5月中旬，股份公司兑现了股民交清股金后的首次分红：每股4 900元。

（三）产权制度改革推动城中村快速发展

广济南村村民王锦堂说："股份改制以后，各个市场、各家酒店的收入是多少，村里留过以后还剩余多少一目了然，村民都清清楚楚。"截至2017年，广济南村集体固定资产总值达4.5亿元，人均资产净值75万元，年人均纯收入达2.2万元，成为榆林市新农村建设的一面旗帜。①

在全区农村集体产权制度改革稳步推进的过程中，广济南村有效化解了长期以来困扰他们的矛盾，解决了村民集体资产经营分配中的一揽子问题，不仅维护了集体经济组织及其成员的合法权益，而且找到了一条与市场经济体制和城镇化、工业化进程相适应的科学发展的和谐之路。

七、结语

榆阳区通过党建引领，进行农村产权制度改革，逐渐由赵家峁改革试点起步，通过整区推进，形成了三条路径：

（1）在东南部的黄土丘陵沟壑区，针对劳动力大量外流和土地撂荒问题，推行"土地股份合作制"，破解"空壳村"难题。

（2）在北部风沙草滩区，针对土地细碎化和生产经营效益不高问题，推行"资源性资产股份合作制"，实施"一户一田"互换并地50余万亩。

（3）在城中村、城郊村，针对村集体经营性资产管理问题，推行"经营性资产股份合作制"。

---

① 张利平、陈静仁，《广济南村集体产权制度改革——城中村经营性资产改革迎来新"春天"》，东方资讯，2017年12月7日。

通过多年的产权制度改革实践,榆阳区总结出了一套以"产权制度改革工作六步法"为核心的农村集体经济改革新模式——"榆阳模式"。该模式通过村集体经济产权制度改革,结合乡村振兴、以乡为主,整乡推进、板块联动,实现了一、二、三产业的融合发展,通过改革理顺生产关系,释放生产力,让老百姓得到了自包产到户以来最大的实惠。

在此基础上,政府深化农村综合改革,给农村带来了生产生活、乡村建设、生态文明和社会治理的全方位深刻变化,通过增强创新思维、系统思维、集成思维、数字思维和底线思维,以产权制度改革为牵引,统筹推进基层党建、乡村治理、新时代文明实践等国家级示范区建设。

"榆阳模式"的生动实践,体现了顶层设计与基层探索的良性互动,丰富和完善了改革的制度路径与实现方式。"榆阳模式"的生动实践,有效地调整了农村生产关系,解放了农业生产力,打通了城乡协调发展、要素高效流动、产业融合发展、农民增收致富的渠道。

第二节　主动调整生产关系,持续解放和发展农业生产力

苗　丰[*]

近几年来,榆林市榆阳区先行先试农村产权制度改革,坚持问题导向,调整生产关系,破解农业农村现代化的瓶颈问题。随着工业化、城镇化和农业现代化进程的加快,小农经济长期形成的土地细碎化和分散经营的状况不仅制约着农业高质量发展,而且引发了村庄空心化、集体经济空壳化等一系列问题。怎样破解农地矛盾,建立新的机制,解放农村生产力,给广大农民带来更多的实惠,促进脱贫攻坚,促进农村现代化和城镇

---

[*] 苗丰,中共榆林市委一级巡视员、榆阳区委原书记。

化，促进乡村振兴，是榆阳区改革的初衷，更是群众的期盼。榆阳区坚持深入学习贯彻习近平总书记的重要论述，创造性地落实改革大政方针，饱含三农情怀，遵循三权分置，抓实"三变"改革，明确三条路径，促进三产融合。主要做法和体会有以下几条：

1. 农村产权制度改革是解放和发展农业生产力的治本之策，应当遵循经济规律、坚持实事求是

榆阳区最初的改革试点为赵家峁村，它是陕北黄土高原上的省级贫困村，劳动力大量进城务工，村庄空壳化问题加剧，集体经济一穷二白，2013年以前村民人均纯收入不足3 000元，全村耕地多为"块块地、绺绺田"，人均不足三亩，而且撂荒严重。2013年返乡创业的村党支部书记张春平动员群众筹资432.5万元，想搞股份合作，发展设施农业，但解决不了土地和机制问题，一切无从落实。上级的政策当时还不是非常明确，榆阳区委、区政府提出了三条需要遵循的基本原则和底线：第一，不改变土地集体所有制；第二，不改变土地用途搞房地产；第三，不稀释农民利益。这些原则被上升到全区战略层面，聚焦三个关键环节，深入抓好改革试点。

一是明确产权关系。当时群众最担心的就是自己承包的一亩三分地被改没了。对此，全区加快完成了耕地的确权登记颁证，建立归属清晰、权能完善、流转顺畅、保护严格的现代农村产权制度。

二是建立经营机制。遵循三权分置，围绕土地承包经营权，盘活资源性资产，按照清产核资、界定成员、设置股权、制定章程、组建合作社、发放股权证的流程，建立村集体股份经济合作制，重点就是定人、定股、定机制。

所谓定人，就是确定一个改革的基准日，按照尊重历史、面对现实、宜宽则宽、群众公认的原则，统筹考虑户籍人际关系，确定集体经济组

织的成员身份。同样是一个村的村民,有的就只是村民,有的则既是村民又是股民。

所谓定股,就是科学设置股权和股比。赵家峁村以人口、土地为基础的股份占60%,实行静态管理,照顾和保障了最大多数老百姓的利益。同时,结合当地特点,专门设置了旧房产、劳龄股、资金股三种附加股,更充分激活了生产要素。

所谓定机制,就是尊重群众的主体地位、群众首创和群众利益。经过长达半年、60多次会议的民主讨论,被称作赵家峁村"基本法"的《赵家峁村股份经济合作社章程》最终形成。

三是抓实增收产业。赵家峁村通过产权制度改革将土地、设施、资金等生产要素统一流转到集体经济组织,找准发展乡村文化旅游的路子。集体资产从零起步,迅速积累到7 000多万元。2013年9月开始改革,自2018年起实现连续分红。2021年集体收入达到280万元,农民人均可支配收入由2013年的不足3 000元增长到23 125元。2021年,赵家峁村被评为全国脱贫攻坚先进集体,赵家峁村党支部被评为全国先进基层党组织。

2017年以来,榆阳区委被中央农办、农业农村部确定为全国改革试点,在总结赵家峁村经验的基础上,开始整区推进农村产权制度改革,面对利益分布、基础条件、发展方式和城镇化水平的差异,因地制宜推出了三条路径:

(1)在东南部黄土高原丘陵沟壑区,针对劳动力大量外流和土地撂荒的问题,推行土地股份合作制,整村整组流转土地,集体统一经营管理,让20多万亩效益低下、濒临撂荒的耕地焕发了生机,推动80个建档立卡贫困村和所有贫困户高质量地脱贫。

(2)在长城以北的北部风沙草滩地区的村庄,针对土地的细碎化和生产经营效益不高的问题,推行资源性资产股份合作制,实施"一户一田"

互换,由 3.3 万户农户平均种植 8 块地(最多种植 20 块地),流转整合为只种 1 块地,进一步发展到"一组一田"或者"一村一田"的规模化经营。这样就给农业的规模化、集约化经营创造了广阔的天地,农业农村部的有关领导对此也给予了充分的肯定。全区创新社会化服务,农业机械化率达到 85% 以上,建成了一大批规模适度、优质高效的现代农业基地、田园综合体和家庭农牧场。

(3) 城中村的重点是城郊村,榆阳区针对集体资产管理和利益分配问题,推行经营性资产股份合作制,加快集体经济的公司化、基层治理、社区化,理清乡村振兴以乡为主、正向推进、板块联动的思路。

在乡村振兴中,榆阳区根据基层的实践,重心下移,调动乡、村两级的积极性,在乡镇层面建立股份经济联合总社,在区级层面成立龙头公司,形成了资源要素纵向整合、优化配置的新格局。全区共成立乡镇总社 21 个、(村组)合作社 411 个,界定成员 35 万人,颁发股权证 118 000 个。

2. 农村产权制度改革的根本目的是群众增收、共同富裕,应当抓实产业发展、壮大集体经济

改革是手段,发展是目的,首要的是把农民组织起来,嵌入全产业链,获得更大的收益。坚持现代农业规模化经营、全产业链发展,面向外部市场,着眼于转型升级,实施新型主导产业建设的三年行动。从 2018 年开始,榆阳区陆续提出了三大主导产业,大力发展 10 万亩优质饲草、10 万亩优质果树、10 万亩大漠蔬菜、100 万只榆阳湖羊、10 万头优质肉牛以及中药材和食用菌等一批特色新兴产业。

其次是对农业、种植业、养殖业内部的产业结构进行根本性、革命性的调整。主要动机和原动力还是要瞄准市场,面向市场。市场有销售,价格高,农民就能增收。全区培育新型农业经营主体 4 032 个,农业总产值达到 82 亿元。坚持一、二、三产业融合,大力发展乡村旅游,围绕城乡融

合，发展全域旅游，推动生态建设，做大绿色经济。以中国美丽田园景观和大美榆阳文化系列活动为载体，全区建成了 30 多个各具特色的乡村旅游景区，推出了多条精品旅游线路，形成了全域布局、错位发展、多点开花的良好态势。陕北民歌博物馆、邓宝珊将军纪念馆、张继鸾纪念馆、夫子庙文化街区以及田园综合体等一大批旅游景点年接待游客达到千万人次，综合收入超过 40 亿元。

坚持把"可流转交易、可抵押融资、可收益分红"作为衡量改革成效的基本标准。完成土地经营权流转交易 60 万亩。2020 年，全区村集体经济总收入 7.38 亿元，166 个村分红 2.38 亿元；农民人均可支配收入 16 628 元，比全省平均水平高 3 300 元。

3. 农村产权制度改革驱动乡村建设和基层社会治理升级，应当运用系统思维推进共治共享

榆阳区深化农村综合改革带来了生产、生活、生态文明、社会治理的全方位深刻变化，增强了创新思维、系统思维、集成思维、数字思维和底线思维，以产权制度改革为牵引，统筹推进基层党建、新乡村治理、新时代文明实践等国家级示范区的建设，并在数字乡村智慧农业方面推出了全国领先的创新成果。

从 2017 年起，榆阳区打响了一波又一波农村人居环境整治的人民战争，坚决拆除了废弃房屋、棚圈和农村的违章建筑，推进农房、圈舍、厕所的三改合一。实施规模种植区、清洁养殖区、宜居生活区、综合服务区四区分离，实现美化、绿化、量化、硬化、净化五化同步，建立群众自筹自治加政府奖补引导的长效机制，农村的面貌发生了脱胎换骨的变化。

在此基础上，2020 年全区启动了农村宅基地腾退、就地搬迁安置行动。按照集约规范、就地就近原则，统一规划建设新型农村居住小区，集中配套基础设施，实现人畜分离、气化入户和垃圾污水处理全覆盖；将腾

退出的建设用地指标盘活用于乡村建设和产业发展。经过近两年的探索，实践证明，这项举措符合群众的意愿，符合国家政策，群众支持，可以操作。"十四五"期间，全区将完成新村建设，推出农民就地城镇化和美丽乡村的新示范区。

榆阳区委、区政府要认真领会习近平总书记的一系列重要讲话，党中央历年来的多个一号文件精神，以及省委省政府、市委市政府精神。要有底线思维，不突破法律和政策的底线。要遵从群众的意愿，着眼于长远的发展，踏踏实实引导群众，把党和政府的决策变为老百姓的自愿。既要尊重群众的首创，又要贯彻上级的路线方针政策，形成强大的合力。目前看来，用最低的成本获取改革最大的红利，做到领导满意、组织满意，老百姓受益拥护，干部心里也很踏实。

乡村振兴背景下，深化改革永远在路上，还有不少问题亟须破解，不少短板有待补齐。"榆阳模式"的生动实践，充分体现了顶层设计与基层探索的良性互动，丰富和完善了改革的制度路径与实现方式。"榆阳模式"的生动实践，有效地调整了农村生产关系，解放了农业生产力，打通了城乡协调发展、要素高效流动、产业融合发展、农民增收致富的渠道。"榆阳模式"的生动实践，以农村基本经营制度和"三权分置"为遵循，以明晰农村集体与农户家庭产权为基础，以兼顾公平与效率的市场化经营机制为纽带，以满足人民群众美好生活的向往为目的，必将驱动乡村振兴的快车驶向共同富裕的奋斗目标。